나는
그해 겨울
저들이 한 짓을
알고 있다

나는
그해 겨울
저들이 한 짓을
알고 있다

:태극기와 촛불을 배신한
윤석열과 한동훈

변희재 지음

탄핵 찬성한 당신에게

윤석열은 문재인 대통령 재임 시절 검찰총장으로 임명됐다. 그런 그가 문 대통령 정부가 통째로 부정당할 2022년 3월 '정권교체'의 주역이 될 줄 꿈에도 몰랐다. 이점에 대해서는 윤석열 검찰총장 임명의 바람잡이 역할을 한 양 모 씨나 주 모 씨 또한 바라는 바가 아니었으리라 생각한다. 그런데 현실이 됐다. 그리고 시대는 불의의 구렁텅이로 내동댕이쳐졌다.

기회가 될 때마다 나는 2019년 7월 윤석열 검찰총장 임명에 대해 초기에는 지지했던 것을 사과한다. 여러 많은 민주 진영 시민들처럼 윤석열은 나에게 한때 '적폐 청산 수사의 히어로'였다.

그러나 곧바로 조국 법무부 장관 후보가 털리는 그 순간 '아차' 싶었다. '이 정권과의 철학적 유대감이 없는 윤석열에게 지나치게 전권을 부여했다'라는 찜찜함이 암담함으로 바뀌는 순간이었다. 그들은 예상대로 내사 단계부터, 자신들이 장악한 언론에 피의사실을 공표하는 듯 '조국 일가 부정적 이미지 덧씌우기'를 했고, 비튼 팩트, 오염시킨 증거, 조작한 진술 등 억지춘향식 공소 유지로 마침내 부인 정경심을 4년 형의 중죄인으로 만들어버렸다. 이 정도가 아니다. 이 일가를 난자亂刺해 흘리게 한 피를 기반으로 마침내 정권을 얻었다. 나는 이 과정 전체를 '검찰 쿠데타'라고 규정한다. 1979년 12·12 이후 박물관에 들어간 줄 알았던 반란의 망령이 부활한 것이다. 나는 큰 충격 속에 빠지고 말았다.

그런데 이 충격파는 나의 사고와 행동을 유연하게 만들었다. 2004년 보수로 간 이후로, 나와 사사건건 견해를 달리했던 변희재 미디어워치 대표고문과 손잡을 수 있게 했으니까. 정경심에 대한 황당한 1심 판결(징역 4년형 등)이 내려지던 무렵 나는 우연한 계기로 태블릿PC 증거 조작 주장을 펴던 변희재 고문의 유튜브 방송을 보게 됐다. 경악을 금치 못했다. 조국 일가를 죽이던 칼과 박근혜를 죽인 칼이 같았다. 그 칼은 다름 아닌 진실 조작. 이 일을 계기로 (주 씨 표현으로) '단군 이래 가장 훌륭한 검사'라는 윤석열의 수사 전사前史를 모두 들여다봐야 한다는 마음을 먹게 됐다. 그리고 전 정부(박근혜 정권) 적폐 수사도 대개 이러했음을 간파하게 됐다.

이런 수고가 더 이상 필요 없게 됐다. 다년간의 연구로, 전문가와 협업해 집대성한 변희재 고문의 태블릿PC 증거 조작 사건의 진실은 '상습 날조 검사 윤석열'이 더 이상 의혹이 아닌 명징한 팩트임을 확인시켜준다.

아직 이 진실에 체계적으로 접근하지 않는 이들 중 '그렇다고 해도 변희재를 어떻게 믿느냐?'라고 말할 사람이 있지 않을까 한다. 그렇다면 이것을 성찰하라. 변희재는 윤석열에 관해 단 한 번도 입장을 바꾸지 않았음을. 문재인 정부 들어 서울중앙지검장에 발탁된 윤석열의 인기가 하늘을 찌를 때, 나 역시 윤에 더 큰 기회가 부여돼야 한다고 생각했을 그 무렵에, 목청 높여 그를 비토하던 변희재의 자료 영상을 보면, 마치 타임머신 타고 과거로 간 듯한 현재 그의 모습을 볼 수 있다.

문 대통령은 윤석열이 자기 상사인 조국·추미애 법무부 장관을 마구 짓밟던 때에도 '문재인 정부의 검찰총장'이라고 추켜세웠다. 이를 비웃듯 윤석열은 몇 달 뒤 적대적 정치세력에 입당해 그 세력의 대통령 후보가 된다. 그리고 정권교체의 대의를 온몸에 안고 대통령이 된다. 유사 이래 손에 꼽을 황망한 사태가 눈앞에서 전개된 것이다.

민주 진영 시민은 이제 '불편한 진실' 앞에서 이제 과거와 오늘의 나를 일치시켜야 한다. (그렇다고 민주 진영 시민은 너무 심하게 자책할 필요는 없다. 우리는 박근혜 대통령 탄핵을 지지했지만, 언제 태블릿PC 증거를 조작해서 그를 파면, 구속, 기소, 처벌하라고 했나?)

그렇다면 우리는 엄청난 무기를 손에 쥐게 된다. 증거 조작 당시 윤석열의 휘하에 현 법무부 장관 한동훈이 있었다는 점을 참작하면 실로 검찰 독재 시대 주역 둘을 한 방에 박살 낼 필살기이다. 저 범죄자들이 태블릿PC 증거 조작의 '티읕'도 이야기하지 않는 거 보라. 우리는 이 무기를 손에 쥐는 걸 두려워해서는 안 된다. 태블릿PC 조작과 관련, 보도했던 손석희를 믿고, 수사했던 윤석열을 믿었던 당신의 변심이 부끄러운가? 아니다. 그것은 죄가 아니다. 도리어 '돌아온 전두환 시대'가 됐는데 '믿을 놈 없다'라며 정치혐오와 기회주의로 돌아서는 태세 전환은 아름다운가? 아니다. 이것이야말로 죄가 될 수 있다.

'운명에 맡겨 살지 않고 대의대로 살겠다'라는 게 2016~2017년 탄핵 지지 세력의 정신 아니었나? 태블릿PC 조작의 진실이 백일하에 드러났다면 그 정신이 다른 맥락에서 복원돼야 한다. 이 책이 독자를 더욱 용감하게 했으면 한다. 진실은 불편해도 배반하지 않는다.

김용민　평화나무 이사장

변희재도 믿지 못했던 검찰의 태블릿 조작

지난해 12월 7일, 필자는 박근혜 대통령에 대한 탄핵을 추진한 촛불진영의 대표적 활동가인 안진걸 민생경제연구소장, 김용민 평화나무 이사장과 함께, 장시호 제출 '제2태블릿' 조작수사 책임자인 윤석열 현 대통령과 한동훈 현 법무부 장관을 모해증거인멸 등 혐의로 공수처에 고발하는 기자회견을 열었다. 조작 증거가 명확하게 드러났기 때문에 가능한 일이었다.

하지만 촛불진영의 지식인들, 활동가들은 여전히 태블릿 조작 사건에 대해 애써 외면하려고만 한다. 어쩌면 그들로서는 박근혜 대통령에 대한 탄핵의 정당성 문제에 조금이라도 흠집이 나는 게 신경이 쓰일 수도 있겠다. 그러나 실은 그보다는 '설마 대한민국의 검찰과 특검이 백주대낮에 대통령 관련 수사를 하는 과정에서 저렇게 노골적으로 증거를 조작할 수 있겠냐'는 의구심이 바로 이 사건을 외면하는 가장 큰 이유가 아닐까 싶다.

필자 역시 처음에는 같은 의구심을 갖고 있었다. 2016년 10월 24일, JTBC의 태블릿 특집방송이 나가자마자 태극기 진영에서는 곧바로 조작설이 튀어나왔다. 특히 「미래한국」의 한정석 편집위원은 방송이 나간 지 이틀도 안 되어 조작 의혹을 제기하기도 했었다. 다만 필자는 검찰이 들여다보면 바로 진위가 밝혀질 개인 모바일기기의 소유주 및 사용자 문제를 중앙일보 미디어그룹 정도가 조작했다는 것을 당시에는 믿을 수가 없었다.

이 사안은 통신사에 개통자를 확인해보고, 또 포렌식으로 사용기록만 조사해보면, 단 하루만에 거짓이 들통날 사안이었다. 실제로 검찰은 JTBC의 방송이 나간 지 얼마 안 되어 노승권 당시 서울중앙지검 1차장 등을 통해 "최순실(최서원)이 사용한 태블릿이 맞다"는 수사 결과를 여타 언론에 계속 흘렸었다. 이에 필자는 이 사건이 조작됐다는 설에 대한 관심을 거두게 되었다.

그래도 11월 내내 태극기 진영에서는 태블릿 조작설이 끊이지 않았다. 결국 김경재 당시 자유총연맹 총재가 "회원들이 자꾸 태블릿에 대해서 조사해달라고 요청이 들어오니 변대표가 이를 검토해서 만약 조작이 아니라면 조작이 아니라고 발표하여 보수층이 가짜뉴스에 휘둘리지 않도록 하자"고 제안했다. 즉, 실은 필자도 JTBC가 태블릿 특집방송을 한 지 약 한 달이 지난 11월 말경에야, 그것도 "태블릿이 조작되지 않았다"는 발표를 할 목적으로 조사를 시작했던 것이다.

이후 필자는 태블릿 조작 의혹을 제기하여 JTBC의 명예를 훼손했다는 사유로 2018년 5월말 구속기소돼 형사재판을 받게 되었는데, 사실 이러한 초창기 에피소드는 필자가 JTBC의 명예를 훼손할 목적이 전혀 없었음을 보여주는 중요한 정황 증거이기도 하다. 하지만 당시 윤석열 지검장의 서울중앙지검은 필자가 저 에피소드를 얘기하자 오히려 "김경재 총재에게 책임을 미룬다"며 필자에 대한 구속 사유로 악용하기도 했다.

어떻든, 초기엔 JTBC에 우호적 입장에서 조사를 시작했던 필자는 당시에 포렌식 자료도 갖고 있지 못했고 오직 JTBC의 보도만으로 태블릿이 최서원의 것인지 여부를 판단할 수 밖에 없었다. 그러나 필자는 JTBC의 보도만 살펴봐도, 단지 최서원이 찍힌 사진 두 장 말고는 최서원이 태블릿을 사용했다는 증거가 전혀 없음을 알 수 있었다. 오히려 청와대의 200여 개 문서가 저장돼 있다면, 문제의 태블릿은 당시 청와대 행정관이었던 개통자 김한수의 것이라고 볼 여지가 충분했다. 그러나 검찰과 JTBC는 이에 대해서는 의도적으로 무시하고 있음이 뻔히 보였다.

최서원이 찍힌 사진 두 장도 태블릿이 최서원의 것이라는 증거는 애초 될 수 없는 것이었다. 최서원의 딸 정유라는 "어머니의 스마트폰에는 손주들의 사진으로 가득하다. 태블릿이 어머니 것이면 왜 손주들의 사진이 한 장도 없고, 조카들의 사진만 있냐"고 항변했다. 아닌게 아니라 원래 개인 모바일기기에는 사용자 본인의 사진보다는, 사용자가 자주 만나고 보는 인물의 사진과 자주 가는 곳의 사진이 찍혀있어야 정상이다. 정유라의 얘기처럼, 정유라와 최서원의 손주 사진, 그리고 최서원이 자주 다녔을 승마장 사진이 찍혀있어야 한다는 것이다.

실제 태블릿에는 그런 사진은 전혀 없음이 밝혀졌다. 추후에 진행된 포렌식 결과에 따르면, 이 태블릿에는 최서원이 최소한 한 번쯤은 검색해봤어야 정상인 독일, 승마장 관련 웹 사용기록이 전혀 없었다. 'JTBC 태블릿'은 주로 야구, 격투 만화 등 웹정보 사용기록이 주를 이뤘다. 필자가 지목한 실사용자인 '40대 남성 김한수'가 사용했다고 본다면 대략 들어맞는다.

이렇게 당시 사진 문제와 청와대 문서 등만으로도 이미 태블릿은 최서원의 것이 아니라는 심증을 굳힐 수 있었던 필자는 탄핵 국회 표결 전날인 2016년 12월 8일에 "JTBC 태블릿은 개통자인 김한수의 것"이라는 긴급 성명을 발표했다. 실제로 이 이후에도 JTBC가 최초 보도에서 마치 최서원의 태블릿이 아니라 데스크톱PC라도 입수했던 양, 자사의 데스크톱PC 화면을 이용해 조작 보도를 했던 사실이 뒤늦게 드러났다. 또한 무엇보다도 JTBC가 검찰보다 먼저 태블릿의 개통자가 김한수의 회사 마레이컴퍼니라는 점을 확인하여 보도했던 사실이 밝혀졌다. 이는 JTBC가 김한수 본인으로부터 직접 태블릿과 그 개통자 정보를 건네받지 않고선 불가능한 일이었다.

이처럼 'JTBC 태블릿'에 대한 조작 의혹이 일파만파 번지게 되자, 윤석열, 한동훈의 특검 수사 제4팀은 결국 해가 바뀌자마자 2017년 1월 11일에 최서원의 조카 장시호로부터 제출받았다는 이른바 '제2의 최서원 태블릿'을 꺼내 들게 되었다.

　이번 책은 2018년 『손석희의 저주』, 2021년 『변희재의 태블릿 사용설명서』, 2022년 『변희재의 태블릿, 반격의 서막』에 이은, 미디어워치에서 펴낸 태블릿 조작 문제 관련 네 번째 책이다.

　특검 수사 제4팀이 꺼내 들었던 '장시호 태블릿'은 얼마 전 최서원 측이 반환소송을 통해서 기기의 이미징파일 전체를 복사받았다. 그리고 이를 전문 포렌식 감정 기관인 사이버포렌식전문가협회(KCFPA)가 감정을 하도록 했다. 미디어워치 태블릿진상규명단은 그 과정 일체를 주관했다. 이번 책이 필자가 앞서 내놓은 태블릿 관련 책들과 다른 점은, 이제는 포렌식 감정을 통해서 증거 조작을 100% 확정지은 내용도 수록할 수 있게 되었다는 것이다. 또한, '장시호 태블릿'에 대한 이러한 검증은 증거 조작의 주체로 윤석열이 팀장, 한동훈이 2인자였던 '특검 수사 제4팀'을 특정했다. 그래서 이번에 이들에 대한 형사고발도 가능했던 것이다.

　물론 원조 태블릿인 'JTBC 태블릿'은 기기나 이미징파일을 입수하지 못해 아직도 포렌식 감정을 하지 못하고 있다. 하지만, 대신에 'JTBC 태블릿'의 소유, 사용과 관련 김한수의 알리바이를 깨는 데 있어서 결정적 물증인 'SKT 통신 신규계약서'의 조작이 최근 공인 기관의 필적 감정을 통해 확정되었다. SKT는 기존 위조 계약서의 문제를 은폐하기 위해, 마치 '제2의 최서원 태블릿'을 연상케라도 하듯, 새로운 위조 계약서를 관련 재판에 제출했지만 오히려 양 계약서의 위조 모두를 노골적으로 자백하는 꼴만 되고 말았다. 태블릿 기기에 이어 계약서 서류에서도 반복되는 이러한 증거 조작 돌려막기 행진은 SKT와 검찰, 김한수의 공모로 이뤄진 것으로, 이제는 과연 저 셋 중 어느 쪽에서 먼저 백기를 들 것인가만 남은 상황이다.

고백하지만, 이 모든 증거 조작을 다 밝혀낸 지금 시점에서조차 필자는 '설마 대한민국의 검사들이 저런 짓을 했을까', '조작이 들통날 가능성을 애초에 무시할 수 있었을까', '조작의 후폭풍을 저들은 도대체 어찌 감당하려 했을까'하는 일말의 의구심을 완전히 거두지는 못하고 있다.

하지만, 조작이 100% 입증된 여러 자료들을 눈앞에 아무리 보여줘도, 과거 촛불을 들었던 자신의 정치적 입장 때문에 태블릿의 진실을 모른 체 하고 있는 민주당 측 인사들의 행태, 또한 심지어 과거 "태블릿 조작, 박근혜 무죄"을 외쳤던 태극기 측 인사들마저 이제는 윤석열에 줄을 서서 역시 태블릿의 진실을 모른 체 하고 있는 행태를 보면, 권력판을 읽을 줄 아는 어용 검사들이라면 당시에 얼마든지 조작 날조 수사를 감행하고도 남았을 것이란 확신이 새삼 들지 않을 수 없다.

저들 어용 검사들은 대한민국의 정치권, 법원, 언론 모두 진실이 아닌 권력에 줄을 서있다는 사실을 간파하고, 저런 조작 날조 수사를 반복해오며 출세 가도를 달려오지 않았겠는가.

특히 이제 그 대표적인 어용 검사 윤석열과 한동훈이 각각 대통령과 법무부 장관이 되었다. 그러니 어용 검사들로서는 태블릿 조작의 진실 정도야 가뿐하게 덮어버릴 자신이 생기지 않을 수 없을 것이다. 실제로 저들은 이제 야당과 재야 언론에 대해서 또 다른 조작 수사를 감행하고 있다. 윤석열이 개입한 것으로 여겨지고 있는 김웅-손준성 고발사주 관련 건에서, 얼마 전 대검찰청의 25대의 컴퓨터가 불법적으로 포맷된 사건이 벌어졌다. 마치 특검이 '장시호 태블릿'의 증거를 인멸한 것과 같은 방식이었다.

필자는 2022년 가을경, 이명박 정권 시절부터 인연이 있었던 윤석열 정권 핵심 인사와 만난 바 있다. 이 자리에서 윤석열과 한동훈이 직접 관여한 '장시호 태블릿' 조작수사 문제에 대해서 설명하자, 그는 "촛불진영도, 태극기 진영도, 그리고 그 어떤 언론에서도 절대 이 태블릿 조작 문제는 다루지 않을 것"이라며 필자 앞에서 호언장담을 했다. 실제로 얼마 전 '장시호 태블릿'에 대한 조작을 발표하는 최서원 측 법률대리인 이동환 변호사의 기자회견 현장에는, 여러 제도권 언론사들이 취재차 찾아와 질의응답까지 했었지만 보도는 한 줄도 나오지 않았다.

윤석열 정권 핵심 인사의 호언장담에 대해서 당시에 필자는 "그렇다면 태블릿 조작 문제를 다룬 책이라도 내서, 이 진실을 미국, 일본 쪽에 알려야겠습니다"라고 답했다. 말하자면 이 책은, 권력과 조작에 의해 오염된 대한민국에서, 재야 유튜브 방송과 함께 그래도 유이하게 진실을 알릴 수 있는 채널인 셈이다.

 이 책이 출간되는 즉시 필자는 서울, 대전, 대구, 부산, 전주, 광주, 목포, 춘천 등 전국을 다니며 태블릿 조작의 진실을 알리는 북콘서트형 집회를 이어갈 것이다. 또한, 최대한 빨리 이 책의 내용을 영어, 일본어로 번역하여 미국, 일본 등에도 알려 나갈 계획이다.

 "진실은 스스로 살아서 움직인다.", "진실은 아흔아홉 번 거짓에 패하다가, 단 한 번으로 역전한다."

 약 6년간 태블릿 진실투쟁을 이어온 필자가 체감한 진실이다. 대한민국의 국민들 모두가 조만간 이러한 진실의 진면목을 직접 확인할 수 있게 될 것이라 확신한다.

변희재 미디어워치 대표고문

목 차

제1부   JTBC의 태블릿 공습, 진실의 벽에 막히다   020

제1부

JTBC의
태블릿 공습,
진실의 벽에
막히다

JTBC의 덫에 걸려든 이원종 청와대 비서실장

2016년 10월 19일 대한민국 정가와 언론에서는 "박근혜 대통령과 최순실이 대기업을 움직여 K스포츠·미르재단 설립을 주도했다" 등의 이른바 '국정농단' 이슈가 들끓고 있었다. 그러나 정작 박근혜 대통령과 최서원(개명전 최순실)이 공모하여, 대기업의 돈을 같이 나눠서 먹었다는 증거는 나오지 않고 있었다. 실제 그때까지는 박 대통령 지지층 역시 "설마 직계 가족도 없는 박 대통령이 무엇 때문에 최서원의 말만 듣고 사적으로 돈을 챙기겠나"라고 하면서 신뢰를 버리지 않고 있었다. 박 대통령의 청와대는 그렇게 하루하루 KO 펀치를 피해가며 버티고 있었다.

그러다 바로 이날 저녁 JTBC 심수미 기자는 <"20살 정도 차이에 반말"…측근이 본 '최순실-고영태'> 라는 보도를 내보낸다.

손석희 앵커　　최 씨가 실제로 대통령의 연설문을 고쳤다는 다른 증거나 정황도 있습니까?

심수미 기자　　부분에 대해서는 추가 확인은 어려웠는데요, 최순실씨가 허풍을 떨고 다녔거나 고영태 씨가 거짓말을 했을 가능성에 대해서 물론 무시할 수 없을 것 같습니다. 하지만 고 씨는 최 씨의 말투나 행동 습관을 묘사하며 **평소 태블릿PC를 늘 들고 다니고, 그걸 통해서 연설문이 담긴 파일을 수정**했다고 말했습니다.

같은 날 심수미 기자는 <[단독] 최측근의 증언 "최순실, 대통령 연설문 고치기도">에서, 고영태의 발언을 인용하며 다음과 같이 보도했다.

고영태 씨는 최순실 씨를 '회장'이라고 불렀습니다. 고 씨에게 최순실 씨에 대해 묻자 먼저 박근혜 대통령과의 관계를 언급했습니다. 고 씨는 **"회장이 제일 좋아하는 건 연설문 고치는 일"**이라고 말했습니다.

박 대통령의 가정부 역할을 해온 것으로 알려진 최서원이 박 대통령의 연설문을 좌지우지했다는 보도는 상상 이상의 충격이었다. 만약 박 대통령의 국정 운영 지침이 담긴 연설문을 최서원이 마음대로 고쳤다면, 세부적인 국정 운영에도 충분히 개입했을 것이라는 추론이 가능했다.

2016년 10월 19일 JTBC 뉴스룸 <"20살 정도 차이에 반말"…측근이 본 '최순실-고영태'> 보도. 심수미 기자는 고영태가 전해준 말이라면서 "최서원 씨가 평소 태블릿PC를 늘 들고 다니고, 그걸 통해서 연설문이 담긴 파일을 수정했다"고 했다.

2016년 10월 19일 JTBC 뉴스룸 <[단독] 최측근의 증언 "최순실, 대통령 연설문 고치기도"> 보도에서 심수미 기자는 고영태가 한 말이라면서 "회장(최서원)이 제일 좋아하는 게 연설문 고치는 일", "자기가 고쳐놓고 문제가 생기면 애먼 사람 불러다 혼낸다"고 했다.

　여론이 악화되자 이원종 당시 청와대 비서실장은 2016년 10월 21일, 국회 국정감사에서, 민간인 최서원이 박 대통령의 연설문 작성에 관여했다는 의혹에 대해 "봉건시대에도 있을 수 없는 얘기가 어떻게 밖으로 회자되는지 개탄스럽다"고 말했다.

　이 비서실장은 "최 씨가 청와대에 영향력을 행사하는 게 가능하냐"는 민경욱 새누리당 의원의 질문에 "입에 올리기도 싫은, 성립이 안 되는 얘기"라며 "정상적인 사람이라면 그런 말을 믿을 사람이 있겠나. 시스템으로 성립 자체가 안 된다"고 강조했다. 당시 태블릿을 이미 확보하고 있었다는 JTBC 측에서는 이원종 비서실장의 발언 이후 "이제 태블릿 보도를 해도 되겠다"는 확신이 들었다고 한다.

　결론적으로 언론이 전한 고영태의 발언과 이원종 실장의 국회 답변은 훗날 정확한 사실이 아닌 것으로 드러났지만, 이 둘의 발언은 결국 JTBC

의 본격적인 태블릿 조작보도의 기폭제가 되고 만다.

실제 JTBC는 2016년 10월 24일에 최서원이 "PC"로 청와대 연설문 등을 미리 받아봤다는 보도를 터뜨린다. 당시 JTBC는 "태블릿"이라는 표현을 쓰지 않고 누가 들어도 데스크톱PC를 떠올리게 하는 "PC"라는 표현만 써서 보도했다. 훗날 재판에서 드러났지만, JTBC 측이 이렇게 태블릿을 "PC"라 보도한 이유는, 일단 자신들의 해명에 따르면 결국 최서원과 박 대통령을 속여서 대응을 무력화시키려는 의도였다고 한다.

고영태 "최순실이 연설문 고치는 걸 좋아한다고 말한 적 없다"

JTBC의 보도는 고영태가 먼저 부인하고 나섰다. 고영태는 2016년 12월 8일 국회 청문회에서 "JTBC 인터뷰에서 (최순실 씨가) 잘하는 것을 물어봤을 때 다른 건 모르겠고 연설문 고치는 건 잘하는 것 같다고 얘기했다"고 정확히 부연설명을 했다. 그러면서 고영태는 "내가 (최 씨가 연설문을 고치는 일을) 좋아한다고는 말하지 않았다"며 JTBC의 잘못된 인터뷰를 바로잡았다.

'그나마 연설문 고치는 건 잘하는 것 같다'라는 표현과 '연설문 고치는 것을 제일 좋아한다'라는 표현의 뉘앙스는 하늘과 땅 차이다. '좋아한다'라는 표현에는 상습적, 상시적이란 의미가 포함되어 있다.

○**이완영 위원** 알겠습니다.
'최순실이가 연설문 고치는 것 좋아한다' 이런 말 수시로 했습니까?
○**증인 고영태** 아닙니다. 좋아한다는 말을 하지 않았고요.
○**이완영 위원** 그럼요?
○**증인 고영태** '연설문을 고치는 것 같다' 이렇게 얘기한 적이 있습니다.
○**이완영 위원** 고치는 것 같다?
○**증인 고영태** 예.
○**이완영 위원** 이것을 수시로 지인들 있는 사이에서 얘기를 하셨다 이거지요?
○**증인 고영태** 수시로 하지는 않았습니다. 그때 그 기자분이 있는 데서 얘기한 적이 있습니다.

○**최교일 위원** 고영태 증인.
○**증인 고영태** 예.
○**최교일 위원** JTBC와 인터뷰에서 최순실이 연설문 고치는 것을 좋아했다 이렇게 말한 적이 있지요?
○**증인 고영태** 예, 연설문 고치는 건…… 잘하는 게 뭐 있나 물어봤을 때 다른 건 모르겠고 연설문 고치는 건 잘하는 것 같다 그런 식으로 얘기를 했습니다.
○**최교일 위원** 대통령 연설문을 고친다 그렇게 들은 거지요?
○**증인 고영태** 예.
○**최교일 위원** 그 사실은 어떻게 알았습니까?
○**증인 고영태** 사무실에서 어떤 PC에 뭐가, 팩스가 잘 안 된다, 스캔이 안 된다 해서 사무실에

고영태는 2016년 12월 8일, 국회 청문회에서 "(최서원 씨가 연설문 고치는 일을) 좋아한다고 말한 적이 없다"며 JTBC의 잘못된 방송 내용을 바로잡았다. (국회 청문회 속기록)

○**河泰慶 위원** 그러면 JTBC에서 보도한 태블릿 PC는 최순실이 사용한 것 같아요, 아닌 것 같아요?
○**증인 고영태** 정확하게 제가 그 태블릿PC를…… 정확하게 말씀드리면 그런 걸 쓸, 사용을 못 하는 사람으로 제가 알고 있습니다.
○**河泰慶 위원** 최순실은 태블릿 PC 사용을 못 한다?

○**河泰慶 위원** 그러면 아까 TV조선에 의상실 CCTV 갖다 줬다고 했는데 최순실이 컴퓨터를 쓰는 걸 본 적이 있어요. 태블릿 PC 같은 것?
○**증인 고영태** 정확하게 태블릿 PC를 쓰는 걸 본 적은 없고요, 컴퓨터를 쓰는 것은 가끔 봤습니다.

마치 지금 국민들이 알고 계시는 것은 청와대 내에 작성된 문건들이 다른 메일이나 뭔가를 통해 가지고 최순실 씨가 가지고 있는 그 태블릿PC로 가고 거기에서 작성을 해서 다시 돌려주고, 이런 식으로 작성이 된 것처럼 많이 알려져 있는데 오늘 고영태 증인의 말씀하고 종편의 보도하고는 너무나 달라서 저는 그것이 너무 궁금하고 도대체 이것이 어떻게 시작이 되고 태블릿 PC의 진실이 뭔지, 고영태 증인도 모르지 않습니까?
○**증인 고영태** 그래서 제가 아까 말씀드렸듯이 태블릿 PC를 습득하고 JTBC 방송에 냈던 그 기자분이 나와서 명확하게 설명을 해 주셔야지 저도 오해를 받지 않고……
○**이만희 위원** 알겠습니다.

고영태는 2016년 12월 8일, 국회 청문회에서 "(최서원은) 태블릿PC를 사용하지 못하는 사람으로 알고 있다", "(최서원이) 태블릿PC를 쓰는 걸 본 적은 없다"고 밝힌 데 이어 "JTBC 기자가 청문회에 나와서 명확히 설명해야 한다"고 증언했다. (국회 청문회 속기록)

○**이만희 위원** 검찰에서는 최순실 사진이 그 안에 들어 있고 또 태블릿의 위치정보가 최순실의 동선과 일치한다 이런 등등의 근거를 내세우면서 최순실의 것이 맞다 이렇게 지금 주장을 하고 있습니다.

제가 고영태·차은택 두 사람한테 최순실이 태블릿 PC를 그렇게 자유롭게 사용할 수 있을 만큼의 능력이 있는가에 대해서 물어봤는데 그분들은 두 분 다 그 내용을 부인하셨습니다.

박헌영 증인은 어떻습니까, 한 8개월 이상 9개월 가까운 시간을 일주일에 세 번 정도 최순실을 만났는데 최순실이 그 종류는 아니겠지만 다른 태블릿 PC나 아니면 PC를 다루는 모습을 본 적이 있습니까?

○**증인 박헌영** 최순실 씨가 태블릿 쓰는 모습은 저는 한 번도 보지 못했고요.

○**이만희 위원** 그러면 다른 일반 PC는 잘 활용하던가요?

○**증인 박헌영** 컴퓨터는 어느 정도 쓰시는 것 같았습니다.

○**이만희 위원** 그랬습니까?

○**증인 박헌영** 예.

○**이만희 위원** 그러면 태블릿 PC를 갖고 다니거나 그것을 쓰고 있는 모습은 못 봤다 이 말씀이지요?

○**증인 박헌영** 그것은 못 봤습니다.

○**이만희 위원** 그러면 지금 알려져 있는 아까 그런 구도, 태블릿 PC를 최순실이가 가지고 있었고 그것으로 청와대에 있는 사람들이 자료를 작성하면, 연설문을 작성하면 보내줘서 다시 고쳐서 보내주고 그렇게 다들 많이들 알고 있는데 그런데 우리가 알고 있는 내용하고는 너무나 많이 다른 증언이 나와서 제가 말씀을 드리는 겁니다.

제가 장시호 증인한테 묻겠습니다.

같은 친척이기도 하시니까, 최순실이라는 사람이 태블릿 PC를 능숙하게 아니면 조금이라도 사용할 줄 압니까?

○**증인 장시호** 사용하지 못하는 걸로 저도 알고 있습니다. 사진 찍고 그런 것 정도는 할 수 있어도 그걸로 계정을 한다거나 메일을 열어 본다든가 그런 것은 아마 못 하는 걸로 알고 있습니다.

○**이만희 위원** 아마 국조를 마치고 나면 국조에 이어서 또 특검이라는 절차가 있으니까 거기에서라도 정확하게 그 사실관계가 밝혀졌으면 좋겠고.

박헌영(2016년 12월 15일 청문회) K스포츠재단 과장도 고영태와 마찬가지로 "최순실 씨가 태블릿 쓰는 모습을 한 번도 보지 못했다"고 증언했다. 최서원의 조카 장시호(2016년 12월 7일 청문회) 역시 "(최서원은) 태블릿을 사용하지 못하는 걸로 알고 있다"고 밝혔다. (국회 청문회 속기록)

또한 고영태는 '최서원이 태블릿을 들고 다녔다'는 말을 하지 않았다고 정정했다. 자신이 가끔 본 것은 최서원의 "컴퓨터"라는 것이다. 고영태는 이미 2016년 10월 27일, 검찰에 출석해 최서원이 사용한 것은 "노트북"이었다고 정확히 짚어주었다.

심수미 기자가 최서원이 늘 태블릿을 들고 다니며 연설문을 수정한다는 말을 고영태에게서 들었다고 보도한 날짜는 2016년 10월 19일. JTBC가 태블릿을 실제 입수했다고 하는 시점은 그 다음날인 20일이다. 그러면서 자신들이 발견한 태블릿이 최서원의 것이라는 중요 근거라며, 고영태의 증언을 내세웠다. 그러나 고영태는 최서원이 태블릿을 쓴 적이 없고, 자신은 JTBC 측에 "태블릿"이라는 말조차 꺼낸 바 없다고 청문회에 나와 공개 반박한 것이다. 그렇다면 심수미는 대체 누구로부터 태블릿 이야기를 전해 들어 아직 JTBC가 입수하기도 전인 19일에 태블릿 보도를 했단 말인가. 이 때문에 JTBC 측은 이미 한참 전에 태블릿 개통자이자 실사용자이며 조작의 주범인 김한수로부터 미리 태블릿을 입수해놓은 게 아니냐는 의혹이 제기됐던 것이다.

하지만 JTBC 태블릿 보도의 문제점은 시간이 꽤 지난 이후에야 드러났던 만큼, 이원종 비서실장의 앞서 국정감사 발언으로 인해 청와대는 이후 JTBC의 태블릿 보도가 나가면서 거짓말쟁이로 몰리고 말았다. 만약 애초에 이원종 비서실장이 훗날 박 대통령이 밝힌 대로 "대통령 연설문에 워낙 전문적 표현이 많아 최서원과 같은 일반인 수준에서 이해할 수 있도록, 쉽게 고쳐달라는 요청 정도는 한 적이 있다"고 답변했다면 어땠을까. 이미 치밀하게 기획된 탄핵이었으니 대세를 돌릴 수는 없었을지 몰라도, 마치 거짓말을 하다가 들통난 것처럼 이후에 쏟아지던 언론들의 거짓보도에 청와대가 어떠한 반박이나 해명도 할 수 없는 지경에까지 몰리지는 않았을 것이다.

박 대통령 "최서원 태블릿이라면, 청와대 자료 그렇게 많을 수 없다"

사실 JTBC의 첫 보도는 태블릿을 "PC"로 보도를 하면서, 그것이 최서원 것이라는 제대로 된 증거를 전혀 제시하지 못했다. 특히 나중에 드러났지만 입수경위조차 여러 곳에서 오보를 내보냈다. 이 때문에 보수층 SNS에서는 "최서원 것이 아니지 않냐"는 조작설이 퍼지고 있었다.

그러나 JTBC 첫 보도 다음날인 2016년 10월 25일, 더 이상 보도 진위 여부를 따질 필요가 없는 사태가 벌어졌다. 박 대통령이 JTBC의 보도를 인정하는 것처럼 사과를 해버린 것이다.

존경하는 국민 여러분, 최근 일부 언론보도에 대해 국민 여러분께 제 입장을 진솔하게 말씀드리기 위해 이 자리에 섰습니다. 아시다시피 선거 때는 다양한 사람들의 의견을 많이 듣습니다.

최순실 씨는 과거 제가 어려움을 겪을 때 도와준 인연으로 지난 대선 때 주로 연설이나 홍보 등의 분야에서 저의 선거운동이 국민들에게 어떻게 전달됐는지에 대해 개인적인 의견이나 소감을 전달해 주는 역할을 했습니다. 일부 연설문이나 홍보물도 같은 맥락에서 표현 등에서 도움 받은 적이 있습니다. 취임 후에도 일정 기간 동안은 일부 자료들에 대해 의견을 물은 적은 있으나 청와대 보좌체계가 완비된 이후에는 그만뒀습니다.

저로서는 좀 더 꼼꼼하게 챙겨보고자 하는 순수한 맘으로 한 일인데 이유 여하를 막론하고, 국민 여러분께 심려를 끼치고 놀라고 마음 아프게 해드린 점에 대해 송구스럽게 생각합니다.

이렇게 박 대통령이 JTBC의 보도를 인정해버리니, JTBC 보도에 의문을 갖고 있던 미디어워치 같은 언론들의 검증 취재는 한 달 이상 늦춰지게 되었다. 탄핵이 가결될 때까지 박 대통령은 무지막지한 거짓, 날조, 왜곡 보도에 무방비로 노출될 수밖에 없었다. 당시 월간조선 배진영 기자는 박 대통령을 음해, 비방하는 무려 25개의 거짓뉴스를 정리한 바 있다.

1. 트럼프, "여성 대통령의 끝을 보려거든 한국의 여성 대통령을 보라" 발언-YTN

2. 미국대사관, 최태민을 '한국의 라스푸틴'이라고 평가-중앙일보

3. 최순득(최서원의 친언니)은 박근혜 대통령과 성심여고 동기동창-경향신문

4. K 스포츠 이사장은 최순실 단골 마사지집 사장-전 언론

5. 최순실 아들, 청와대 근무-시사저널

6. '건설산업사회진흥재단'은 '제3의 미르'-채널A

7. 박근혜, 세월호 가라앉을 때 '올림머리' 하느라 90분 날렸다-전 언론

8. 박근혜, 불법 줄기세포 시술-SBS

9. 대통령, 차움 시설 무상 이용··· 가명은 '길라임'-JTBC

10. 靑, 태반주사 8개월간 150개 구매 / 수술용 혈압제 무더기 구매 / 비아그라에 이어 '제2의 프로포폴'까지 구입한 靑-전 언론

11. 주진우, "섹스 관련 테이프 나올 것"-뉴스프로

12. 청와대서 사용하던 마약류가 사라졌다-전 언론

13. 청와대 의약품 대장 속 '사모님'은 최 씨 자매 중 한 명-전 언론

14. 안민석, "신주평, 공익복무 때 독일서 신혼생활 의혹"-전 언론

15. 최순실, 대통령 전용기로 해외순방 동행-채널A

16. 경호실이 최순실 경호했다-KBS

17. '보안손님' 차은택과 발모제 의혹-채널A

18. 박근혜, 최순실을 '선생님'이라고 불러-동아일보

19. 대통령 옷값은 최순실이 냈다-전 언론

20. 박근혜, 평일에도 관저에서 TV 시청-채널A

21. '통일대박'은 최순실 아이디어-전 언론

22. 최순실, DMZ 평화공원 사업에도 간여-한겨레

23. 최순실, 무기 로비스트 린다 김과 친분-전 언론

24. 박근혜 대통령이 무속巫俗에 빠졌다-전 언론

25. 美대사관도 촛불 지지?… '1분 소등' 동참-중앙일보

이 25가지 뉴스는 지금처럼 신뢰성 없는 유튜버들의 선동이 아니었다. 모두 기성 제도권 언론이 조작, 날조한 보도들이다. 하지만 JTBC의 태블릿 보도로 무장해제된 청와대 측은 이러한 거짓 연쇄보도에 무방비로 당하며 무너질 수밖에 없었다. JTBC 측은 태블릿이 탄핵의 스모킹건이었다고 자랑을 해왔는데, 실제로도 태블릿 보도는 거의 모든 언론이 무차별적으로 거짓보도를 쏟아내도록 물꼬를 튼 점에서 가장 큰 역할을 했다.

대체 왜 박 대통령은 지금 와서 보면 수많은 오류가 확인되는 JTBC의 태블릿 보도를 단 하루 만에 인정하게 됐는지, 언론과 보수세력 내에서는 두고두고 논란이 벌어졌다. 특히 박 대통령은 2017년 1월 25일에 공개된 정규재 당시 한국경제신문 주필과의 인터뷰에서 "이 태블릿PC에서 뭐 많은 자료가 쏟아졌느니 이렇게 보도가 됐을 때, 저거는 있을 수 없는 일인데, 내가 그 저기 뭐 이렇게 도움을 구한 것은 어떤 연설문의 표현 같은 거 뭐 이렇게 홍보적인 관점에서 어떻게 받아들여질까 뭐 이런 것을 갖다가 어느 기간 받은 게 다인데, 그게 어떻게 저렇게 많은 자료와 함께 뭐 어마어마한 얘기가 됐을까 그걸 바로잡아야 된다. 그래서 그거는 바로잡고"라고 답변했다.

자신은 집권 초기 최서원에게 연설문이 쉽게 읽히도록 자문받은 게 전부인데, 태블릿에 청와대 기밀자료가 200여 건이나 있다는 건, 바로잡아야 할 만큼 이상한 일이라는 것이다.

박 대통령은 탄핵 정국이던 2017년 1월 25일에 공개된 정규재 당시 한국경제신문 주필과의 인터뷰에서, 자신은 집권 초기 최서원에게 연설문을 쉽게 읽히도록 자문받은 게 전부라면서 최서원의 태블릿에 청와대 기밀자료 200여 건이나 담겼다는 것은 믿기 힘든 이상한 일이라고 말했다.

　　만약 박 대통령이 JTBC의 태블릿 보도를 바로잡아야겠다고 판단했으면, 보도 다음날 사과를 해선 안 되는 일이었다. 실제 보도 다음날부터 SNS에서는 JTBC의 태블릿 보도와 관련해 조작 의혹이 빗발치고 있었다. 박 대통령은 내부적으로 즉각 검찰에 정밀한 수사를 지시, 태블릿 진위 여부를 파악했어야 했다.

　　하지만 박 대통령이 JTBC의 태블릿 보도를 인정하는 듯한 사과를 하자, JTBC는 10월 26일에 그제서야 "PC"가 아니라 "태블릿PC"라고 밝히고, 태블릿 개통자가 김한수 청와대 행정관이라는 사실을 알렸다. 당시 김한수는 청와대에 현직으로 근무하고 있었다.

　　일반적으로 스마트폰, 태블릿 같은 모바일 IT 기기는 개통자가 곧 소유자, 사용자일 가능성이 높다. 주로 정치권에서 쓴다고 하는 이른바 대포폰을 사용하는 경우에만 개통자와 소유자가 다를 것이다. 따라서 만약 정체불명 태블릿의 개통자가 김한수였다면, 1차적으로는 김한수의 사용이나 소유 여부를 따져봐야 했다. 그러나 박 대통령의 사과가 마치 태블릿의 사용자가 최서원이라는 걸 보증이나 한 듯이, 언론사들은 물론 심지어 청와대조차 더 따지질 않았다.

결국 박 대통령에게 JTBC 보도에 이후 즉각적인 사과를 부추긴 자들은 안종범 당시 경제수석, 정호성 당시 비서관 등으로 훗날 밝혀졌다. 그리고 이들은 모두 윤석열과 한동훈이 주도하는 특검의 수사에 절대적으로 협조, 박 전 대통령이 뇌물죄로 처벌받는 데, 또한 태블릿 진실이 은폐되는 데, 큰 기여를 했다. 그 대가인지 이들은 각각 4년형, 1년 6개월형 등 비교적 가벼운 형만 받고 풀려났다.

김경재 "박근혜는 10원 한 장 받은 바 없다"

청와대의 시종일관 무기력과는 별개로, 11월 초까지는 언론의 대대적인 음해 보도에 우왕좌왕하던 보수 진영이 11월 중순을 넘어가며 전열을 재정비한다. 박근혜 대통령의 홍보특보를 지냈던 김경재 당시 자유총연맹 총재는 2016년 11월 19일의 탄핵반대 태극기집회에서 포문을 열었다.

김경재 총재는 "정권에서 공익적 목적으로 재단을 만드는 일은 흔하다. 노무현 때도 삼성그룹에서 8천억을 내놓아 재단을 만들고 이를 정권에서 관리했고, 이명박 때도 대기업이 출연하여 미소금융재단을 만들지 않았냐. 지금 문제가 되는 K스포츠·미르재단의 출연금은 그대로 재단 통장에 있고, 박 대통령은 10원 한 장 가져간 바가 없다"는 취지로 항변했다.

보수층은 일단 박 대통령이 재단으로부터 10원 한 장 챙겨간 것도 없고, 대기업으로부터 따로 10원 한 장 받은 바 없다는 데에서 자신감을 회복할 수 있었다.

실제 박근혜 당시 대통령은 마음만 먹으면 총 사업비 약 1천억 원대에 이르는 박정희대통령기념재단도 좌지우지할 수 있었다. 그러나 박 대통령은 이 재단에 일체의 관여도 하지 않고 있었다. 박 대통령이 재단을 통해 뇌물을 받으려면 자신이 전면 장악할 수 있는 박정희대통령기념재단을 이용하지 왜 잘 알지도 못하는 문화 스포츠 재단을 만들겠냐는 것이다. 심지어 K스포츠·미르재단으로부터는 최서원조차 단 한푼의 돈도 가져간 바가 없다는 사실이 밝혀졌다. 이때부터 탄핵반대 태극기집회는 매주 토요일에 열리며 인파가 몰리게 된다.

박 대통령에게 실질적으로 뇌물죄를 적용할 수 있냐의 문제는 탄핵의 결정적 요인이었다. 실제로 2004년 노무현 당시 대통령 탄핵 당시, 헌법재판소에서는 노 대통령의 선거법 위반을 인정하면서도 대통령직을 물러나게 할 정도의 중대 사안은 아니라고 판단, 대통령을 탄핵시킬 정도의 범죄에 관한 예시로 뇌물죄를 제시한 바 있다. 이로써 모든 정가와 언론의 시선은 당시 검찰 특수본의 수사 발표에 쏠리고 있었다.

박근혜 대통령의 뇌물죄를 명시하지 못한 검찰 특수본 수사 결과

'최순실 게이트'를 수사했던 검찰 특별수사본부(본부장 이영렬 서울중앙지검장)는 2016년 11월 20일에 중간수사 결과를 발표했다.

검찰은 박근혜 대통령이 '비선 실세' 최서원의 '국정농단' 의혹에서 각종 범죄 혐의에 상당 부분 공모 관계가 있다고 판단했다.

K스포츠·미르재단이 대기업들로부터 700억 원대 기금을 출연받고 아무런 권한이 없는 민간인 신분인 최 씨 측에 공무상 비밀 내용이 다수 담긴 청와대와 정부 문건이 넘어가는 데 박 대통령이 중요한 역할을 했다는 것이다.

검찰은 같은날 K스포츠·미르재단에 대기업들이 거액을 출연하도록 압박한 혐의(직권남용 권리행사방해 공범) 등으로 최서원을 구속기소했다.

두 재단의 강제모금을 실질적으로 주도한 안종범 전 청와대 정책조정수석, 그리고 최 씨에게 청와대와 정부 부처 문건을 넘겨준 혐의(공무비밀누설)로 정호성 전 부속비서관도 함께 재판에 넘겨졌다.

당시 검찰은 "특수본은 현재까지 확보된 제반 증거자료를 근거로 피고인 최순실, 안종범, 정호성의 여러 범죄사실 중 상당 부분에서 공모관계가 있는 것으로 판단했다"고 밝혔다.

문제는 검찰도 탄핵의 핵심요소인 박 대통령의 뇌물죄 부분을 명시하지 못했다는 것이다. 김경재 총재가 항변했듯이 재단 출연금을 박 대통령이 사적으로 횡령한 바가 없어서 뇌물죄는 적용을 못하고, 급한대로 직권남용, 강요죄 정도로 최서원과 공모한 것으로 처리한 것이다.

윤석열의 등장, "박근혜는 뇌물죄로 엮으면 된다"

이때부터 정치권과 언론은, 검찰 특수본의 바톤을 이어받은 박영수 특별검사(정식 명칭 '박근혜 정부의 최순실 등 민간인에 의한 국정농단 의혹 사건 규명을 위한 특별검사')가 박 대통령의 뇌물죄를 엮어낼 수 있느냐에 관심을 집중했다.

당시만 해도 최소한 보수진영의 법조인들은 박 대통령이 사적으로 돈을 받아서 쓰지 않은 이상 뇌물죄 성립 불가를 확신하고 있었다. 그렇다면 탄핵을 위해서 무조건 뇌물죄를 엮어줄 만한 검사가 필요했다. 이때 등장한 인물이 바로 윤석열이다.

박영수 특별검사는 2016년 12월 2일에 윤석열 대전고검 검사를 특검의 수사 제4팀장으로 임명한다. 한동훈 당시 검찰 부패범죄특별수사단 검사까지 포함한, 검찰의 파견 검사들을 위주로 한 이 특검 수사 제4팀은 삼성 등 대기업과 박 대통령의 뇌물죄 문제 수사를 맡았음은 물론, 이후 최서원의 조카인 장시호가 최서원의 또 다른 태블릿이라며 특검에 제출한 소위 '제2태블릿'에 대한 수사까지 맡게 된다.

윤석열 검사는 당시 특검에서 어떤 방식으로 수사를 했을까. 5년 후인 20대 대선 직전 2022년 3월 3일, 진보좌파 및 친민주당 노선의 열린공감TV와 썬데이저널은 과거 탄핵 정국 당시 윤석열의 목소리가 담긴 한 녹취록을 공개했다. 내용을 미루어 짐작건대 마치 윤석열이 특검이 합류하기 직전에 면접 심사를 받고 있는 분위기였다. 녹취록에 따르면 윤석열은 박근혜를 뇌물죄로 엮을 수 있다는 자신감을 내비춘다.

열린공감TV와 썬데이저널은 2022년 3월 3일에 과거 탄핵 정국 당시 윤석열의 목소리가 담긴 한 녹취록을 공개했다.

윤석열은 "뇌물로 엮어도 되는데, 뇌물로 엮어가지고", "그런데 지금 김수남 총장이 TK잖아", "박근혜는 어차피 버리는 카드인데", "박근혜를 조짐으로써 국민들을 살살 달래가면서", "TK 보수 세력들의 시간을 좀 주기 위해 해가지고, 그런 고려도 좀 있지 않았나 싶어"라고 말한다.

즉, TK 출신 김수남 당시 검찰총장이 보수층 눈치를 보느라 박 대통령을 뇌물죄로 엮지 못했다는 점을 지적한 것이다. 실제 앞서 언급한 대로 2016년 11월 20일에 이영렬 서울중앙지검장은 '국정농단' 수사발표에서 K스포츠·미르재단 관련해서 뇌물죄를 적용하지 않았다. 당시 국회에서는 노무현 전 대통령 당시의 헌재 판결 사례를 들면서 박 대통령을 탄핵시키려면 반드시 뇌물죄로 엮어야 한다는 주장이 난무했다.

윤석열은 이에 대해 "일단 뇌물로 엮어놓으면 박근혜가 나갈 수가 없잖아", "부패범죄 이렇게 되면은", "진술 받아가지고 막 엮어서 이렇게 하면은", "그러니까 저거를 뇌물죄로 엮지를 못한 게 아닌가", "그리고 이제 특검의 몫으로 넘기면서"라고 발언한다.

자신이라면 어떻게든 진술을 엮어서 뇌물죄로 잡았을텐데, 김수남 총장의 검찰은 그렇게까지는 하지 못한 점을 아쉬워 하는 대목이다. 실제 윤석열은 녹취록에서 "나는 그거 벌써 재단법인을 딱 보니까, 그림이 딱 그려지는 거야", "뇌물을 재단법인으로 받아먹었구나", "직업이 원래 재단운영이잖아"라는 발언도 한다.

박 대통령이 육영재단 등을 운영한 전력을 문제삼아서 수사도 하기 전에 K스포츠·미르재단의 출연금을 박 대통령이 받은 뇌물로 엮으려 판을 짜고 있었다는 것이다.

실제 윤석열이 특검의 수사 제4팀장으로 부임한 지 약 1주일이 지난 12월 9일에 김무성이 주도하여 당시 여당에서 유승민, 나경원 등 약 62명이 이탈하면서, 박 대통령 탄핵안은 국회에서 여유있게 200표를 넘어 가결된다.

나중에 박지원은 "20표만 구해오라 했더니, 형님, 40표가 넘었습니다 라고 해서 (탄핵을) 시작한 것"이라면서 김무성이 자신에게 자랑까지 했다고 밝힌 바 있다. 실제로는 60표가 넘게 이탈했다. 이는 '윤석열이라면 충분히 수단과 방법을 가리지 않고 박근혜 대통령을 뇌물죄로 엮어서 탄핵 요건을 충족시킬 수 있을 것'이라고 탄핵 세력이 확신을 했기 때문에 가능했을 것이다

윤석열, 이명박 다스 의혹을 덮어준 대가로 승승장구

사법고시 9수만에 합격한 윤석열은 당연히 같은 기수보다 나이가 많아 애로를 겪었고, 검사를 잠시 관두는 등 두각을 보이진 못했다는 평가다. 이런 윤석열에게 기회가 온 것은 2007년 대선 직후 가동된, 이명박 당시 대통령 당선인에 대한 BBK 특검에 새로 합류하면서부터다.

윤석열은 박영수 당시 대검찰청 중앙수사부장의 눈에 띄어 2007년 3월에 정식으로 대검찰청의 검찰연구관으로 영전했다. 또 서울서부지방검찰청에 파견되어 이른바 '신정아 사건'을 맡아 신정아 씨가 오줌을 쌀 정도로 가혹한 수사를 하여 존재감을 과시했다고 한다. 이런 윤석열은 BBK 특검에도 파견나가서 이명박을 무혐의로 처리해주는데도 적극 가담했던 것이다.

윤석열은 BBK에 50억 원을 투자했다가 이명박과 김경준에게 소송을 걸었던 ㈜심텍과 관련해 "심텍이 50억 원을 투자한 주된 이유는 시티

은행 지배인을 통해 소개받은 김경준으로부터 프리젠테이션을 받은 것이었다고. 이 당선인에게는 어떠냐고 물어서 이 당선인이 괜찮다고 말해준 것뿐”이라고 설명하는 등 “이명박은 ㈜심텍의 BBK 투자자문 50억원 투자에 큰 역할을 하지 않았다”는 취지로 언론에 직접 설명, 이명박 측을 만족시킨 바 있다.

당시 이명박은 이미 대통령 당선인 신분으로, 이때 BBK 특검은 BBK는 물론 그가 실소유주라는 의혹을 받던 다스까지도, 모두 이명박과 관계없다는 수사결론을 내려주었다. BBK 특검에 합류한 윤석열 등 검사들은 당연히 이명박 정권 당시 승승장구하게 된다. 이 당시 윤석열과 함께 BBK 특검에서 활약한 인물이 현재도 윤핵관으로 불리는 유상범 국민의힘 의원이다.

이명박 정권이 들어서자 윤석열은 부친의 고향에 가까운 대전지검 논산지청장이 되었고, 2009년에는 대구지방검찰청 특수부장으로 부임, 이명박 정권의 실세 검사로 위세를 떨쳤다. 그 후 다시 대검찰청에 복귀하여 범죄정보2담당관, 대검찰청 중수2과장, 중수1과장을 역임하는 등 출세가도를 달렸던 것이다.

이렇게 이명박의 후광으로 출세한 윤석열은 문재인 정권이 들어선 후에는 박근혜 전 대통령을 뇌물죄로 엮은 공로로 서울중앙지검장이 되었다. 놀랍게도 이때 윤석열은, BBK 특검 시절에는 자신이 무혐의 처리해주었던 다스건과 관련, “다스는 이명박의 실소유 회사”라고 결론을 180도로 바꾸면서 이명박을 구속시키게 된다. 결국 박근혜, 이명박, 두 명의 전직 대통령, 그리고 200여 명의 보수 인사들을 구속 처리하면서, 나중에는 검찰총장의 자리에까지 오르게 된 것이다.

윤석열은 그 뒤에 문재인 정권의 후계자로 손꼽히던 조국 법무부 장관 가족까지 무차별 수사, 결국 그 경력으로 이후에는 보수 진영에서 대통령 후보로 추대되고 최종적으로 대통령에 당선까지 된다.

윤석열의 특검 수사 제4팀의 미션, 태블릿 조작 의혹을 덮어라

박영수 특검에 합류할 당시 윤석열은 태블릿 조작 문제에 대해 얼마나 알고 있었을까.

애초에 윤석열의 특검 수사 제4팀의 목표는 삼성 등 대기업과 박근혜 대통령을 뇌물죄로 엮는 것이었다. 그러나 2016년 12월을 넘어가고 박영수 특검이 검찰 특수본의 수사를 이어받으려는 무렵, JTBC의 태블릿 보도에서 심각한 문제들이 차례로 드러났다. 이에 국민들 사이에서 민간인인 최서원이 박근혜 대통령을 지배해오고 조종해온 도구이자 상징이라는 그 태블릿이 실은 조작의 산물이 아니냐는 의혹이 널리 퍼져나갔다.

필자는 거대 미디어그룹인 중앙일보-JTBC가 태블릿의 사용자를 조작하는 짓에 가담하고 이를 방송으로도 내보냈다는 사실을, 애초에는 전혀 믿지 않았다. 태블릿은 더구나 포렌식 조사 한 번이면 조작 여부가 다 드러날 개인 모바일 기기가 아닌가. 실제 당시 검찰에서는 JTBC 보도 직후에 태블릿을 임의제출 받아 '포렌식 검증'을 했고 이 결과로 최서원이 사용한 것이 맞다고 결론을 내렸다는, 노승권 당시 서울중앙지검 1차장 등이 주도한 것으로 보이는 언론보도가 계속 흘러나왔다. 나중에는 이것이 죄다 거짓과 조작이었다는 것이 다 드러났지만, 당시에는 필자로선

JTBC는 말할 것도 없고 설마 검찰이 그런 엄청난 조작에 가담했을 것이라고 믿기가 어려웠다.

　필자가 JTBC의 태블릿 관련 특종보도에 대해서 의문을 갖고 본격적으로 조사를 하게 된 것은 11월 말경에 김경재 자유총연맹 총재로부터 두 차례 이상 "조작이 아니라면, 조사해서 조작이 아니라고 밝혀서 보수층이 거짓의혹에 흔들리지 않도록 해달라"는 요청을 받았기 때문이다. 즉, 조작을 잡기 위해서가 아니라 조작이 아니라는 것을 보수층에 알리기 위해서 조사를 시작했던 것이다.

　그러나 필자가 약 1주일간 JTBC의 태블릿 보도들을 조사해본 결과, 그냥 보도만 보더라도 최서원이 태블릿을 사용했다는 증거가 너무 미흡함을 알 수 있었다. 오히려 개통자 김한수 청와대 행정관이 사용했다고 볼 여지가 더 컸다. 그래서 필자는 그런 조사의 결론을 담아 국회 탄핵 의결 하루 전인 12월 8일에 애국연합 명의로 '태블릿PC 최순실 아닌 김한수 행정관 것이 확실, 국회는 탄핵을 멈춰라' 제하 성명서를 발표하게 됐다.

　　태블릿PC는 최순실의 것이 아닌 김한수 행정관 것이 확실하다. 국회는 탄핵을 멈춰야 한다.
　　첫째, JTBC 11월 8일 보도에서, 청와대 뉴미디어실 모니터팀의 단체카톡방 내용을 공개했다. 이 보도에서 최순실은 빠졌다. 즉 김한수 국장이 주도하여 청와대 뉴미디어팀 회의였던 것이다. 최순실이 주인이었으면 당연히 최순실도 함께 참여했어야 한다.
　　둘째, JTBC가 최순실의 것이란 증거로 내놓은 사진은 2012년 6월 25일 최순실과 그의 외조카 장모씨, 이모씨 사진이 전부이다. 특히 고영태의 폭로가 나오자 JTBC는 "상주국제승마장과 과천승마장에서 태블릿PC

로 사진을 자주 찍었다"는 익명의 지인의 말을 전했다. 그렇다면 당연히 승마장에서의 사진이 있어야 한다. 그러나 JTBC는 승마장 사진은 물론 정유라의 사진조차 공개한 바 없다.

김한수 행정관은 최순실 외조카 이모씨와 고교 동창 사이이므로, 당연히 이 모임에 참석하여 자신의 태블릿PC로 사진을 찍어주었을 것이다.

셋째, 검찰은 10월 31일 김한수 행정관이 태블릿PC를 故 이춘상 보좌관에 전달했다 진술했다고 언론에 알렸다. 그러다 11월 10일 검찰은 이춘상 보좌관의 사용 흔적이 없다며, 김한수 행정관이 2012년 6월 22일 구입, 6월 23일 최순실의 생일 선물로 주었다고 밝혔다.

이 중차대한 사건에 김한수 행정관이 결정적인 거짓진술을 했음에도, 검찰은 김한수 행정관을 다시 조사하지도 않고, 결과를 발표한 것이다. 검찰은 JTBC 태블릿PC 입수 경위를 수사한다면서 아직까지도 김한수 행정관을 조사하지 않고 있다.

넷째, 조선일보는 11월 22일 김한수 행정관이 창조경제혁신센터 홈페이지 용역을 수의 계약으로 진행하고 차은택 씨 회사인 모스코스가 일감을 수주하도록 영향력을 행사한 정황이 확인됐다고 보도했다.

관련 업무를 담당했던 한 관계자는 "김한수 당시 청와대 미래전략수석실 뉴미디어 담당 행정관이 온라인 전문가임을 자처하면서 모스코스와 창조경제사업추진단의 홈페이지 개설 계약 시점에 나타나 다른 전문가들이 해당 업무에 관여하지 못하게 했다"고 밝혔다.

조선일보는 제보자를 통해 "창조경제사업추진단은 17개 센터 홈페이지 하나당 약 2000만원, 총 사업비는 약 3억4000만원을 책정했다"며 "17개 홈페이지가 거의 똑같은 데 3억4000만원은 과도한 금액이었다"고 말했다. 제보자는 "다른 행정관이 모스코스가 제안한 홈페이지의 질이 떨어진다며 다른 곳에 조언을 요청했지만, 김한수 행정관은 전문가들이 홈페이지 작업에 자문하지 못하도록 막았다"고 폭로했다.

최순실 게이트 관련 지인들을 무차별 수사하는 검찰이, 태블릿PC 관련 거짓진술에, 차은택 회사 홈페이지 사업권 압력 의혹까지 받고 있는 김한수 행정관만 유독 조사하지 않는 것은 이상한 일이다.

다섯째, JTBC 손석희 사장과 서복현 기자는 최순실 태블릿PC 건을 처음 터뜨렸던 10월 24일 방송에서 태블릿PC 상의 이메일 등 조사 관련 "해당 기관의 요청이 먼저 왔고 이후 협의를 거친 만큼 일단 어떻게 했는지 그 처분 방법은 공개하지 않겠습니다"라고 밝혔다.

검찰은 다음날 10월 25일, 전날 저녁에 JTBC로부터 태블릿PC를 입수했다 밝혔다. 손석희, 서복현이 먼저 요청을 해와 협의했다는 기관은 검찰이었던 것이다. 그럼 검찰은 방송 전에 이미 JTBC가 태블릿PC를 입수했다는 사실을 알고, 양측이 미리 협의를 했다는 것이다.

만약 태블릿PC가 최순실의 것이 아니라 김한수 행정관의 것이라면, JTBC와 검찰도 이를 충분히 알았을 것이다. 이런 상황에 양자 간 협의를 했다면 조작의 공범이라 볼 수밖에 없다.

태블릿PC는 탄핵안에 포함된 박근혜 대통령의 공무상비밀 누설죄의 핵심 증거이다. 이 태블릿PC가 조작되었다면, 탄핵안을 전면 수정해야 한다. 더 나아가, JTBC와 검찰이 유착하여 조작을 했다면, 처음부터 검찰의 수사와 공소장 전체가 신뢰를 잃는다. 특검은 오히려 JTBC와 검찰을 수사해야할 판이다.

새누리당은 즉각 탄핵안 상정을 무기 연기시키고, JTBC 손석희 사장, 이영렬 서울중앙지검장, 김한수 행정관을 국정조사 증인으로 출석시켜라. 이들 3자만 대질을 하면, 1시간 안에 태블릿PC의 실제 소유자, 진위 여부를 밝힐 수 있다.

탄핵안은 그 이후에 논의해야 한다.

약 1주일 간 JTBC의 태블릿 관련 보도들만 살펴보고 판단하여 발표한 이 성명서의 내용은 약 6년이 지난 지금 시점에서 대부분 사실로 밝혀졌다.

일단 JTBC가 보도한 문제의 그 태블릿에 실제 김한수 당시 청와대 행정관이 업무용으로 사용했음을 보여주는 증거들이 모두 드러났다. 또한 최서원의 딸 정유라가 "원래 어머니 핸드폰에는 손자들 사진만 가득하다"며, 손자 사진이 아닌 조카 사진이 태블릿에 저장돼 있다는 이유로 최서원의 것으로 단정한 검찰의 발표를 부정하기도 했다. 그리고, 성명서 서두에 언급한, 실제 조카들이 등장하는 2012년 6월 25일 태블릿 촬영 사진의 그 현장에 김한수가 함께 있었음도 확인되었다. 또한 결국 검찰은 김한수 실사용자 증거를 감추기 위해, 태블릿 통신 개통을 위한 SKT 신규계약서까지 위조한 증거도 드러났다.

즉 성명서의 추론대로 검찰과 김한수가 태블릿을 최서원의 것으로 뒤집어 씌우기 위해 공모를 했던 것이다. 그리고 JTBC의 태블릿 보도의 오류도 대부분 확인이 되었다.

JTBC, "태블릿"이 아닌 "PC"라고 첫 보도

최초 보도에서 JTBC는 최서원이 "PC"로 청와대 연설문 등을 미리 받아봤다고 했다. 당시 JTBC는 "태블릿"이라는 표현을 쓰지 않고 "PC"라는 표현만 써서 보도했다. 그 이유에 대해 JTBC 손용석 특별취재팀장은 훗날 법정에서 "최순실 측의 대응에 혼선을 주기 위해 태블릿이 아닌 데스크톱PC인 것처럼 보도했다"고 주장했다. 시청자들에게 가장 정확한 정보를 전달해야 할 언론사가, 보도 대상자를 혼란케하기 위해 고의로 거짓 보도를 했다는 말이다.

하지만 그보다도 손용석은 만약 태블릿이라고 보도한다면, 이제껏 태블릿을 한 번도 쓴 적이 없다는 최서원 측이 강하게 반발할 것이 뻔하고, 그렇게 되면 박 대통령 역시 JTBC 보도의 진위를 따져볼 가능성이 높다는 것을 우려했을는지 모른다. 태블릿은 소유자가 특정되는 모바일 기기이기 때문에 이동통신 개통자를 따져 물었을 것이고, 개통자가 민간인 최서원이 아닌 공무원 김한수 당시 청와대 행정관이라는 사실이 너무 빨리 드러나게 된다.

이렇게 태블릿이 아닌 일반 데스크톱PC라는 식으로 보도를 하니 최서원 측에서는 아무런 대응을 하지 못했다. 결국 보도 다음날 박 대통령은 "최순실 씨로부터 일부 연설문 표현 등에서 도움을 받은 적이 있다"는 내용으로 대국민 사과를 할 수밖에 없었다. 당시 JTBC가 보였던 행태는 보도 대상자를 상대로 속임수를 쓴 셈으로 언론윤리상 절대 있을 수 없는 일이었다

JTBC는 2016년 10월 19일 고영태의 말을 인용하는 방식으로 '최순실 태블릿'의 존재를 예고한 뒤 5일 후인 10월 24일 본격적으로 태블릿PC 보도를 시작했다. 하지만 이날 첫 보도에서는 "태블릿"이라고 정확히 지칭하지 않고 "PC"라는 표현만을 쓰면서 혼란을 줬다.

JTBC는 2016년 10월 24일과 25일, '최순실 파일'이라는 표현으로 최서원이 청와대 문건들을 미리 받아봤다는 국정농단의 실태를 집중 보도하면서, 대통령의 사과까지 유도했다. 그리고 26일에서야 자신들이 보도한 PC가 태블릿PC였고, 태블릿은 김한수가 개통한 것임을 밝혔다.

이날 손석희 사장과 서복현 기자는 "PC" 입수와 관련해 다음과 같이 보도했는데, 발견한 장소가 어느 사무실인지 정확히 밝히지도 않았다.

서복현 기자　우선 PC가 있었던 곳이 최순실 씨 사무실 중 한 곳이었습니다. 그리고 최 씨가 이 PC를 자주 사용한다는 증언도 확보했습니다. 오늘 보도에서는 개인적인 내용이어서 일일이 공개하기 어렵습니다만, 최 씨의 PC라고 추정할만 한 개인적인 정황도 충분히 나타나 있었습니다. (그 PC 안에?) 네. 그 부분은 만약에 최 씨가 아니라고 주장한다면 반대로 과연 최순실 씨 사무실에 있는 누가 이런 청와대 자료를 받아보고 있었는지 오히려 더 궁금해지는 대목입니다.

손석희 앵커　최순실 씨 PC라고 해도 문제이고, 아니라고 해도 문제이고….

최서원 입장에서는 자신도 모르는 사무실에서 자신의 PC를 입수했다고 하니, 보도만 보고서는 맞다, 틀리다라는 입장 자체를 표명할 수가 없었던 것이다. 그런데 JTBC는 적반하장격으로 "그 PC가 최서원의 것이 아니라면 대체 누가 그 PC로 청와대 자료를 받아봤겠냐"고 다그쳤던 것이다.

태블릿에는 애초에 문서수정 프로그램이 없었다

태블릿 보도 첫날인 2016년 10월 24일, JTBC가 가장 중점적으로 이슈로 띄운 건 박근혜 대통령의 드레스덴 연설문이었다. JTBC 김태영 기자는 <[단독] 발표 전 받은 '44개 연설문'…극비 '드레스덴'까지> 제하 보도에서 다음과 같이 전했다.

> 박 대통령은 신년기자회견에서 통일대박론을 제안합니다. 그리고 2개월 뒤 독일 드레스덴 연설에서 구체적인 방법론을 내놓습니다.
> [**독일 드레스덴 연설 (2014년 3월 28일)** : 한국의 자본 기술과 북한의 자원노동이 유기적으로 결합하는 것을 의미하며, 장차 한반도 경제공동체 건설에 기여할 수 있을 겁니다.]
> 당시 연설은 오바마 대통령이 공식 지지하는 등 국내외적으로 커다란 반향을 일으켰습니다. 그만큼 극도의 보안 속에 작성됐던 걸로 전해집니다. 그런데 JTBC 취재팀이 입수한 최순실 파일에 따르면 최 씨는 박 대통령 연설이 있기 하루 전, 드레스덴 연설문의 사전 원고를 받아본 것으로 확인됐습니다. 박 대통령 연설이 시작된 건 한국시각으로 3월 28일 오후 6시 40분쯤. 최 씨가 파일 형태로 전달된 원고를 열어본 건 3월 27일 오후 7시 20분입니다. 하루가 빠릅니다. 그런데 최 씨가 미리 받아본 원고 곳곳에는 붉은 글씨도 있습니다. 이 부분은 박 대통령이 실제로 읽은 연설문에서 일부 내용이 달라지기도 했습니다.

JTBC는 대외 안보 정책 전반을 다룬 드레스덴 연설문조차 최서원이 미리 받아보고, 수정했다는 뉘앙스로 보도했다. 뉴스 화면으로는 빨갛게 수정한 드레스덴 연설문 원고와 최서원의 사진을 오버랩한 영상을 띄웠다.

JTBC의 첫날 태블릿 보도에서 국민들에게 특히 충격을 줬던 것은 대통령의 '드레스덴 연설문'까지 최서원이 손을 봤다는 보도였다. JTBC는 뉴스 화면을 통해 '빨갛게 수정한 드레스덴 연설문 원고'와 최서원의 사진을 오버랩한 영상을 띄웠다. 이러한 보도와 함께 연설문을 받아본 PC가 태블릿이었다는 2016년 10월 26일자 보도까지 더해지면서, 시청자들은 최서원이 태블릿을 들고 다니면서 연설문을 수정했다고 인식했다. 하지만 태블릿에는 문서 수정 프로그램이 없다는 사실이 나중에야 밝혀졌다.

변호인-2-(1)-①항 : 이건 태블릿PC에 설치된 문서 작성 및 수정·저장 프로그램은 어떠한지

　1) 감정당시 감정물 태블릿PC에 설치된 어플리케이션 목록을 분석한 결과 표 6과 같으며, 이 중 문서 작성 및 수정·저장이 가능한 어플리케이션은 발견되지 않음. 한편, 네이버 오피스, 구글, 넷피스 24 등과 같이 온라인 상에서 문서 작성 및 수정·저장이 가능하지만, 인터넷 접속 기록을 살펴본 결과, 해당 서비스에 접속한 이력은 발견되지

NFS 국립과학수사연구원　　　-17 / 55-

않음(아래 표 6의 어플리케이션 목록은 자동분석보고서 2종의 결과를 통해 작성된 목록임).

최서원 관련 재판부의 감정 요청을 받은 국립과학수사연구원은 태블릿에 문서 수정과 관련된 애플리케이션(프로그램)은 없으며 온라인 상으로 문서 수정을 한 흔적도 발견되지 않는다는 공식 감정 결과를 발표했다.

　하지만, JTBC가 입수했다는 태블릿에는 문서 수정 프로그램이 없었다. 문서를 받아서 볼 수만 있지, 미리 받아서 이를 수정까지 하는 것은 불가능했다. 그러나 JTBC는 최서원이 청와대 문서들을 미리 받아 수정했다는 메시지를 시청자들에게 꼭 전하고 싶었던 모양이다. 그러다보니 JTBC의 관련 보도를 모아보면 위의 보도처럼 그저 뉘앙스만 주기도 하고, "수정했다"라고 못박아 단정하기도 하는 등 혼란스럽다.

　특히 손석희 사장은 2016년 10월 26일 <[단독] 최순실 태블릿 PC…새로 등장한 김한수 행정관> 제하의 보도에서 "최순실이 태블릿을 들고 다니며 대통령 연설문을 고쳤다"고 분명 자신의 입으로 말했다.

　당시 손석희는 "저희들의 그동안의 보도들은 대부분 태블릿PC를 근간

으로 하고 있습니다"면서 "JTBC는 최순실 씨가 태블릿PC를 들고 다니면서 연설문도 고치고 회의자료도 보고받았다고 보도를 해드렸습니다"라고 발언, 앞서 19일 고영태를 인용한 보도 내용을 재확인까지 했다.

2016년 10월 19일, 심수미 기자는 <'20살 정도 차이에 반말'…측근이 본 '최순실-고영태'> 보도에서 고영태가 말해줬다면서 "(최서원 씨가) 평소 이 태블릿PC를 늘 들고 다니고, 그걸 통해서 그 연설문이 담긴 파일을 수정했다"고 보도했다. 최 씨가 '태블릿을 통해서' 연설문을 수정했다는 것 이외에 다른 해석의 여지가 없는 문장이다.

뿐만 아니라, 손석희와 심수미는 2016년 12월 8일 <[단독공개] JTBC 뉴스룸 '태블릿PC' 어떻게 입수했나>라는 보도에서는 아예 "태블릿PC 수정"이라는 단어까지 사용했다. 전날 고영태가 국회 청문회에 나와 "최순실은 태블릿을 쓸 줄 모르는 사람"이라고 증언하자, 당황한 손석희와 심수미는 거짓말을 덮기 위해 더 큰 거짓말을 하는 함정에 빠져들었다. 이날 심수미는 심하게 말을 더듬었다.

손석희 앵커 그런데 어제 고영태 씨는 국정조사에서 태블릿PC를 쓰는 걸 본 적이 없다, 최 씨가. 그렇게 얘기하지 않았나요?

심수미 기자 저도 어제 그 화면을 봤습니다. 하지만 고 씨는 분명히 저와 있었던 그 자리에서 최순실이 **태블릿PC 수정**과 관련해서 말을 하면서 최순실이 하도 많이 고쳐서 **화면이 빨갛게 보일 지경**이라는 표현도 했었습니다. 실제로 드레스덴 연설문을 보면 수정된 부분에 빨간 글씨가 많이 보입니다.

이 보도를 보고도 '아 최순실은 태블릿으로 연설문 확인만 하고, 수정은 전화로 지시했구나'라고 이해할 시청자가 과연 있었을까. 뉴스룸 방영 과정에서 손석희와 심수미가 "태블릿PC 수정", "화면이 빨갛게 보일 지경"이라고 말을 나눌 때, 두 사람의 배경 화면에는 최서원과 태블릿을 오버랩한 사진, 드레스덴 연설문을 깔아놓았다

'드레스덴 연설문'과 관련해서 JTBC는 2016년 10월 24일 첫 방송에 이어 12월 8일 해명방송에서도 거짓 보도를 이어갔다. '최서원이 빨갛게 수정한 드레스덴 연설문'이라는 왜곡된 이미지는 여기서도 반복해서 강조된다.

놀라운 사실은 2018년에 JTBC 측이 필자와 미디어워치 기자들을 명예훼손으로 고소할 때, 자신들은 "최서원이 태블릿으로 연설문을 수정했다는 보도를 한 적이 없다"는 사유를 포함시켰다는 것이다. 더욱 놀라운 사실은 검찰은 구속영장과 공소장에서, 법원은 1심 판결문에서, 이러한 JTBC 측의 뻔뻔한 거짓말에 손을 들어줬다는 것이다. 이들은 진실을 보도한 필자와 미디어워치 기자들을 오히려 구속하고 전원 유죄 판결을 내렸다. 태블릿에는 문서 수정 프로그램이 없으므로 JTBC 보도는 허위라고 지적한 게 범죄라는 것이다.

훗날 JTBC 기자들은 태블릿 형사재판에 증인으로 출석, 태블릿에 문서 수정 프로그램이 없다는 사실을 나중에야 알게 됐다고 진술했다. 하지만 JTBC 측은 태블릿을 입수한 뒤 문서를 열어봤고, 당시에도 분명 일반적인 '한글' 프로그램이 아닌, 문서 수정이 불가능한 프로그램인 '한글뷰어'가 떴을 것이 틀림없다. 즉 해당 태블릿으로는 문서 수정이 애초에 안 된다는 점을 즉각 알아챘을 것이다. 그럼에도 JTBC 측은 과거 자신들의 보도를 정정하기는커녕, 자신들은 "태블릿으로 문서를 수정했다고 보도한 적이 없다"고 발뺌하며, 오히려 정확히 문제를 지적한 기자들을 고소하여 검찰과 법원의 도움을 받아 형사처벌을 받도록 나섰던 것이다.

드레스덴 연설문, 김휘종이 만든 청와대 공용메일 'kimpa2014'로 받아

JTBC와 JTBC를 인용한 언론들의 보도를 보면, 마치 드레스덴 연설문처럼 중요한 국가 외교안보 현안에 민간인 최서원이 개입, 극비리에 배후에서 결정한 듯한 인상을 주고 있다. 이런 식의 이미지는 홍준표 전 자유한국당 대표가 선동한 대로 "박 대통령이 춘향이인 줄 알았는데 향단이었다"는 식의 음해로 퍼져나갔다. 박 대통령은 최서원이 하라는 대로하는 꼭두각시였다는 인신공격이 판을 쳤다. 이에 박 대통령 지지층은실망감을 넘어 모욕감까지 느낄 정도였다.

1	정상	In c o m in g	한류	[null,"kimpa2014@g mail.com","\uc1a1\ ud30c\ub791"]	2014-03-27 PM 06:35:36		Body0_00001.html
	· Snippet			빅뱅의 '판타스틱 베이비(Fantastic Baby)' 뮤직비디오가 유튜브 조회수 1억 회를 돌파하는 기염을 토했다. 27일 오후 1시 40분 기준으로 유튜브 빅뱅 공식채널의 '판타스틱 베이비' 뮤직비디오는 약 1억 3천회의 조회 수를 기록하며 1억뷰를 넘어섰다. 소속사 YG엔터테인먼트 측은 "2012년 3월 6일 유튜브에 게시된 후 2년여만에 달성한 기록으로 꾸준히 팬들의 사랑을 받아왔음을 입증한 셈"…		
	· To			[[null,"kimpa2014@gmail.com","\uc1a1\ud30c\ub791"]]			
	· 해시값 (SHA1)			C9277010EEFA621C9928D214AB4962780F21D8FA (Body0_00001.html)			
2	정상	In c o m in g	한류2	[null,"kimpa2014@g mail.com","\uc1a1\ ud30c\ub791"]	2014-03-27 PM 07:22:56		Body1_00002.html
	· Snippet			빅뱅의 '판타스틱 베이비(Fantastic Baby)' 뮤직비디오가 유튜브 조회수 1억 회를 돌파하는 기염을 토했다. 27일 오후 1시 40분 기준으로 유튜브 빅뱅 공식채널의 '판타스틱 베이비' 뮤직비디오는 약 1억 3천회의 조회 수를 기록하며 1억뷰를 넘어섰다. 소속사 YG엔터테인먼트 측은 "2012년 3월 6일 유튜브에 게시된 후 2년여만에 달성한 기록으로 꾸준히 팬들의 사랑을 받아왔음을 입증한 셈"…		
	· To			[[null,"kimpa2014@gmail.com","\uc1a1\ud30c\ub791"]]			
	· 해시값 (SHA1)			7E8259FA5426CC26B0E3BD8C183295CF3F0E4ED6 (Body1_00002.html)			
3	정상	In c o m in g	한류3	[null,"kimpa2014@g mail.com","\uc1a1\ ud30c\ub791"]	2014-03-27 PM 07:32:19		Body2_00002.html
	· Snippet			@@ < 1안 : 3대 원칙을 넣은 것> 저는 남북간의 장벽을 허물고 통일을 준비하는 과정에서 3대 원칙을 지켜나가고자 합니다. 첫째, 인도주의 원칙입니다. (Agenda for Humanity) 먼저 상처받은 이산가족들의 아픔부터 덜어야 합니다. 당연히 함께 살아야 할 가족 간의 안녕조차 외면하면서 민족을 말할 수는 없습니다. 지금까지 70년입니다. 이 분들이 평생 아들 딸 한번 만나보기를 소…		
	· To			[[null,"kimpa2014@gmail.com","\uc1a1\ud30c\ub791"]]			
	· 해시값 (SHA1)			4AC0B2561A65C35A59598F637FB9FA4A53BA8842 (Body2_00002.html)			
4	정상	In c o m in g	라스트	[null,"kimpa2014@g mail.com","\uc1a1\ ud30c\ub791"]	2014-03-27 PM 09:20:52		Body4.html
	· Snippet			빅뱅의 '판타스틱 베이비(Fantastic Baby)' 뮤직비디오가 유튜브 조회수 1억 회를 돌파하는 기염을 토했다. 27일 오후 1시 40분 기준으로 유튜브 빅뱅 공식채널의 '판타스틱 베이비' 뮤직비디오는 약 1억 3천회의 조회 수를 기록하며 1억뷰를 넘어섰다. 소속사 YG엔터테인먼트 측은 "2012년 3월 6일 유튜브에 게시된 후 2년여만에 달성한 기록으로 꾸준히 팬들의 사랑을 받아왔음을 입증한 셈"…		
	· To			[[null,"kimpa2014@gmail.com","\uc1a1\ud30c\ub791"]]			
	· 해시값 (SHA1)			42DF590A51D10E09649EE2B8CE0F077041BD2BA5 (Body4.html)			
5	정상	In c o	최종	[null,"kimpa2014@g mail.com","\uc1a1\ ud30c\ub791"]	2014-03-27 PM 09:37:34		Body3.html

Mobile Forensics
DIGITAL MOBILE EVIDENCE ANALYSIS RESULT

최서원 관련 재판에 제출된 국과수 포렌식 보고서를 살펴보면 드레스덴 연설문 파일은 kimpa2014@gmail.com에서 다운로드 받은 사실이 확인된다. 이 kimpa2014@gmail.com 이메일의 존재는 태블릿은 최서원이 사용한 것이 아니라 청와대 직원 김한수, 김휘종 등이 사용한 것이라는 결정적인 증거가 된다.

하지만 훗날 실시된 포렌식 결과에 따르면, 태블릿으로 드레스덴 연설문을 다운받은 사람은 최서원이 아닌 청와대 직원인 것으로 확인됐다. 태블릿에서 발견된 이메일은 zixi9876@gmail.com, greatpark1819@gmail.com, kimpa2014@gmail.com 등이다. 이 중 최서원이 2012년경 정호성으로부터 비밀번호를 받아 여러명이 공용으로 사용한 이메일은 zixi9876@gmail.com 이다.

드레스덴 연설문 파일은 kimpa2014@gmail.com 이메일에서 다운받았다. 최서원은 이러한 이메일의 존재 자체를 모른다고 진술했다. 반면, 해당 이메일을 개설한 것으로 알려진 김휘종 전 청와대 행정관은 kimpa2014@gmail.com에 대해, 청와대에 들어간 이후 여러 사람이 오랜 기간 사용해온 공용 이메일 zixi9876@gmail.com을 사용 중단하고, 2014년에 공용 이메일을 새로 개설해 보안을 강화하려는 목적에서 직접 만들었으며, 이를 정호성 비서관에게 보고했다고 진술한 바 있다. 정호성도 kimpa2014@gmail.com을 최서원에게 알려준 기억이 없다고 했다.

결국 드레스덴 연설문을 다운받은 이메일은 현직 청와대 직원들이 공용으로 사용하던 것으로, 최서원과 관계가 없던 것이고, 오히려 kimpa2014@gmail.com의 존재야말로 태블릿은 최서원이 사용한 것이 아니라 청와대 홍보 직원 김한수, 김휘종 등이 사용한 것이라는 결정적인 증거가 되는 것이다.

최서원의 셀카? 아니, 5살 여자아이의 셀카

보도 당시 JTBC 측이 제시한, 태블릿이 최서원의 것이라는 근거는 없어도 너무 없었다. 최서원이 조카들과의 모임에서 찍혔다는 셀카 1장, 독사진 1장이 전부라 해도 과언이 아니다. 애초부터 사진을 근거로 특정인의 스마트폰, 태블릿이라고 입증하려면 특정인 본인 사진보다는 지인들의 사진이 더 중요하다는 반론이 많았다.

즉, 태블릿이 정말로 최서원의 것이라면 고작 2장의 최서원 사진보다 최서원의 딸 정유라와 손녀, 전 남편 정윤회, 가까운 친구 등 지인의 사진이 들어 있어야 한다는 것이다. 또 최서원이 자신의 딸 정유라와 함께 자주 갔을 법한 장소, 예컨대 승마장 관련 사진도 있어야 했다.

실제 태블릿의 사진갤러리에는 2012년 6월 25일, 최서원과 조카들의 저녁식사 모임날 촬영된 사진 16장이 전부였다. 4년 동안 사용한 태블릿에 한날한시에 찍은 사진 16장이 전부라니, 누군가 사진 DB를 조작했는지 여부를 정밀 검사해봐야 할 정도로 사진 자체가 너무 없었다.

JTBC에서 태블릿을 입수할 당시 촬영한 것으로 알려진 태블릿 구동 영상에는 태블릿의 사진갤러리가 나온다. JTBC 보도에는 공개되지 않은 이 사진갤러리에는 한눈에 봐도 최서원의 조카인 장승호의 5살 딸 사진이 가장 많이 나오는 것을 확인할 수 있다.

최서원은 이날 모임에 자신의 조카 이병헌의 친구인 김한수도 참여했다고 증언하고 있다. 특히 모임 장소인 중식당은 김한수 사무실 바로 옆 건물이었다. 태블릿 개통자 김한수가 이날 중식당에 태블릿을 들고 왔고, 최서원의 조카인 장승호의 5살 난 딸이 당시 기준 최신 태블릿에 관심을 갖고 이리저리 들고 다니며 사진을 찍은 것으로 분석이 가능하다.

총 16장의 사진 중, 최서원의 셀카는 단 1장이다. 물론, JTBC 측이 최서원의 셀카인 것처럼 교묘하게 편집해 방송하기도 한, 최서원이 입가에 손가락을 대고 있는 사진은 셀카가 아니라 제3자가 후면 카메라로 찍어준 일반 사진이다.

반면, 장승호의 딸이 직접 찍은 셀카는 7장이나 된다. 나머지 후면 카메라로 촬영한 일반 사진들은 피사체의 구도가 엉망인데다, 흔들림이 심한 점으로 비춰 역시 어린아이의 솜씨로 추정된다. 결국 이 태블릿으로 찍은 사진들 대부분은 장승호의 딸이 이리저리 들고 다니며 촬영했을 가능성이 높은 것이다. 심지어 최서원의 셀카로 보이는 사진조차, 이 아이가 태블릿의 전면 카메라로 찍었을 수 있다. 물론 JTBC 측은 셀카가 7장이나 들어있는 이 여자아이의 존재를 숨겼다. 그렇지 않으면 셀카 사진 단 한 장으로 최서원의 태블릿이라고 단정한 자신들의 논리가 뒤집히기 때문일 것이다.

박 대통령의 저도 휴가 사진이 최서원의 국정개입 증거라는 JTBC

2016년 10월 26일, JTBC 뉴스룸에서 손석희는 태블릿에서 나온 파일 중 드레스덴 연설문과 저도 휴가 사진을 콕 집어 거론하며 "최순실 씨는 사전에 혹은 실시간으로 보고 받았다"고 강조했다. 앞서 25일, 박근혜 대통령이 최서원의 존재를 시인한 대국민 사과를 거짓말로 몰기 위해서였다.

박 대통령은 "최 씨는 과거 제가 어려움을 겪을 때 도와준 인연"이라며 "일부 연설문이나 홍보물도 같은 맥락에서 표현 등에서 도움을 받은 적이 있다"고 대국민 사과를 했다. 최서원은 어려울 때 만난 인연으로 자신의 옷이나 가방을 챙겨주거나 연설문 표현을 가끔 조언하기도 한 지인일 뿐이라는 솔직한 사과였다.

그러자 JTBC는 25일 저녁부터 대통령의 사과 내용을 부인하며, 최서원은 국정 전반을 농단한 비선실세라고 반박하는 보도를 집중적으로 내보냈다. 26일에는 손석희가 직접 "최순실 씨가 개입하거나 최소한 보고를 받은 청와대 관련 자료를 짚어보겠다"고 나섰다.

손석희는 그 근거로서 태블릿에서 나온 2014년 드레스덴 연설문, 당선인 시절 이명박 면담 시나리오, 인수위 SNS본부 운용안, 저도 여름휴가 사진을 제시했다. 해당 분야를 보면, 드레스덴 연설문은 '외교', 이명박 면담 시나리오는 '국방·안보', 인수위 SNS본부 운용안은 '인사', 저도 여름휴가 사진은 '신변잡기'에 해당하는데, 이처럼 국정 전반을 비선실세 최서원이 대통령을 대신해서 운영했다며 상징적으로 제시한 파일들이었다. 특히 저도 휴가 사진과 관련해 손석희는 2016년 10월 26일자 <'최순실 파일' 쏟아지는 의혹…무엇을 말하고 있나> 제하 보도에서 아래와 같이 말했다.

그리고 이 사진은 대통령이 취임 이후 가진 저도에서의 첫 여름 휴가 사진입니다. 하반기 국정 운영을 고민하겠다며 떠난 휴가로 당시 일정과 장소는 청와대 내부에서도 몇몇만 아는 비밀이었는데요. 역시 최순실 씨는 사전에 혹은 실시간으로 보고받았습니다. 안보기밀부터 국가정책,

인사와 대통령의 신변잡기까지 시시콜콜 보고받았던 것으로 확인이 됐
는데요. 즉, 대통령의 해명처럼 단지 연설문이나 홍보에 도움을 받았다
는 차원을 넘어서는 것들입니다.

태블릿에는 박근혜 대통령의 저도 여름휴가 사진이 10여 장 들어있다.
모두 '지시 메일(zixi9876@gmail.com)'로 내려받은 것들이다. 이 중에서 5
장은 2013년 7월 30일 오후 5시 39분 박근혜 대통령 공식 페이스북 계정
을 통해 일반에 공개된 사진이다.

손석희는 "그렇게 철저한 보안 속에 007 작전 같은 휴가를 갔는데 정
작 최순실 씨는 일반에 공개되지 않았던 사진, 그러니까 사실상 저도에
서 찍은 모든 사진을 가지고 있었다는 얘기", "특히 국정 운영을 구상하
겠다며 비공개로 떠났던 대통령 휴가 사진도 들어 있었다", "최 씨가 대
통령의 발언이나 홍보 업무뿐만 아니라 여름 휴가 일정까지 챙겼다는 얘
기"라고 논평했다.

태블릿에 담겨있는 박근혜 대통령 저도 여름휴가 사진. 모두 청와대 직원들이 공용으로 사용하
던 이메일 zixi9876@gmail.com으로 내려받은 사진들이다. 사진은 최서원 재판에 제출된 국과수
포렌식 자료에서 추출했다.

손석희는 태블릿에 저장된 저도 휴가 사진이 최서원만이 갖고 있을만한 극비 자료인 것처럼 호들갑을 떨었지만, 박 대통령의 공식 페이스북을 통해 일반에 공개된 사진들이었다.

태블릿으로 저도 사진 철야 작업... 사실은 청와대 홍보 담당자의 흔적

그러나 이 사진은 최서원과 관련이 없다. 오히려 김한수, 김휘종 등 청와대 홍보라인 담당자들이 사용한 증거에 가깝다.

최서원은 이와 관련 "2013년 7월 29일 이 사건 태블릿PC를 이용하여 zixi9876@gmail.com 계정으로 박 대통령의 여름휴가 사진을 다운로드 받은 적이 없습니다"라고 밝혔다.

zixi9876@gmail.com 계정은 최서원 뿐만 아니라 정호성, 이재만, 안봉근, 김휘종, 김한수 등이 공유한 이메일 계정이다. 태블릿으로 저도 사진을 다운받은 사람은 이 태블릿을 개통하고 요금을 납부하며 사용했던 김한수이거나, 같이 홍보 업무를 담당한 김휘종일 확률이 더 높은 것이다.

실제 이들은 바로 이런 사진이나 영상 편집, 게시 업무를 청와대에서 했던 것으로 확인되었다. 저도 사진을 다운로드 받은 사람은 '60대 컴맹 할머니' 최서원이 아니라 청와대 홍보 담당자라는 점은, 국립과학수사연구원 포렌식 결과에서 확인된 '철야 작업' 흔적을 통해서도 드러난다.

필자의 태블릿 명예훼손 형사재판 변호인인 차기환 변호사가 포렌식 전문가의 자문을 거쳐 확인한 바에 따르면, 태블릿 사용자가 zixi9876@gmail.com 계정으로 "VIP초이스 사진입니다"라는 설명과 함께 저도 사진을 다운로드 받은 시간은 2013년 7월 29일 저녁 7시 35분이다. 이어 태블릿 사용자는 '기타사진', '다시 보냅니다', '기타 사진 다시 보냅니다', '기타2' 등의 제목으로 저녁 8시 12분까지 저도 사진을 전달받았다.

	- 뷰명		: SMS				
627	정상	수신	zixi9876@g mail.com	zixi9876@gmail .com	2013-07-29 1 9:35:14	vip초이스	vip초이스 사진입니다
	- 유형		: 이메일				
628	정상	수신	zixi9876@g mail.com	zixi9876@gmail .com	2013-07-29 1 9:40:16	기타 사진	기타 사진입니다
	- 유형		: 이메일				
629	정상	수신	zixi9876@g mail.com	zixi9876@gmail .com	2013-07-29 2 0:09:25	다시보냅니다	
	- 유형		: 이메일				
630	정상	수신	zixi9876@g mail.com	zixi9876@gmail .com	2013-07-29 2 0:11:13	기타 사진 다시보냅니다	
	- 유형		: 이메일				
631	정상	수신	zixi9876@g mail.com	zixi9876@gmail .com	2013-07-29 2 0:12:27	기타 2	
	- 유형		: 이메일				
632	정상	수신	zixi9876@g mail.com	zixi9876@gmail .com	2013-07-30 1 4:00:17	삼성 주력PC에 AMD 최초 탑재, 왜?	삼성전자가 자사 주력 PC제품에 인 텔 대신 AMD를 채택하는 과감한 선 택을 했다. 비싼
	- 유형		: 이메일				
633	정상	수신	zixi9876@g mail.com	zixi9876@gmail .com	2013-07-30 1 7:20:37	팬게이지(fngage) 서비스... 간편하게 활용하는 페이스북 이벤트 -페이스북	"팬게이지"(fngage) 서비스...간편 하게 활용하는 페이스북 이벤트 가장 많이 활용
	- 유형		: 이메일				
634	정상	수신	0263439000		2013-08-01 1	[SKT] T간편OnePass 이용중! 1회	

최서원 관련 재판에 제출된 국과수 포렌식 결과를 보면 당시 태블릿 사용자는 청와대 홍보담당자 가운데 한 명으로, '지시 메일(zixi9876@gmail.com)'을 통해 "VIP초이스 사진입니다", "기타 사진 다시 보냅니다" 등의 업무상 소통을 하고 있음이 확인된다.

또한 포렌식 자료의 '멀티미디어' 로그에서는, 태블릿 사용자가 다운받은 사진들을 수정한 흔적이 포착됐다. 저도 사진 수정은 이튿날인 7월 30일 새벽 2시 44분부터 새벽 3시 13분까지 이어졌다.

이렇게 새벽 3시까지 수정 작업한 저도 사진들은 앞서 언급한 것처럼 같은 날 오후 5시 39분 박 대통령 공식 페이스북 계정을 통해 일반에 공개됐다.

태블릿 사용자는 일반 공개 이후, 반응이 좋자 누군가에게 보고하기 위한 것으로 추정되는 기록을 남기며, 관련 작업을 다음날인 31일 오후 1시 17분까지 계속한다. 태블릿에는 저도 사진을 올린 블로그를 캡처한 것으로 보이는 파일과 '페이스북.ppt'라는 제목의 사진이 여러 장 남아있다.

이 같은 기록은 전형적인 홍보 담당자들의 업무 흔적과 일치한다. VIP

가 선택한 사진을 받은 후, 다음날 공개 일정에 맞추기 위해 심야에 수정하고 의견을 주고 받으며 작업한 기록으로 볼 수밖에 없다. 공개 이후 반응들을 캡처한 것과 보고용으로 추정되는 PPT 파일 제작도 마찬가지다.

60대 할머니 최서원이 심야에 태블릿으로 저도 사진을 수정하고, 일일이 화면 캡처를 하면서 PPT를 만들거나 들여다봤을 리는 만무하다. 결국, 저도 휴가 사진은 SNS 홍보 담당자인 김한수 행정관과 김휘종 행정관이 모를 수가 없는 기록이다. zixi9876@gmail.com 메일을 공유하던 정호성 비서관도 내막을 알고 있을 가능성이 높다. 그럼에도 JTBC의 저도 사진 조작보도에 대해 이들은 철저히 입을 닫고 있는 것이다.

최서원도 모르는 젊은 여성의 연락처와 사진들

검찰의 태블릿 포렌식 보고서가 2017년 8월경에 공개되었을 때, 수십여 장이나 쏟아져나온 젊은 여성의 사진이 태블릿의 진짜 주인을 밝혀줄 결정적 단서로 떠올랐다. 검찰이 박 대통령 관련 재판에 제출한 '태블릿 포렌식 보고서'에는 30대로 보이는 젊은 여성의 사진 53장이 쏟아져 나왔다.

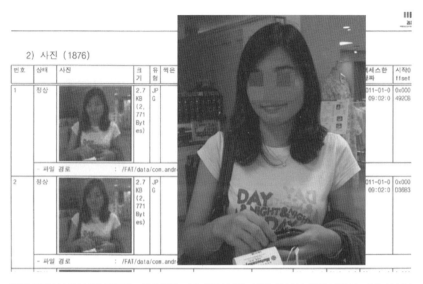

2) 사진 (1876)

번호	상태	사진	크기	유형	찍은		세스한 날짜	시작0 ffset
1	정상		2.7 KB (2, 771 Byt es)	JP G			011-01-0 09:02:0	0x000 492CB
	- 파일 경로		: /FAT/data/com.andr					
2	정상		2.7 KB (2, 771 Byt es)	JP G			011-01-0 09:02:0	0x000 D36B3
	- 파일 경로		: /FAT/data/com.andr					

검찰 포렌식 보고서에 따르면, 태블릿에는 30대로 보이는 젊은 여성의 사진 53장이 저장되어 있다. 최서원 씨와 일면식도 없는 이 여성은 김휘종 전 청와대 행정관과 2012년부터 최근까지도 꾸준히 연락하는 사이임이 드러났다.

조사결과, 이 여인은 2012년 가을부터 같은 해 12월까지 박근혜 대선 캠프에서 일했던 김수민 씨로 밝혀졌다.

같은 시기 박 대통령 대선 캠프 홍보팀에서 일했던 신혜원 씨는 김수민 씨에 대해 "김철균 SNS본부장(전 쿠팡 부사장)이 2012년 10월경 데려와 팀에 합류한 것으로 기억한다"면서 "팀원들과 잘 지냈고 같은 해 12월 대선캠프가 해체될 때까지 일했다"고 밝혔다.

중요한 사실은 김 씨가 다른 팀원들과 달리 10월부터 12월까지 약 3개월간 '잠시' SNS팀에서 일했다는 점이다. 캠프가 해체된 이후 김한수와 김휘종(당시 SNS팀장)이 청와대로 따라간 것과 달리, 김 씨는 모 백화점 핸드백 매장 점원으로 취직했으며, 현재는 글로벌 화장품 기업에서 평범한 직장인으로 일하고 있다.

김 씨의 페이스북 아이디는 'amie kim'으로, 그녀는 대선캠프에서 이 아이디로 박근혜 후보의 SNS 홍보물을 만들어 페이스북에 공유하는 일을 했다.

김 씨의 흔적은 태블릿에 이메일로도 남아있다. 포렌식 보고서에 따르면 태블릿에 저장된 연락처는 모두 15개다. 전화번호는 김 팀장(김휘종 전 행정관), 춘 차장(고 이춘상보좌관), 김한수, 이병헌(김한수의 친구) 4명뿐이고, 이밖에 이메일 주소가 zixi9876@gmial.com, glomex@paran.com, amy.smkim@gmail.com 등 3건이다. 나머지는 단순한 별명이거나 삭제된 연락처다.

여기서 amy.smkim 이 바로 김 씨의 이메일주소다. 이는 김 씨도 태블릿 사용자 중 하나였거나, 이 태블릿으로 연락받은 사람이었다는 의미다.

그렇다면 이 태블릿으로 김수민과 수시로 연락하고, 이메일 주소를 연락처에 저장했으며, 프로필 사진이 저장되도록 한 사람은 누구일까.

대선캠프의 SNS팀장이자 박근혜 정부에서 2급까지 오른 김휘종 전 청와대 행정관은 2012년부터 최근까지도 김수민 씨와 꾸준히 연락하는 사이다.

눈여겨볼 것은 김수민 사진 파일이 태블릿에서 수정된 날짜다. 첫 번째 사진 파일이 수정된 날짜가 2013년 11월로 대선캠프가 해단된 한참 이후다. 나머지 52장의 사진파일은 JTBC가 태블릿을 가지고 있던 2016년 10월 18~24일에 사이에 수정됐다.

최서원은 김수민과 아무런 일면식도 없다. 그렇다면 김수민의 사진이 최서원의 것이라는 태블릿에, 그것도 대선캠프가 해단된 1년 후에 저장됐다는 것은 이치에 맞지 않는다. 더구나 김수민은 대선캠프에서 잠시

일한 것이 전부이며, 2012년 당시 최서원(최순실)의 존재는 대선캠프에 전혀 알려지지도 않았다. 김수민의 사진은 결국 JTBC 태블릿이 최서원의 것일 수 없음을 보여주는 대표적인 증거다.

포렌식 전문가들은 김수민의 사진이 JTBC가 태블릿을 보관한 기간 동안 52장이 생성된 이유는 JTBC 측에서 이 사진을 클릭했기 때문이라고 보고 있다. 즉 JTBC 측은 최서원이 아닌 김한수, 김휘종 등 청와대 직원들이 사용한 태블릿이라는 결정적 증거인 김수민의 사진을 발견했으면서도, 이를 보도하지 않은 것이다. JTBC는 물론, 심지어 검찰조차도 필자와 미디어워치 기자들의 태블릿 형사재판에서 김수민 사진에 대해서는 제대로 된 해명을 못하고 있다.

카톡 메시지 '하이' 수신자는 김한수가 아니라 임태희 캠프

JTBC 뉴스룸은 2016년 10월 26일, <최순실 셀카 공개… '판도라의 상자' 태블릿PC에 주목한 이유>에서 최 씨가 태블릿으로 보냈다는 카톡 대화 내용을 그래픽으로 재현한 화면을 내보냈다. 최서원을 뜻하는 닉네임 '선생님'이 김한수를 뜻하는 '한팀장'에게 "하이"라는 메시지를 보냈다는 것이다. 이 조작된 그래픽 하나가 최서원이 태블릿의 실사용자라는 이미지를 강렬하게 전달하는 역할을 했다.

최씨, 김 행정관에게 친근하게 인사말 건네

JTBC 뉴스룸 2016년 10월 26일자 보도 <최순실 셀카 공개… '판도라의 상자' 태블릿PC에 주목한 이유>는 '선생님' 닉네임을 쓰는 최서원이 '한팀장'이라는 닉네임을 쓰는 김한수에게 카톡을 보냈다고 전했다. 하지만 두 사람은 카톡으로 연락한 적이 없다고 일관되게 밝히고 있다. 태블릿에 닉네임 '한팀장'으로 저장된 카톡 사용자는 'yimcamp'라는 카톡 ID를 쓰는 임태희 선거 캠프 관계자임이 드러났다.

　　보도는 상당 부분 거짓이기도 했다. "하이"라는 대화를 제외하고 거의 모든 것이 허구다. 최서원과 김한수는 카톡으로 대화한 적도 없고 그럴 만한 사이도 아니라는 게 이들의 공통된 증언이다. 이는 검찰 스스로 발표한 내용이기도 하다.

　　2012년 12월에 이춘상 보좌관이 갑작스럽게 사망한 이후, 최서원과 처음 통화했다는 게 김한수의 주장이다. 물론 최서원은 김한수와 그런 통화조차도 한 적이 없다고 일관되게 진술하고 있다.

　　'선생님'이 "하이"라는 메시지를 보낸 날짜는 2012년 8월 3일 오후 5시다. 이때는 검찰 수사 발표에 따른다 해도, 두 사람이 서로 누군지 모르던 시기였다. 또한 포렌식 결과에서 카톡 닉네임 '선생님'이 설정된 시점은 JTBC의 태블릿 입수 이틀 후인 2016년 10월 22일로 나온다. 애초 태블릿에 카톡 닉네임 '선생님'이 있었는지부터 검증이 필요하다.

심지어 "하이"라는 메시지를 받은 사람이 김한수라는 것도 JTBC의 왜곡 보도다. 2012년 8월 3일 카톡 닉네임 '선생님'으로부터 "하이"라는 메시지를 받은 카톡 사용자는 'yimcamp'였다. 이는 2012년 한나라당 경선 당시 임태희 후보 캠프의 홍보용 카톡 계정이었다. 쉽게 말해서 JTBC가 그래픽까지 동원해 떠들썩하게 보도한 카톡 메시지 "하이"는, 태블릿 실사용자가 임태희 선거 캠프에 보낸 메시지였던 것이다.

```
      -1'>content://com.android.contacts/contacts/lookup/3657if2d9e158c157c28/1</string>
   8  <string name="filter.accountType">com.kakao.talk</string>
   9  <string name="filter.accountName">선생님</string>
  10  <null name="filter.groupSourceId" />
```

국과수 포렌식 자료 중 '파일 시스템정보' 파일을 분석한 결과, 태블릿의 카톡 닉네임이 '선생님'으로 변경된 시각은 2016년 10월 22일 오후 8시 22분 30초임이 확인된다. JTBC가 밝힌 입수경위대로라면, 태블릿 입수후 이틀이 지난 시점이다.

17) 카카오톡-친구목록 (167)

번호	상태	사용자ID	전화번호	카카오톡 이름	카카오톡ID
1	정상	2047184	0105020■■■■	이병헌	iamkingkong
	- 상태메시지	: www.hot-news.kr www.jjoy.co.kr			
	- 프로필 사진 URL	: http://th-p2.talk.kakao.co.kr/th/talkp/wkbit2yynJ/j82zftN4sgSRJglVsfry00/e5cyov_110x110_c.jpg			
2	정상	4401616	01090488167	김한수	sungmin1027
	- 프로필 사진 URL	: http://th-p4.talk.kakao.co.kr/th/talkp/wkcgg2HiXK/Weqto SXbYsj281XjRjdnq0/rgf7bg_110x110_c.jpg			
3	정상	52895563		박근혜(국민행복캠프)	ghstory
	- 상태메시지	: 꿈이 이루어지는 나라 !			
	- 프로필 사진 URL	: http://th-p52.talk.kakao.co.kr/th/talkp/wka5h2uEbw/OSFykR1VZNuDiBUIM016uk/34okyn_110x110_c.jpg			
4	정상	18295420		zeniahsecret	zeniahsecret
	- 상태메시지	: A man lives once. So live life to the fullest!^^			
	- 프로필 사진 URL	: http://th-p18.talk.kakao.co.kr/th/talkp/wkaD25IPWY/Avwt899e0EaimkYDiZFDt1/oh1yq6_110x110_c.jpg			
5	정상	53137254		김한수	yimcamp
	- 상태메시지	: 일을 꾸미는 것은 사람이나 그것을 이루는 것은 하늘이다! 준비된 여성대통령 박근혜.			
	- 프로필 사진 URL	: http://th-p.talk.kakao.co.kr/th/talkp/wkboHfnpYe/H0e9a5I9ZMDrIaESRoXY5K/2nxk5d_110x110_c.jpg			

전화번호가 연동된 김한수의 카톡 ID는 'sungmin2017'이다. 전화번호도 없이 김한수 이름으로 등록된 카톡 ID가 하나 더 있는데 'yimcamp'다. 이는 2012년 경선 당시 임태희 캠프의 공식 SNS 계정이다. 참고로, 카톡 ID는 한 번 생성하면 변경이 불가능하며, 카톡 닉네임은 변경이 가능하다.

18	정상	수신	이병헌/0105020■■■■	2012-08-03 PM 05:07:00		ㅋ
	· 채팅 유형		: 문자			
	· 채팅방ID		: 20156867610260			
	· 채팅방 엠버		: 이병헌/01050201010			
	· 채팅방 엠버 ID		: 2047184			
	· 채팅방 유형		: 1:1메시지			
	· 사용자ID		: 2047184			
19	정상	수신	이병헌/0105020■■■■	2012-08-03 PM 05:07:58		테스트중
	· 채팅 유형		: 문자			
	· 채팅방ID		: 20156867610260			
	· 채팅방 엠버		: 이병헌/01050201010			
	· 채팅방 엠버 ID		: 2047184			
	· 채팅방 유형		: 1:1메시지			
	· 사용자ID		: 2047184			
20	정상	발신		2012-08-03 PM 05:09:07		하이
	· 채팅 유형		: 문자			
	· 채팅방ID		: 23597207354170			
	· 채팅방 엠버		: 김한수			
	· 채팅방 엠버 ID		: 53137254			
	· 채팅방 유형		: 1:1메시지			
	· 사용자ID		: 18961660			

JTBC의 보도와 달리, 태블릿에서 보낸 '하이'라는 메시지는 카톡 ID 'yimcamp'가 수신했다.

 임태희 캠프 @yimcamp · 2012년 5월 29일
임태희 캠프가 카톡으로 여러분의 이야기를 직접 듣습니다. 캠프 카톡 아이디를 친구 등록해 주세요(아이디:yimcamp) 여러분 아이디를 등록하시고 싶으시다면! 쪽지로 아이디를 보내주세요:)

임태희 캠프는 당시 유행하던 SNS 소통을 위해 'yimcamp'라는 계정을 만들어 트위터, 카카오톡 등에 사용했다. 박근혜 캠프는 이보다 한 달 가량 늦게 카카오톡 홍보를 시작했다. 박근혜 캠프의 SNS 홍보 담당자는 김한수였다.

왜 그랬을까. 카톡 수신자가 임태희 캠프의 SNS 홍보팀이라면 당시 "

하이"를 발신한 태블릿의 실사용자는 결국 김한수일 가능성이 매우 높다. 이 무렵 김한수는 임태희 후보와 경쟁하던 박 대통령 선거 캠프의 SNS 홍보담당자였다. 두 캠프는 서로 맞은편 건물에 있어 SNS 홍보담당 실무자끼리 서로 교류했을 가능성이 있다. 결국 카톡 "하이"는 당시 태블릿 실사용자가 최서원이 아니라 김한수일 가능성을 높여주는 또 하나의 결정적 증거인 셈이다. 당연히 최서원은 "임태희는 물론 해당 캠프 그 누구도 모른다"고 밝혔다.

카톡 "하이" 메시지를 마치 김한수가 받은 것처럼 카톡 사용자 'yimcamp'의 닉네임을 누가, 언제 '한팀장'으로 조작한 것인지는 추후 밝혀야 할 과제다.

검찰이 전가의 보도처럼 휘두른 '독일 카톡 메시지' 수신자는 바로 김한수

국회 탄핵이 가결된 직후인 2016년 12월 11일, 검찰 특별수사본부의 서울중앙지검 노승권 1차장은 태블릿 관련 브리핑에 나선다. 이날 노승권 1차장은, 독일에서 태블릿으로 발신된 카톡 메시지를 최서원의 직원이 수신했다는 내용의 확정적인 브리핑을 발표했다. 대한민국의 공식 수사기관 검찰에서 이 정도 수준의 브리핑을 했으니, 이날 태블릿은 최서원이 사용한 것으로 확정되었다고 해도 과언이 아니었다. 실제로 이 독일 동선 문제는 2017년도 서울중앙지검 국정감사에서 한동훈 서울중앙지검 3차장에 의해 또다시 최서원의 태블릿 사용 핵심 근거로 재천명되기도 했었다.

노승권 1차장의 브리핑 당시에 검찰은 3건의 카톡 메시지에 대해 최서 원이 독일에서 '사무실 직원'에게 보낸 메시지라고 발표했다. 이는 독일 에서 태블릿과 최서원이 한 몸처럼 움직였다는 이른바 독일 동선 일치설 의 근간이 되는 주장이었다.

노승권 1차장은 '태블릿PC 소유자는 최 씨가 맞나'라는 기자의 질문에 "최 씨 것이 맞다"며 "심지어는 2012년 7월 15일 이 태블릿PC에서 문자 메시지가 발송된 것도 있다. 내용은 '잘 도착했어, 다음주 초에 이 팀하고 빨리 시작해'라는 내용으로 사무실 직원한테 보낸 것"이라고 설명했다.

하지만 이같은 노승권 1차장의 거짓 발표는 최근에야 꼬리가 밟혔다. 미디어워치는 해당 카톡 메시지가 최서원이 아닌 김한수의 다른 지인이 '김한수'에게 보낸 사실을 새롭게 밝혀냈다.

노승권 1차장의 카톡 관련 거짓 발표는 검찰의 단순한 착각이나 실수 일 수가 없다. 실제 서울중앙지검 고형곤 검사의 2016년 10월 28일자 수 사보고를 보면, 고 검사는 독일에서 보낸 3건의 카톡 메시지를 최서원이 한국의 지인에게 보낸 메시지로 규정하고 이를 최서원이 태블릿PC를 사 용했다는 결정적인 증거인 것처럼 보고서를 작성했다. 실사용자를 최서 원으로 처음부터 단정한 채 아무런 과학적 근거도 없이 최서원이 업무지 시를 내리는 메시지라고 허위 수사보고를 한 셈이다.

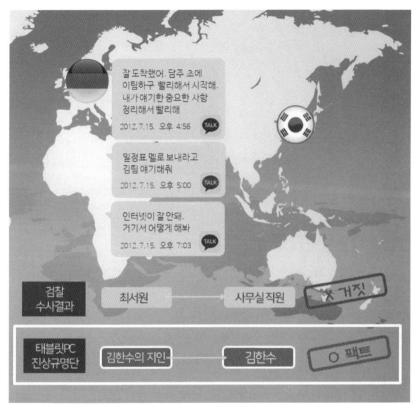

잘 도착했어. 담주 조에
이팀하구 빨리해서 시작해.
내가 얘기한 중요한 사항
정리해서 빨리해
2012. 7. 15. 오후 4:56 TALK

일정표 멜로 보내라고
김팀 얘기해줘
2012. 7. 15. 오후 5:00 TALK

인터넷이 잘 안돼.
거기서 어떻게 해봐
2012. 7. 15. 오후 7:03 TALK

검찰
수사결과 | 최서원 → 사무실직원 | X 거짓

태블릿PC
진상규명단 | 김한수의 지인 → 김한수 | O 팩트

노승권 제1차장은 최서원이 독일에서 카톡으로 한국에 있는 사무실 직원에게 업무 지시를 내렸다고 수사브리핑을 했지만, 이는 거짓이었다. 미디어워치 태블릿진상규명단이 포렌식 자료를 살펴본 결과, 이는 김한수의 지인이 김한수에게 보낸 카톡이었다. 물론 여기서 '김한수의 지인'은 최서원이 아니다. 최서원은 김한수와 카톡을 주고 받은 적이 없으며 카톡으로 연결된 적도 없기 때문이다.

하지만 미디어워치에서 태블릿 포렌식 기록을 면밀히 분석한 결과, 해당 카톡 메시지의 수신자는 최 씨 직원이 아니라, '김한수'라는 사실이 새롭게 밝혀진 것이다. 잘 알려진 것처럼, 2012년 7월 당시 최서원과 김한수는 서로 모르는 사이였다. 특히 김한수는 최서원과는 단 한 번도 카톡 메시지를 주고받은 적이 없다고 검찰 조사 때나 법정에서 여러 차례 증언했다. 미디어워치 측이 카톡 수신자를 김한수로 밝힐 수 있었던 건 국과수 포렌식 보고서(파이널모바일포렌식스)가 카톡 메시지를 기록하는 한 가지 특징 때문이다.

포렌식 보고서는 태블릿에서 보낸 카톡이 발신에 성공한 경우 '채팅방 ID' 항목에 '20156867610260', '23597207354170'과 같이 정상적으로 14자리 숫자의 채팅방 아이디(ID)를 기록한다. 반면 카톡 발신에 실패한 대부분의 경우 채팅방 아이디 대신 마이너스(-) 부호와 함께 해당 카톡을 받기로 되어있던 사용자(수신자)의 아이디를 기록한다.

예를 들어 2012년 6월 25일 발신 실패한 "하이"라는 메시지에는 채팅방 ID 항목에 '-2047184'가 기록됐다. 2012년 8월 3일 발신 실패한 "하이"라는 메시지에도 '-53137254'가 기록됐다. 여기서 마이너스(-) 부호를 뺀 '2047184', '53137254'는 카톡 친구를 가리키는 사용자ID이다.

미디어워치 측은 같은 원리를 적용해 2012년 7월 15일 독일에서 발신된 카톡 메시지 3건의 수신자를 밝힐 수 있었다. 당시 독일에 있던 태블릿PC 사용자는 "잘 도착했어. 담주 초에 이팀하구 빨리해서 시작해. 내가 얘기한 중요한 사항 정리해서 빨리해", "일정표 멜로 보내라고 김팀 얘기해 줘", "인터넷이 잘 안돼. 거기서 어떻게 해봐" 같은 카톡 메시지를 보냈으나 현지 인터넷 사정으로 발신에 실패했다.

이 같은 흔적은 포렌식 기록에 고스란히 남았다. 이날 오후 5시경부터 발신된 3건의 카톡 메시지는 모두 사용자ID '4401616'에게 보내려던 것으로, 수신자 '4401616'은 당시 전화번호 010-9048-81**을 사용하던 김한수인 것으로 확인됐다.

카톡 메시지를 수신한 사람이 '김한수'라면, 태블릿에서 해당 카톡을 보낸 사람은 최서원이 될 수가 없다. 2012년 7월 당시 김한수와 최서원은 서로 모르는 사이였기 때문이다. 또한 둘 사이에 카톡을 한 차례도 주고받지 않았다는 것이 김한수와 최서원의 공통된 진술이다.

결국 2012년 7월, 독일에 태블릿을 가져가서 사용한 사람은 최서원이 아니라, 당시 김한수와 긴밀히 업무 협의를 할만한 '김한수의 지인'이라는 결론에 이른다. 이는 태블릿과 최서원이 한 몸처럼 움직였다는 이른바 2012년 '독일 동선 일치' 주장을 뒤집는 과학적 기록이다.

JTBC, 국과수 감정 결과도 조작하다

손석희는 태블릿 특종 보도 1년 후인 2017년 11월 27일, <국과수 "최순실 태블릿PC 수정 조작 흔적 없다"> 제하 보도의 앵커멘트를 통해 "국과수는 '태블릿PC에 대한 조작과 수정은 없었다'는 결론을 법원에 통보했습니다. 최순실 씨가 실제 사용자라고 못 박았던 검찰의 결론을 국과수가 최종적으로 확인해 준 것입니다"라며 최서원 관련 재판 상황을 전했다.

하지만 국과수 보고서엔 이러한 내용들이 없다. 오히려 국과수는 다수가 공용으로 사용했을 가능성이 있다면서, 미디어워치의 청와대 공용 태블릿 주장에 힘을 실어줬다. 다만, 단수의 사용 가능성도 배제할 수 없다고 단서를 달았을 뿐이다.

변호인-9-(1)항 : 이건 태블릿PC의 실사용자 확인(단수 또는 다수 인지 여부)

1) 시험고찰 '라'항의 변호인-1-(1)항 분석결과로 같음함.

2) 감정물 태블릿PC에 등록된 구글 계정이 다수의 기기에 등록 되어 사용된 점, 감정물 태블릿PC에 다수의 구글 계정으로 접속된 점 을 보았을 때 다수의 사용자에 의해서 사용되었을 가능성도 있음.

3) 다만, 하나의 구글 계정을 통해 다수의 안드로이드 운영체제 의 기기에 등록이 가능한 점, 단수의 카카오톡 계정 및 전화번호가 발 견된 점, 특정 일자에 특정 장소에서 발견된 위치 정보(GPS)가 함께 발견된 점으로 보았을 때, 다수의 구글 계정에 접근가능한 단수의 사용 자가 사용하였을 가능성도 배제할 수 없음.

4) 상기의 이유로 제시된 감정물 태블릿PC에 대한 분석 결과만 으로는 사용자가 단수인지 다수인지 명확하게 판단하기 어려움.

국과수는 태블릿이 다수의 사용자에 의해 사용됐을 가능성을 제시했다. 다만 단수의 사용자일 가능성도 배제할 수 없다는 단서를 달아 이도저도 아닌 결론으로 민감한 쟁점을 피해갔다.

결국, 당시 국과수 보고서를 작성한 나기현 연구관은 2018년 5월 23일, 최서원 관련 재판에 증인으로 불려 나왔다. 이때 최서원 측 최광휴 변호사는 "JTBC는 '국과수도 최순실의 태블릿이라고 확정했다'고 대대적으로 보도하고 있는데, 국과수는 보고서에서 '최순실의 태블릿'이라고 확정한 사실이 있습니까?"라고 물었다. 나 연구관이 머뭇거리다가 "없습니다"라고 대답했다.

나기현 연구관의 이 법적 증언으로 JTBC와 검찰이 일방적으로 몰아가던 '최서원의 태블릿'이라는 여론에 제동이 걸리는 순간이었다. 검찰, 국과수 같은 권위 있는 기관이나 포렌식 전문가를 끌어들여 사실과 다른 보도를 해댄 JTBC 태블릿 보도의 실체도 발각되는 순간이었다.

그러자 검찰은 나 연구관의 증언이 있었던 바로 다음날 필자에게 사전 구속영장을 청구했다. 그리고 "JTBC가 국과수 감정결과를 조작했다"는 미디어워치 측의 정확한 지적조차 구속사유에 집어넣었다. 필자는 곧바로 구속되었고, 검찰은 이후 필자와 미디어워치 기자들 전원을 기소했다. 태블릿 조작 의혹 제기로 JTBC의 명예를 훼손했다는 것이다. JTBC의 무수한 거짓, 조작 보도의 배후에는 바로 검찰과 특검이 있었다.

'제1태블릿'(JTBC 제출 태블릿) 조작 문제 일지

연도	월일	내용
2012	6.22.	김한수가 대표인 회사 마레이컴퍼니 근처 강남 신사동에서 태블릿 구매 및 개통. (모델명 : 갤럭시탭 8.9LTE SHV-E140S) 나중에 검찰이 관련 재판에 제출한 증거인 'SKT 통신 신규계약서'에 따르면, '마레이컴퍼니' 명의이고 '마레이컴퍼니' 법인카드 자동이체로 계약돼 있음. 김한수는 개통 즉시 이를 이춘상 보좌관에게 넘겼다고 검찰에 진술.
	6.25.	**태블릿으로 장승호(최서원의 조카), 이병헌(최서원의 조카), 김한수, 최서원 등 저녁 모임 총 16장 사진 촬영(장승호의 딸 사진 7장, 장승호 사진 3장, 이병헌 사진 2장, 최서원 사진 2장, 검은화면 사진 2장).**
	7.15.	**독일 영사콜 문자메시지 수신.** **독일에서 "잘 도착했어. 담주 초에 이팀하고 빨리해서 시작해" 등 카톡 메시지 발신. 추후 발신자는 '최서원이 아닌 김한수의 다른 지인', 수신자는 '김한수'인 것으로 최종 확인.**
	8.3.	**'하이' 카톡 메시지 발신.**
	8.14.	**제주도 서귀포 위치정보 확인.**
	9.10.	태블릿 이동통신망 이용정지. (연체 3개월)
	11.27.	박근혜 선거캠프 공식 유세 첫날. 김한수 본인이 직접 태블릿 이용정지 해제하고 개인 신용카드로 연체료 일시불 납부. 이후에도 2017년 하반기까지 김한수 본인이 개인 신용카드로 태블릿 통신요금 계속 납부. **한글뷰어앱 다운로드.** **'1일차 대전역 유세.hwp' 파일 다운로드.** **포털사이트 '다음' 접속.** **김한수 딸 사진 카톡캐시 저장.**
	12.2.	이춘상 보좌관, 교통사고로 사망. 김한수는 이 사고가 있었던 한달쯤 후에 최서원과 처음으로 통화했으며, 이때 최서원이 자신이 이춘상 보좌관에게 건네준 태블릿을 갖고 있다는 것을 알게 되었다고 추후 검찰에서 진술.

연도	월일	내용
2013	7.29.	zixi9876@gmail.com 계정으로 대통령 휴가 관련 저도猪島 사진 다운로드. zixi9876@gmail.com 계정은 청와대 직원 중에서 정호성, 김휘종, 김한수 등이 공유.
	9.10.	창조경제타운 홈페이지 제작 시안 이미지 캐시파일 저장. (창조경제타운 홈페이지 관련 청와대 담당자는 김한수)
	11.13.	김수민(김휘종 지인) 프로필 사진 수정 기록.
2014	3.27.	kimpa2014@gmail.com 계정으로 드레스덴 연설문 다운로드. kimpa2014@gmail.com 계정은 김휘종이 개설한 것으로 청와대 직원 중에서 정호성, 김휘종이 공유.
	3.28.	박근혜 대통령, 독일 드레스덴에서 연설.
2016	9.3.	최서원 독일 출국.
	10.18.	김필준 JTBC 기자, 더블루K 사무실에서 태블릿 최초 발견하고 최초 구동. 구동 영상을 남김. (JTBC와 검찰의 공식 입장)
		김수민(김휘종 지인) 프로필 사진 수정 기록. (관련 사진은 총 5장으로 이후 일주일여간, 최종 24일까지 계속 수정된 기록)
	10.19.	JTBC, 고영태 보도 통해 태블릿 최초로 언급. 방송에서 심수미 기자 "고씨(고영태)는 최씨(최서원)의 말투나 행동습관을 묘사하며 평소 태블릿PC를 늘 들고 다니고, 그걸 통해서 연설문이 담긴 파일을 수정했다고 말했습니다" 발언.
	10.20.	김필준 JTBC 기자, 더블루K 사무실의 태블릿을 JTBC 방송사로 가져와서 분석 시작. (JTBC와 검찰의 공식 입장)
	10.21.	이원종 비서실장, 국회 국정감사에서 민간인 최서원이 박 대통령 연설문 작성에 관여했다는 의혹과 관련해 "봉건시대에도 있을 수 없는 얘기가 어떻게 밖으로 회자되는지 개탄스럽다" 발언.
	10.22.	**카톡 닉네임 '선생님'으로 변경 기록.**
	10.24.	**태블릿 잠금장치에 최종 변경기록 (오후 5시 11분)**
		JTBC, 태블릿 특종 보도. (당시에는 "PC"라고만 표현)
		JTBC, 검찰에 태블릿 제출. (JTBC와 검찰의 공식 입장)

연도	월일	내용
2016	10.25.	박근혜 대통령, 최서원에게 연설문 관련 도움받은 사실 인정 및 대국민 사과.
		검찰, 태블릿에 대한 포렌식.
		연합뉴스 "검찰이 JTBC로부터 태블릿PC 확보해 수사중" 보도.
	10.26.	노승권 서울중앙지검 1차장, 기자들과 간담회에서 '태블릿 독일출처설'("독일의 어느 쓰레기통에서 심수미 기자가 확보했다") 유포하며 거짓브리핑.
		JTBC 뉴스룸, 입수한 기기가 '태블릿'이라는 사실과 개통자가 '김한수'라는 사실 최초 공개. "최순실 태블릿 PC"로 용어 변경. 손석희 사장, 방송에서 "저희들의 그동안 보도들은 대부분 태블릿PC를 근거로 하고 있습니다. JTBC는 최순실 씨가 태블릿을 들고 다니면서 연설문도 고치고 회의 자료도 받았다고 보도해 드렸습니다" 발언.
	10.27.	이영렬 서울중앙지검장 중심으로 검찰 특수본 구성.
		고영태, 검찰 출석해 태블릿 관련 "최서원이 태블릿 쓰는 것을 본 적이 없다. 최서원이 쓴 것은 노트북(컴퓨터)이다" 진술.
		검찰, SKT 통해서 태블릿 개통자 '김한수(머레이컴퍼니)' 최초 확인.
	10.28.	고형곤 검사, 태블릿에 있는 "잘 도착했어. 담주 초에 이팀하고 빨리해서 시작해" 등 카톡 메시지 등으로 '최서원 독일 동선 일치설' 허위보고.
		김태겸 검사, 태블릿 압수조서 작성.
	10.29.	김용제 검사, 김한수를 참고인 조사하면서 태블릿 통신요금은 2012년부터 2016년까지 머레이컴퍼니가 전부 납부하였으며 김한수는 이에 대해 전혀 모르고 있었다는 알리바이를 진술서에 남김.
	10.30.	최서원 한국 입국.

연도	월일	내용
2016	10.31.	**태블릿 임의로 개봉, 이후 수백 건 파일 수정·삭제.**
		기록을 남기지 않고 태블릿내 각종 파일 삭제 가능한 루트 권한 획득.
		MBC, 검찰발 단독보도 "태블릿은 김한수가 이춘상에게, 이후 이춘상이 최순실에게 줬다"
	11.2.	김의겸, 오마이뉴스TV에 출연해 "손석희 브랜드 컸다", "태블릿PC는 주운 게 아니라, 받은 것" 발언.
	11.3.	최서원 구속.
		유시민, JTBC 썰전에 출연해 "최서원이 태블릿 쓰는 것을 본적이 없다는 고영태의 말은 거짓말이다. 태블릿은 고영태가 두고 간 빈 책상에서 발견된 것이다" 발언.
		검찰, 정호성 긴급 체포.
	11.11.	SBS, 검찰발 단독보도 "그동안 조사결과 김 행정관의 진술은 거짓말이다. 김한수가 태블릿을 최순실에게 생일선물로 직접 줬다"
	11.12.	조선일보, 김한수 관련 배임비리 의혹 보도 "창조경제혁신센터 홈페이지용역 영향력 행사 정황"
	11.18.	검찰, 장시호 긴급 체포.
	12.7.	장시호, 국회 청문회에서 태블릿 관련 "(최서원은 태블릿을) 사용하지 못하는 걸로 알고 있다" "사진찍고 하는 정도는 할 수 있어도 계정을 만들어서 뭘 하거나 메일을 열어보는 것은 못하는 걸로 안다" 증언.
	12.8.	고영태, 국회 청문회에서 태블릿 관련 "(최서원은) 태블릿PC를 사용하지 못하는 사람으로 알고 있다", "(최서원이) 태블릿PC를 쓰는 걸 본 적은 없다", "JTBC 기자가 청문회에 나와서 명확히 설명해야 한다" 증언.
		변희재, "태블릿PC 최순실 아닌 김한수 행정관 것이 확실, 국회는 탄핵을 멈춰라" JTBC 태블릿 조작보도에 첫 공식 의혹 제기.

연도	월일	내용
2016	12.8.	JTBC 1차 해명방송. 심수미 기자와 서복현 기자가 방송에서 더블루K 사무실의 문이 열려있었다고 보도. (추후 잠겨있었다는 것으로 확인됐으나 2023년 현재까지 정정보도도 없음.)
	12.9.	국회, 박근혜 대통령 탄핵소추안 가결.
	12.11.	노승권 서울중앙지검 1차장, 태블릿에 있는 "잘 도착했어. 담주 초에 이팀하고 빨리해서 시작해" 등 카톡 메시지 등으로 '최서원 독일 동선 일치설' 거짓브리핑, 그리고 "태블릿에서 정호성 문자 나왔다, 최서원 것 확실하다"고 하면서 재차 거짓 브리핑.
	12.14.	변희재, 김한수 전화 인터뷰.
	12.15.	박헌영 K스포츠재단 과장, 국회 청문회에서 태블릿 관련 "최순실 씨가 태블릿 쓰는 모습을 한 번도 보지 못했다" 증언.
	12.21.	이창재 법무부 차관(장관 직무대행), 국회 대정부질의서 "특수본이 각종 자료를 분석한 결과 최순실이 태블릿을 사용한 것으로 판단했다" 답변.
2017	1.4.	김종우 검사(특검 파견 검사), 김한수를 참고인 조사하면서 태블릿 통신요금은 2013년 1월초까지 마레이컴퍼니가 납부하였고, 이후 2016년까지 김한수가 개인적으로 납부(김한수는 최서원을 위해 통신요금을 대납해줬다는 것)했다는 알리바이를 진술서에 남김.
	1.11.	특검, '제2태블릿' 관련 '정례브리핑'에서 이규철 대변인 "장시호로부터 최순실의 또 다른 태블릿을 제출 받았다. 최순실(최서원)이 사용하는 모든 스마트폰과 태블릿PC 잠금 패턴은 L자로 확인됐다. 2015년 7월부터 11월까지 사용된 기기로, 이미 정상적인 디지털 포렌식 절차를 밟았다" 공식 발표. (1.10. 오후에 이미 같은 내용으로 브리핑하고, 1.11. 에는 실물까지 공개)
		정호성, 특검 소환 조사에서 태블릿 진위 문제로 더 이상 다투지 않겠다는 취지로 진술.

연도	월일	내용
2017	1.11	JTBC 2차 해명방송. 심수미 기자가 "검찰과 특검이 태블릿의 LTE 위치 정보를 추적해 태블릿이 최서원의 것임을 확정했다" 보도. (추후 검찰과 특검은 그런 조사나 발표한 적이 없는 것으로 확인됐으나 역시 2023년 현재까지 정정보도 없음.)
	1.17.	김경재 한국자유총연맹 총재, 프레스센터 기자회견 통해서 JTBC가 검찰보다 하루 일찍 태블릿 개통자 확인하고 보도한 문제 짚으면서 JTBC와 김한수 전 행정관의 유착 의혹 제기.
	1.18.	정호성, 법정에 출석해 "태블릿 감정 않겠다" 선언.
	3.6.	특검 '최종수사 결과' 발표.
	3.10.	헌법재판소, 박근혜 대통령 탄핵.
	3.31.	박근혜 전 대통령 구속.
	7.26.	JTBC 손용석 기자, 방송통신심의위원회에 JTBC측 대리하여 출석 "태블릿PC를 통해서, 지금 위원님이 말씀해 주신 것처럼 태블릿PC 앱을 통해서 (연설문을 수정 또는) 작성했다는 보도는 전혀 한 적이 없습니다" 발언.
	9.29.	김한수, 박근혜 전 대통령 1심 법정에 출석해 태블릿 관련 "아는 바가 전혀 없다", "사용한 사실이 전혀 없다", "태블릿 자체에 대한 부분을 아예 인지하지 못했다", "그와 관련된 생각을 다시 해본 적이 없다", "개통 이후로 만져본 적도 없다" 증언. 김한수의 태블릿 통신요금 납부 문제와 관련해선 검찰 측에서는 강상묵 검사가 질의했고 김한수는 특검 진술대로 법정증언.
	10.23.	서울중앙지검에 대한 국정감사에서 윤석열 지검장 "정호성 씨 재판에서는 본인이 증거 동의를 했고요. 그리고 그 태블릿이 최순실 씨가 쓰던 태블릿이 맞다고 본인이 인정하면서 증거 동의를 그분이 하셨고, 적법하게 증거가 채택됐다" 발언.
		서울중앙지검에 대한 국정감사에서 한동훈 3차장 "(최순실씨 독일·제주도 동선) 이유로 최서원이 사용한 태블릿PC라고 저희는 판단했다" 발언.
		서울중앙지검에 대한 국정감사에서 이원석 여주지청장 "정호성 비서관도 드레스덴 연설문을 최순실 씨에게 메일로 보내줬다고 진술했다"며 태블릿은 최서원 것이라고 국정감사서 주장.

연도	월일	내용
2017	11.9.	최서원 관련 1심 법정에서 태블릿 실물 최초 공개.
	11.16.	국립과학수사연구원, 최서원 관련 재판부 의뢰로 '제1태블릿'에 대한 포렌식.
	11.27.	국과수 포렌식 결과와 관련 JTBC 뉴스룸 보도. 손석희 사장 "국과수는 '태블릿PC에 대한 조작과 수정은 없었다'는 결론을 법원에 통보했습니다. 최순실 씨가 실제 사용자라고 못 박았던 검찰의 결론을 국과수가 최종적으로 확인해 준 것입니다" 발언.
	12.1.	최서원 재판에서 증인으로 출석한 정호성 "저는 (최서원의) 태블릿 PC는 본 적이 없다"고 증언.
	12.20.	시민단체 태블릿조작진상규명위원회, 기자회견서 박근혜 전 대통령 측근 유영하 변호사(검찰 출신)와 김한수 전 청와대 행정관 유착 의혹 제기.
	12.30.	미디어워치의 JTBC에 대한 태블릿 명예훼손 사건 수사 착수. (서울중앙지검 형사1부 홍성준 검사)
2018	5.23.	나기현 국과수 연구관 최서원 관련 재판 증인 출석해 "국과수는 태블릿이 최순실 것이라 확정한 적이 없다" 발언.
	5.24.	검찰, JTBC에 대한 명예훼손 혐의로 변희재 대상 사전 구속영장 청구.
	5.30.	법원, 변희재 구속영장 발부. (이언학 부장판사)
	6.18.	검찰, 미디어워치의 대표이사(황의원) 및 편집국 기자들(이우희, 오문영) 전원 기소.
	7.11.	태블릿 형사재판 1심, 첫 공판. 강용석·도태우 변호사 사임하고 이동환 변호사 선임.
	8.7.	미디어워치, 태블릿 형사재판 1심 재판부에 태블릿 감정 신청.
	10.1.	태블릿 형사재판 1심, 심수미 기자와 김필준 기자 증인 신문.
	10.25.	검찰, 의견서 통해 JTBC 오보 공식 확인. "JTBC가 보도했던 태블릿의 LTE 위치정보는 통신사와 검찰 모두 애초 갖고 있지 않은 자료"

연도	월일	내용
2018	10.29.	태블릿 형사재판 1심, 손용석 기자 증인신문.
		법원, 미디어워치 측 태블릿 감정 신청 기각 .
	11.20.	미디어워치, 재판부에 태블릿 감정 재신청하고 최서원·김한수·노승권 추가 증인신청.
		홍석현·윤석열, 서울 인사동에서 역술가와 함께 회동.
	12.5.	태블릿 형사재판 1심 재판부, 태블릿 감정 신청 재기각 및 최서원·김한수·노승권 증인 신청 전부 기각.
		검찰, 변희재 5년, 황의원 3년, 이우희 2년, 오문영 1년, 도합 11년으로 전원 징역형 구형.
	12.10.	법원, 변희재 2년, 황의원 1년(법정구속), 이우희 6개월(집행유예), 오문영 500만 원 선고.
2019	4.9.	태블릿 형사재판 항소심 첫 공판. 변희재 불출석하고 "구치소 측이 김경수 지사에게만 수갑을 채우지 않는 특혜를 줬다. 수갑을 차고는 재판에 출정할 수 없다" 사유 밝힘.
	5.17.	변희재·황의원 보석 석방. 변희재는 보석 조건이 지나치다고 항의하며 석방 거부. 당일 오후 7시에 출소.
2020	1.20.	SKT, 사실조회 회신. 김한수의 2012년 11월 27일 이용정지 해지 이전까지, 같은해 6월 22일 개통 이후 요금납부 이력 없다는 내용.
	3.10	마레이컴퍼니 법인카드 업체인 하나카드에서 사실조회 회신. 태블릿 통신요금 관련 마레이컴퍼니 법인카드 자동이체 설정이력은 없다는 내용.
	3.24.	변희재, 국회에서 기자회견 "'태블릿 실사용자는 김한수 당시 청와대 뉴미디어 국장이다. 2012년 가을에 이용 정지된 태블릿의 밀린 요금을 납부하고, 이용정지가 풀리자마자 직접 사용한 주인공은 바로 김한수다"
	4.8.	변희재, '제1태블릿' SKT 통신 신규계약서를 김한수와 공모해 조작하고 관련 위증교사 실무 담당한 김종우·강상묵·김용제 검사를 검경에 고발.

연도	월일	내용
2020	4.29.	SKT, 사실조회 회신으로 '태블릿 신규계약서' '요금 납부 이력' 재제출. 태블릿 통신요금은 마레이컴퍼니 법인카드로 계약 당시인 2012년 6월 22일에 자동이체 설정되었으나 석달후인 9월 28일에 해지됐다는 내용.
	6.11.	최서원, 대법원에서 '국정농단' 관련 최종 확정 판결. (징역 18년) '이대 학사 비리' 관련 최종 학정 판결. (징역 3년)
		변희재, '제1태블릿' SKT 통신 신규계약서를 김한수 및 검찰과 공모 조작한 혐의로 SKT 최태원 회장과 박정호 대표이사를 검경에 고발.
	6.18.	태블릿 형사재판 항소심 7차 공판 증인신문에서 송지안 포렌식 수사관 "이름도 얼굴도 성별도 기억이 나지 않는 검사님이 보안상 필요하다고 하여 대검예규를 모두 지키지 않고 오프라인으로 포렌식을 하고 근거도 '디지털수사통합업무관리시스템'에 남기지 않았다" 증언.
	8.7.	미디어워치, 태블릿 항소심 재판부에 검찰과 국과수가 보관하고 있는 태블릿 이미징파일 열람·복사 신청
	8.14	검찰, 이미징파일 공개에 반대하지 않겠다는 취지로 의견서 제출. (김민정 검사)
	8.26.	법원, 태블릿 이미징파일 피고인에게 교부 명령.
	10.19.	검찰, "이미징파일 5개 중 4개 분실했다" 통보.
	10.28.	미디어워치, 추미애 법무부 장관에게 태블릿 조작 관련 사실확인 요청.
	11.5.	미디어워치, 태블릿 형사재판 항소심 8차 공판에서 이미징 파일 확보를 위해 검찰에 대한 압수수색 요청.
	11.24.	추미애, 윤석열에 대한 징계청구 및 직무배제 결정. 징계 이유 1순위는 태블릿 형사재판 1심 구형 직전 윤석열과 사건관계자 홍석현의 부적절한 만남 문제.
	12.1.	SKT, 사실조회 회신 "태블릿 신규계약서 가입사실 확인 연락처 번호는 김성태(김한수의 부하 직원)"

연도	월일	내용
2021	1.14.	박근혜, 대법원에서 '국정농단' 관련 최종 확정 판결. (징역 20년)
		미디어워치, 태블릿 형사재판 항소심 9차 공판에서 김한수 증인신문 및 태블릿 본체와 국과수 버전 이미징파일 및 검찰 버전 이미징파일 현출 요청. 재판부 "검찰이 보관하고 있는 국과수 버전 이미징파일 받아서 이것부터 주겠다" 공개 약속. (반정모 부장판사)
	4.9.	태블릿 형사재판 항소심 10차 공판에서 재판장 바뀌며 새로운 재판부 구성. 새 재판부는 이미징파일 확보 약속 번복하며 전임 재판부 결정은 위법하다고 결정. (전연숙 부장판사)
	8.13.	법원, 태블릿 이미징파일 열람·등사 신청 기각.
	8.18.	미디어워치, 재판부 기피신청.
	11.5.	최서원, 이동환 변호사 통해서 검찰에 태블릿 돌려달라는 압수물 환부신청.
	11.11.	검찰 "신청인(최서원)이 소유자임이 확인되지 않는다"는 사유로 최서원에게 태블릿 반환 거부.
	11.25.	최서원, 태블릿 점유이전 막기 위한 가처분 신청서 제출.
	12.21.	검찰, 법원에 "최서원이 태블릿에 대한 소유권 내지 실사용권 등의 권리를 가지고 있다고 보기 어렵고, 이를 인정할만한 명확한 증거 역시 없다" 답변.
	12.30.	박근혜 전 대통령 특별 사면·복권 석방. 구속기간 총 5년 2개월.
2022	1.11.	변희재, '제1태블릿' 통신 신규계약서 조작 문제와 관련 SKT 상대로 2억 원대 민사소송.
	1.18.	최서원, '제1태블릿'(JTBC 태블릿)에 대하여 반환소송 본안 제기.
		미디어워치의 재판부 기피신청, 대법원에서 최종 기각
	2.18.	최서원, 태블릿 소유권 전제 안전보관 가처분 전부 승소
	5.26.	최서원, JTBC 방송사 및 심수미 상대로 태블릿 조작 보도 관련 정정보도 및 명예훼손 소송.

연도	월일	내용
2022	6.14.	변희재, '제1태블릿' SKT 통신 신규계약서를 김한수와 공모해 조작하고 관련 위증교사 실무 담당한 김종우·강상묵·김용제 검사를 공수처에 고발.
	6.28.	태블릿 명예훼손 형사재판 관련 변희재 및 미디어워치 수사 및 공판을 담당했던 홍성준 검사, 검찰에 사표 제출.
	7.1.	최서원이 제기한 '제1태블릿' 반환소송에서 김한수 측 소송대리인으로 유영하 변호사 측근 정새봄 변호사(검찰 출신) 선임.
	7.22.	'제1태블릿' 통신 신규계약서 조작 문제 관련 변희재 vs SKT 소송, 재판부(송승우 재판장)에서 태블릿 형사재판 결과를 보겠다며 재판 중단.
	7.28.	변희재, '제1태블릿' SKT 통신 신규계약서 조작 실무 검사들 고발과 관련, 공수처에서 고발인 조사. (송영선 검사)
	8.11.	변희재, '제1태블릿' SKT 통신 신규계약서 조작 기자회견.
	8.18.	태블릿 형사재판 항소심 11차 공판, 김한수 증인소환 결정.
	9.6	변희재, '제1태블릿' 통신 신규계약서 날조 문제와 관련 김한수 상대로 5천만 원대 손배소송.
	9.23.	변희재, 태블릿 반환소송과 관련 기계적 상소 거듭하고 있는 정영환 검사와 황호석 검사에 대한 '검사 징계 요구 진정서' 법무부에 제출.
		변희재, '제1태블릿' 이미징 파일의 5개 파티션에서 4개 파티션을 불법적으로 삭제한 성명불상 검사, 공수처에 고발.
	9.27.	'제1태블릿' 반환소송, 최서원 승소. 판결문에 "태블릿('JTBC 태블릿')이 원고(최서원)의 소유임을 확인한다. 피고(대한민국)는 원고에게 동산(태블릿)을 인도하라" 판결. 판결문에 "2017년도에 윤석열 서울지검장이 '태블릿은 최순실 것'이라 결론냈다"고 명시.
	10.12.	검찰, '제1태블릿' 반환소송 항소 "원심 판결을 취소하고 원고의 청구를 모두 기각해달라"

연도	월일	내용
2022	10.14.	법원, 한동훈 법무부 장관 명의 강제집행정지 신청 받아들여 태블릿 반환 가집행 정지 결정.
	11.15.	변희재가 김한수 상대로 제기한 '제1태블릿' 통신 신규계약서 날조 소송에서 김한수 측 소송대리인으로 유영하 변호사 측근 정새봄 변호사(검찰 출신) 선임.
	11.25.	검찰, 황호석 검사와 임진철 검사 명의로 '제1태블릿' 반환소송 항소이유서 제출. "태블릿은 최서원 아닌 김한수의 것"이라고 주장.
	11.29.	최서원 법률대리인 이동환 변호사, '제2태블릿' 포렌식 감정 결과 기자회견.
	12.2.	미디어워치, 한동훈 법무부장관에게 '제2태블릿'에 찍혀있는 특검 관계자가 누군지 밝힐 것 요구하는 공문 발송.
	12.7.	최대집·안진걸·김용민·변희재, 윤석열·한동훈 '제2태블릿' 조작수사 관련 공수처 고발 기자회견.
	12.21.	변희재, '제2태블릿' 조작수사 관련 윤석열, 한동훈 등 관련 검사들 공수처 고발.

* 볼드체는 검찰·국과수의 포렌식 감정 결과를 기초로 확인된 사실

제 2 부

윤석열·한동훈의 특검 수사 제4팀, '제2의 최서원 태블릿' 꺼내들다

태극기집회가 촛불집회 인원을 앞지르자, 갑자기 튀어나온 '제2태블릿'

2017년 1월에 접어들면서 JTBC가 그보다 두달 전에 내놨던 태블릿 보도의 오보 혹은 조작 의혹이 국민적으로 확산되었다. 이에 탄핵반대 태극기집회 인원도 기하급수적으로 늘어나게 된다.

급기야 1월 8일 토요일에는 경찰 추산으로 태극기집회 인파가 3만 7천명, 촛불집회는 2만 4천 명으로, 인원수에서 태극기가 촛불을 추월하게 된다. 또한 JTBC의 태블릿 보도에 대한 문제점들이 대거 방송통신심의위원회에 제소되면서, 태극기부대가 방통심의위를 점거 시위하는 일도 일어났다.

결국 1월 11일, 박영수 특별검사팀은 정례브리핑을 통해 JTBC 태블릿과는 또 다른, 최서원의 새로운 태블릿을 확보해 조사 중이라는 입장을 발표하게 된다.† 이처럼 최서원이 한 대도 아닌 여러 대의 태블릿을 사용한다는 소식은 크게 번져가던 태블릿 조작 의혹에 찬물을 끼얹는다.

당시 정례브리핑에서 이규철 대변인(특검보)은 "특검은 지난주 장시호의 변호인으로부터 태블릿PC 한 대를 임의제출 받아 압수 조치했다"고 밝혔다. 이 대변인은 "제출받은 태블릿PC는 JTBC가 보도한 것과 다른 것"이라며 "특검에서 확인한 결과, 태블릿 사용 이메일 계정, 사용자 이름 정보 및 연락처 등록정보 등을 고려할 때 위 태블릿PC는 최순실 소유

---

† 특검의 '제2태블릿' 입수 관련 정례브리핑은 2017년 1월 10일 오후에도 있었으며 1월 11일에는 실물을 공개하는 별도 정례브리핑을 또 가졌다. 여기서는 '제2태블릿' 문제를 다룬 두 정례브리핑을 모두 '2017년 1월 11일 정례브리핑'으로 통칭한다.

로 확인됐다"고 설명했다.

이 대변인은 계속해서 "이 태블릿에서는 삼성그룹의 최씨 일가 지원과 관련된 이메일뿐 아니라 박 대통령의 청와대 수석비서관 회의 '말씀자료' 등 특검팀이 수사 중인 각종 의혹의 중요한 증거가 다수 발견됐다"고도 말했다. 이 대변인은 제출자인 장시호가 자신의 변호인과 상의를 거쳐 1월 5일에 자발적으로 태블릿을 제출했다고도 설명했다.

특검에 따르면 장시호는 2016년 10월 24일 JTBC의 태블릿 특종 보도 직후, 독일에 있던 최서원으로부터 전화를 받아 최서원의 삼성동 아파트에 들어가 태블릿을 꺼내 나왔다 한다. 그 뒤에 이를 아들 친구에게 건네주었다가 다시 반환받아서 특검에 제출한 것이라고 한다.

당시 이 대변인의 정례브리핑에서 특히 국민적으로 주목받았던 것은, 이전까지는 태블릿과 관련한 보도나 수사에 전혀 거론되지 않았던 내용인 잠금패턴에 관한 내용이었다. 이 대변인은 "최 씨가 사용한 이 태블릿PC의 비밀패턴이 다른 휴대전화와 같았다. 최 씨가 사용한 모든 휴대전화와 태블릿의 잠금 해제 패턴이 모두 'L'자다. 이 태블릿PC도 그대로 패턴을 입력하니 잠금이 해제됐다"고 강조했다.

즉 압수한 최서원의 각종 휴대전화와, 'JTBC 태블릿', 그리고 '제2태블릿'의 비밀패턴 모두가 L자로 되어있으니, 이 모든 모바일 기기가 전부다 최서원의 것이라고 결론내렸다는 것이다. 다만 특검에 따르면 장시호는 해당 태블릿을 입수하고도 비밀패턴을 몰라 열어보지 못하다가, 1월 5일에 특검에 태블릿을 제출할 때에야 최서원의 모든 모바일 기기가 L자 패턴임을 갑자기 기억해냈다고 한다. 그래서 실제 특검 수사 과정에서 그 패턴대로 시도해보니 태블릿이 열렸다는 것이 특검 측의 입수경위

설명이었다.

특검은 '제2태블릿' 압수 직후 디지털포렌식을 실시, 그 결과를 담은 '수사보고서'(2017년 1월 10일)를 작성했다. 이 '수사보고서'의 내용은 이후 특검 이규철 대변인의 '정례브리핑'(2017년 1월 11일), '최종 수사결과'(2017년 3월 6일) 등에도 반영된다. 특히 '수사보고서'의 경우는 박근혜 전 대통령과 최서원 관련 '국정농단' 재판에 증거로 제출되기도 했다.

새롭게 등장한 '장시호 태블릿'(제2태블릿)의 입수 및 수사는 모두 윤석열이 팀장으로 있던 특검 수사 제4팀이 맡았다. 한동훈은 수사 제4팀의 2인자였으며, 최근 더불어민주당내 이재명 라인들을 강압수사하며 물의를 빚은 강백신 검사도 역시 이 제4팀 소속원이었다.

박영수 특검팀은 2017년 1월 11일, 이규철 특검보에 의한 정례브리핑을 통해 '장시호 태블릿'(제2태블릿)과 'JTBC 태블릿'(제1태블릿), 그리고 압수한 최서원 씨의 다른 핸드폰의 잠금패턴이 모두 L자였다고 밝히며 태블릿을 최서원 씨의 것이라고 발표했다.

박영수 특검팀에서 '장시호 태블릿'에 대한 수사를 맡았던 박영수 특검의 수사4팀은 윤석열 씨가 팀장이었으며, 한동훈 씨가 사실상 2인자였다.

태블릿 개통일도, 개통자도 몰라 망신당한 이규철

장시호는 애초 2016년 12월 7일 국회 청문회에서는 "(최서원은 태블릿을) 사용하지 못하는 걸로 알고 있다"고 증언했는가 하면 "사진찍고 하는 정도는 할 수 있어도 계정을 만들어서 뭘 하거나 메일을 열어보는 것은 못하는 걸로 안다"고 증언했었다. 해가 바뀌고 윤석열의 특검 제4팀에서 조사를 받게 되면서부터 장시호는 이 국회 청문회 증언을 뒤집었음은 물론, 석연찮은 입수경위의 태블릿까지 제출한 것이다.

이규철 대변인이 최서원이 사용한 '제2태블릿'이라며 공개한 태블릿 기종은 'SM-T815N0'였다. 이 대변인은 장시호 진술과 이메일 기록 등을 근거로 최서원이 이를 "2015년 7월부터 11월까지" 사용한 기기라고 밝혔다. 이러한 이 대변인의 발표를 모든 언론이 다 받아썼다.

하지만 이 대변인의 정례브리핑 직후 미디어워치가 최서원이 2015년 7월부터 썼다는 '제2태블릿'이 모델 출시일은 정작 2015년 8월 10일이라는 점을 곧바로 밝혀냈다. 이때 당황한 특검 측은 이재용 삼성전자 부회장이 박근혜 대통령과 독대하는 자리에서 출시 전 '시제품' 태블릿을 선물로 줬고 이걸 최서원이 썼다고 반박을 하기도 했다. 하지만 얼마 안 가서 '제2태블릿' 뒷면에 부착된 하얀 스티커는 '양산품'에만 붙인다는 삼성의 해명이 나오면서, 특검 측의 거짓말이 명백해졌다. 이후 특검은 2017년 3월 6일 최종 수사결과 발표 때까지 두 달 동안 '제2태블릿'에 대한 언급을 아예 피했다. 관련 이동통신망 개통경위도 최종 수사결과 발표 시점에서야 처음으로 공개했다.

이규철 대변인이 '제2태블릿'을 기자들에게 처음 공개하면서 정작 태블릿의 첫 사용날짜와 개통일, 심지어 개통자조차 제대로 특정하지 못했던 이유는 최근에야 밝혀졌다. '제2태블릿'은 미디어워치가 애초 지적했던, 최서원의 7월 사용설이 부정되는 출시일 모순만이 문제가 아니었다. 최서원은 2015년 8월과 9월 사이에 독일에서 체류하고 있었다. 그런데 '제2태블릿'은 실은 최서원도, 장시호도 아닌 '제3의 인물'에 의해 2015년 8월 18일부터 국내에서 사용되고 있었다. 한 달 후인 9월 17일에는 국내에서 첫 유심 장착 개통도 이뤄졌었다. 특검의 최초 발표와는 달리, 8월은 물론, 9월까지 최서원의 '제2태블릿' 사용 알리바이가 모조리 깨졌던 것이다.

궁지에 몰렸던 특검은 결국 최서원이 아닌 다른 사용자가 쓰던 태블릿의 '유심 명의 변경일'인 2015년 10월 12일을 '첫 개통일'로, 또 '유심 명의 변경자'를 '개통자'로 조작해 이를 최종 수사결과로 발표하게 된다.

필자는 특검의 최종 수사결과 발표 직후인 2017년 3월 7일, 프레스센터에서 열린 '박영수 특검 및 검찰 특수본의 범법행위 및 인권침해 조사위원회'(약칭 특검조사위) 출범식에서 '제2태블릿' 조작 혐의를 공식 제기했다. 이미 이보다 두 달 전 미디어워치를 통해서 당시 특검이 발표했던 '제2태블릿' 관련 사용기간/출시일, 시제품/양산품의 모순과 거짓 문제를 규명해낸 필자로서는, 특검이 앞서 거짓말이 들통난 데 대해선 두 달이나 침묵하다가 수사 종료일에야 개통자와 개통 경위를 공개하는 그 자체를 이해할 수가 없었다.

'제1태블릿', '제2태블릿' 모두 L자 비밀패턴 조작 의혹 불거져

이규철 대변인의 정례브리핑 당시에 특히 화제가 됐었던 L자 잠금패턴 문제부터 얘기해보자. 이건 사실일까. 당사자인 최서원은 필자와 미디어워치가 피고인인 태블릿 명예훼손 형사재판에 제출한 자필 진술서에 이렇게 밝혔다.

> 장시호가 특검에 제출했다는 태블릿PC는 전혀 모르며 사용한 적이 없
> 습니다. 특검과 JTBC가 '제 휴대전화'와 'JTBC가 보도한 태블릿PC', 그
> 리고 '장시호가 특검에 제출한 태블릿PC'의 잠금패턴이 모두 'L자'라고
> 하였다는 사실을 전해 들었습니다. 그러나 저는 휴대전화에 잠금패턴을
> 설정한 적도 없으며, 잠금패턴을 설정할 줄도 모릅니다. 다른 태블릿PC
> 들은 제 것이 아니고, 저는 알지도 못하고 왜 제2의 태블릿PC가 제출되
> 었는지 궁금할 뿐입니다. 저는 전혀 사용한 적이 없는 기기들입니다.

미디어워치 측은 태블릿 형사재판 1심과 항소심에서 특검에 대한 사실
조회를 신청해 '제2태블릿'의 잠금패턴이 L자라는 포렌식 보고서든, 수
사 자료든 근거를 내놓으라고 요구했다. 하지만 특검은 어떠한 근거도
내놓지 못했다. 관련 특검 정례브리핑 당사자인 이규철 대변인도 미디어
워치의 취재에 답변을 계속 회피해왔다.

L자 패턴 문제와 관련 필자의 태블릿 명예훼손 1심 형사재판에 제출된 최서원의 자필 진술서. 최
씨는 휴대전화 등에 L자 패턴은 커녕 잠금패턴 자체를 쓴 적이 없다고 밝히고 있다.

2. 최순실의 태블릿 PC 추가 확인

○ 이재용 삼성전자 부회장의 뇌물공여 등 사건 수사 과정에서 최순실이 사용하던 또 다른 태블릿PC가 추가로 확인되었음

○ 장시호는 2017. 1. 5. 변호인을 통해 최순실이 사용하던 태블릿 PC(삼성 갤럭시 탭, SM-T815N0)를 특검에 임의제출 하였고, 다음과 같은 증거들에 비추어 보면, 위 태블릿PC는 최순실이 사용하였던 것이 명백함

- 장시호는 2016. 10.경 최순실의 귀국 전 최순실이 장시호에게 서울 ████████████████████████████에 있는 최순실의 집에 있는 물건들을 버리라고 하여 장시호가 위 태블릿PC를 가지고 나와 가지고 있다가 2017. 1. 5. 변호인을 통해 특검에 임의제출 하였고, 장시호는 최순실이 사용하던 암호 패턴이 "L자"인 것으로 기억한다고 진술하였는데, 위 태블릿PC 암호 역시 "L자" 패턴이었음

박영수 특검의 2017년 3월 6일 최종 수사결과 발표에는 '제2태블릿'을 비롯해 최서원의 휴대폰 등 각 모바일기기의 'L'자 패턴을 어떻게 확인했는지에 대해서는 언급이 없었다. 단지 장시호의 '카더라'만 있었다.

미디어워치는 또한 특검의 주장대로 각 태블릿에 잠금패턴이 똑같이 설정돼 있었다면 '제1태블릿'을 입수한 JTBC는 어떻게 잠금을 풀었냐고 의혹을 제기하기도 했다. 그러자 JTBC는 김필준 기자의 핸드폰 잠금패턴도 L자여서 혹시나 하는 생각으로 시도해 이를 해제케 됐다고 주장했다. 수학적으로 우연히 잠금패턴을 해제할 수 있는 확률은 14만분의 1이다. 말이 되는 일인가.

더 큰 문제는 뒤에 터졌다. 애초에 검찰과 특검은 최서원의 핸드폰 등 스마트기기를 압수한 적도 없다는 사실이 뒤늦게 밝혀진 것이다. 최서원의 핸드폰을 압수한 적이 없으니 당연히 핸드폰을 비롯, 최서원의 모바일기기 잠금패턴은 모조리 L자 패턴이라는 특검의 발표도 거짓이 된다.

태블릿 형사재판에서 필자의 변호인이자 역시 최서원 측의 소송대리인도 맡고 있는 이동환 변호사는 2021년 여름경, 특검이 이른바 '국정농단' 재판에 제출한 증거목록을 뒤늦게 입수해 살펴보았다. 2016년말 2017년초 최서원에 대한 수사 당시 특검은 최 씨의 주거지와 사무실은 물론 크게 관련 없는 장소까지 샅샅이 압수수색했었다. 하지만 이 변호사가 관련 증거목록 전체를 살펴봐도 특검이 당시에 최 씨의 휴대전화를 압수한 내역이 없었다.

결론적으로, 최 씨 휴대전화의 잠금패턴이 L자라는 특검의 주장은 애초에 확보하지도 않은 전자기기를 두고 벌였던 희대의 거짓말 쑈였던 것으로 판명됐다.

결국 당시 이규철 대변인의 거짓 브리핑을 그대로 받아썼던 국제신문과 한국경제TV, 서울신문, 이데일리는 이후 최서원 측의 정정보도 요청에 따라 문제가 된 본문을 삭제하고 정정보도문을 게재하게 됐다. 뉴시스도 2022년 1월 18일부로 정정보도문을 게재했다.

[정정보도문]

본지가 2017년 1월 11일자 온라인판에 보도한 '2명 구속, 제2 태블릿 확보... 박영수 특검팀 성과 비결 뭘까?'에서 '잠금패턴이 'L'자로 이미 압수된 다른 최 씨의 휴대전화,태블릿과 동일했다고 특검팀은설명했다'는 부분은 사실과 달라 삭제합니다. 최서원(개명 전 최순실) 씨는 검찰,특검에 휴대전화를 제출하거나 압수당한 사실이 없다고 밝혔으며, 실제 확인 결과 검찰,특검이 최 씨 재판에서 제출한 증 증거목록에는 최 씨의 휴대전화를 압수했다는 기록은 나오지 않습니다. 최 씨는 자신의 휴대전화에 'L'자 패턴을 설정한 사실도 없다고 본지에 알려왔습니다.

최서원 측은 이외에도 연합뉴스, 뉴스1, 경향신문, JTBC, 중앙일보, 국민일보, 노컷뉴스, 아시아경제 등 10여 개 언론사에 대해 정정보도 청구소송을 제기해둔 상태다. 최서원 측은 박영수 특검과 이규철 대변인에 대해서도 2022년 5월에 민사소송을 걸었는데, 현재까지도 이들은 최서원의 휴대폰을 압수하여 L자 패턴을 확인했다는 그 어떤 증거도 제출하지 못하고 있다.

이데일리, 서울신문, 뉴시스는 과거 특검의 거짓 정례브리핑을 그대로 전했던 것과 관련해 정정보도를 내놨다.

최서원이 L자 패턴을 쓰고 있다고 특검이 거짓 브리핑을 했다면, 대체 JTBC가 주워와서 최서원 것으로 덮어씌운 태블릿, 그리고 또 역시 장시호가 제출하며 최서원의 것이라고 뒤집어씌운 태블릿의 L자 패턴은 누가 설정했단 말인가.

주목할 것은, JTBC가 보도한 태블릿의 경우, 태블릿을 입수한 이후에 JTBC측이 잠금장치에 손을 댄 흔적이 나중에 발견됐다는 사실이다. 국과수 포렌식 자료에 따르면 JTBC가 보도한 태블릿의 잠금장치는 검찰 제출일인 2016년 10월 24일 오후 5시 11분에 변경이 가해졌다. JTBC는 10월 18일에 태블릿을 최초 발견했으며, 20일에 태블릿을 입수했다고 주장하고 있는데, 이후 증거를 만지고 하필 잠금장치에 손을 댔다면, 발견 또는 입수 시점에는 잠금장치가 잠금패턴이 아니거나 L자 잠금패턴이 아니었을 가능성을 합리적으로 추정할 수 있다.† 이 문제는 JTBC가 보도한 태블릿의 사본(이미징파일)만 제대로 검증하면 간단히 답을 낼 수 있다. 하지만 검찰과 법원은 필사적으로 검증을 회피하고 있다.

'JTBC 태블릿'뿐만 아니라 장시호 제출 '제2태블릿'에서도 2017년 1월 5일, 장시호가 태블릿을 특검에 스스로 제출했다는 바로 그날에 잠금장치 변경 기록이 발견됐다. '제2태블릿'의 L자 패턴은 조작이 이로써 확정된 것으로, 이 문제는 뒤에서 더 자세히 설명하겠다.

---

† 필자가 앞서 출간한 책 『변희재의 태블릿, 반격의 서막』에서 이 부분과 관련 "주목할 것은, 태블릿에 L자 패턴이 설정된 시점이 JTBC가 태블릿을 입수한 이후였다는 사실이다. 국과수 포렌식 자료에 따르면 JTBC가 보도한 태블릿의 L자 패턴 설정 시점은 2016년 10월 24일이다. JTBC는 10월 20일에 태블릿을 입수했다고 주장하고 있다."라고 표현했던 바 있는데, 본서의 표현이 보다 정확한 표현이다.

최서원 측, 결국 '제2태블릿' 이미징 파일 확보

'제2태블릿'의 L자 잠금패턴 조작을 확정할 수 있게 된 것은 최서원 측이 재판이 끝난 증거물을 돌려주길 요구하는 반환소송을 통해 '제2태블릿'의 이미징파일을 확보하는 데 성공했기 때문이다.

2022년 7월 11일, 서울중앙지법 민사211단독 재판부(서영효 재판장)는 최서원이 박영수 특검 등을 상대로 한 유체동산인도 소송 두 번째 공식 변론기일을 진행했다.

이날 특검 측 소송대리인은 앞서 첫 번째 공식 변론기일에서 재판부가 요청한대로 장시호가 제출했다는 '제2태블릿' 기기를 지참해 법정에 출석했다.

'제2태블릿'을 법정에 공개한 재판부는 입수경위에 관한 장시호의 증언을 검증하기 위해 이미징파일 추출 작업을 진행했으며 이를 피고(특검)와 원고(최서원)에게 각각 교부했다. 이미징파일 추출은 태블릿 본체 내용물(데이터) 일체를 복사하여 사본화하는 작업으로 포렌식 감정을 위한 사전절차다.

이날 이미징파일 추출 작업은 3시간 가량 진행됐다. 재판부는 이미징파일 추출이 완료된 후 각 재판 당사자가 대동한 포렌식 전문가들과 함께 실제로 태블릿을 켜보고 일단 육안으로 내용물을 확인하는 예비검증을 진행했다.

관련해 이날 최서원 측 소송대리인인 이동환 변호사는 "단순 예비검증으로는 2015년 11월께 이후에 사용된 흔적은 찾아볼 수 없었다"면서 "통화기록, 연락처, 메시지 등은 모두 삭제돼 있었는데, 포렌식 분석을 통해 사용자 확인이 가능할 것으로 본다"고 말했다.

2022년 7월 11일, 5년 만에 법정에서 공개된 '제2태블릿'. 삼성제품으로 SM-T815N0 모델이다.
압수물 봉인지에는 2017년 2월 2일이라고 적혀있었다.

이동환 변호사 "최서원은 태블릿 구입한 적, 개통한 적,
사용한 적없어"

  이후 최서원 측의 이동환 변호사, 그리고 미디어워치 태블릿진상규명
단은 법원을 통해 확보한 '제2태블릿' 이미징파일을 공인 포렌식 전문기
관인 사이버포렌식전문가협회(KCFPA)에 분석을 의뢰, 그 내용을 샅샅이
검증했다.

  이동환 변호사는 넉 달 후인 2022년 11월 29일, 오후 1시, 서울 서초구
창원빌딩 2층에서 '제2태블릿 포렌식 검증 결과 발표 기자회견'을 열고
그간 분석 결과를 총정리해 "최서원은 '제2태블릿'을 구입한 적도, 개통
한 적도, 사용한 적도 없다"고 발표했다.

과거 2017년초 이 사건을 수사했던 특검은 '제2태블릿'에서 'hong mee15@gmail.com' 계정을 통해 최서원의 독일 승마 사업 관련 이메일이 송수신 됐다는 점을 근거로 들어 실사용자를 최서원으로 지목했다. 또한 최 씨 회사의 직원이었던 안모 씨의 'hohojoung@naver.com' 계정이 공유돼 사용됐다는 점도 '최순실 태블릿'이라는 근거로 제시했다.

그러나 'hongmee15@gmail.com'은 여러 명의 사용자가 사용한 공용계정이라는게 이번 포렌식 감정 결과라고 이동환 변호사는 설명했다. 이 변호사는 보도자료 등을 통해 "송수신된 메일의 상당수가 단순 비용처리 요청 및 회계 관련 내용"이라며 "최 씨 회사의 직원인 안 모 씨가 직접 사용하고 관리한 이메일 계정으로 보는게 자연스럽다"고 밝혔다.

이 변호사는 "('hongmee15@gmail.com'에서) 최 씨가 발신한 것으로 보이는 이메일은 1건에 불과한데 '태블릿'이 아닌 별개의 휴대폰에서 발신한 것으로 밝혀져 이 또한 최서원의 '태블릿' 사용 증거가 될 수 없다"고 역설했다.

그는 'hohojoung@naver.com' 계정과 관련해선 "안모 씨가 2005년에 만들어 최서원 씨 등 타인과 아이디나 비밀번호를 공유한 바 없으며 지금도 사적으로 사용하는 개인 이메일"이라며 "안모 씨는 2020년 10월 7일 이러한 내용의 사실확인서를 본인에게 전달했다"고도 밝혔다.

말하자면 특검은 회계담당 비서 안모 씨가 주로 쓴 비용처리 관련 공용메일과, 안모 씨의 사적인 개인메일을 모두 최서원의 메일이라 거짓 발표를 했던 것이다. 특검은 이런 발표를 하는 과정에서 해당 메일과 관련 안모 씨나 최서원 측에게는 일체의 확인조차 하지 않았다고 이 변호사는 전했다.

이동환 변호사는 2022년 11월 29일에 '제2태블릿 포렌식 검증 결과 발표 기자회견'을 열고 "최서원은 '제2태블릿'을 구입한 적도, 개통한 적도, 사용한 적도 없다"고 밝혔다. 이 변호사는 최서원의 관련 입장을 담은 자필 편지도 공개했다. 이날 기자회견 현장에는 YTN, SBS, MBN, 연합뉴스 등이 카메라맨을 대동하고 취재를 왔음에도 불구하고, 정작 관련 보도는 하나도 이루어지지 않았다.

상태	종류	수발신자	날짜	App
활성	[Gmail]/보 낸편지함	발신자 : 이름 : 홍 XX 메일 : hongmee15@gmail.com 수신자 : Dr. Sung-Kwan Park skpark@pl-lawfirm.de	생성 일시 : 2015-10-13 21:02:57	이메일

계정 : hongmee15@gmail.com
본문 : 제목 : 차량건 내용
내용 : 박변호사님
어제 말씀드린 차량건은 입금절차가 남아 있어서 3-4 일정도 걸린다고 합니다,
이번주에 가능하게 차를 받을수 있도록 부탁드립니다.
입금이 되면 차량 보험과 번호판달수 있도록 해주세요
장대리 한테 연락 주시면 차량 번호판달고 차량가지러 오라고 연락 주시기 바랍니다.
담주가 시함이 있어서 이번주에 마무리 해야 할것 같습니다.
잘 부탁드립니다,

활성	수신	발신자 : 이름 : goethe2304@me.com	생성 일시 : 2015-11-24 22:42:38	통화

계정 : hongmee15@gmail.com
본문 : 제목 : Fwd: Bestellung HHW/Testa Rossa Kaffe
내용 : 결제부탁드립니다 커피숍초기물품주문서입니다 Best Regards Mit freundlic

'제2태블릿'에 대한 포렌식 감정결과에 따르면, hongmee15@gmail.com 에서 송수신된 메일의 상당수가 단순 비용처리 요청 및 회계 관련 내용으로, 이는 얼마든지 최서원의 회계 비서가 사용한 것으로도 볼 수 있다.

활성	INBOX	발신자 : 이름 : 장 XX 메일 : nsenes1318@gmail.com 수신자 : hongmee15 hongmee15@gmail.com	생성 일시 : 2015-11-24 06:29:46	이메일

계정 : hongmee15@gmail.com
본문 : 제목 : Re: 회산 : 회장님 안녕하십니까
내용 : 넵 알겠습니다 2015. 11. 23. 22:26에 "hongmee15" <hongmee15@gmail.com>님이 작성: 이제죄송하다는말 그만하구 나
이메일앞으로안쓸거니까 지난번에 알려준걸무서내줄래아???? 삼성 갤럭시 스마트폰에서 보냈습니다. - 원본 이메일 - 보낸 사람: 장 XX
<nsenes1318@gmail.com> 날짜: 2015/11/24 오전 5:51 (GMT+09:00) 받은 사람: hongmee15@gmail.com 제목: 회장님 안녕하십니까
회장님, 회장님 친필싸인이 들어간 전표가 다 떨어진 관계로 부동산, 공용비, 호텔매매비 등을 제외한 부분들이 송금이 안되었습니다. 회장님
친필싸인이 없으면 절대 송금을 할수 없고 회장님 싸인이 들어간 전표는 한장에 한가지의 송금만이 가능한 관계로 애로사항이 있었습니다. 회장님
앞으로도 회장님의 싸인이 필요하고 전표또한 필요합니다 김주현 부장과 생각낸것이 저번에 회장님께서 싸인해주신 한번에 송금의뢰서를 만드는
것이었습니다. 회장님, 정말 번거로우시겠지만, 죄송스럽지만 제가 첨부파일로 보내드린 "송금의뢰서" 에 회장님의 싸인 필요합니다. 부탁드립니다..
ㅠㅠ 기안서 또한 첨부파일로 보내드립니다.

포렌식 감정 결과, 최서원이 hongmee15@gmail.com 계정을 사용해 발신한 것으로 보이는 유일한 메일조차 '제2태블릿'이 아니라, 다른 삼성 스마트폰에서 발신한 사실이 확인됐다.

hongmee15@gmail.com 계정은 "다수의 디지털 기기에서 공동으로 사용하는 공용계정으로 활
용된 것으로 추정된다"는 사이버포렌식전문가협회(KCFPA)의 감정 결과.

3. 위 네이버 계정(아이디 hohojoung)을 타인과 공유해서 사용하거나, 타인에게
비밀번호를 알려준 적이 있는지 여부

지금까지 단 한 차례도 타인과 계정을 공유해서 쓰거나,
타인에게 비밀번호를 알려준 적이 없으며, hohojoung@naver.com은
저 혼자 사용하는 개인 이메일 계정 입니다.

hohojoung@naver.com 계정은 최서원 씨의 회계비서 안모 씨의 개인적인 개인 이메일로, 최서
원 씨와 공유된 사실이 없다. 관련 안모 비서의 자필 사실확인서.

특검, 판매점 사장 김 모씨에게 "최서원이 와서 개통했다"
위증 교사 의혹

이날 기자회견에서 이동환 변호사는 구매 이후 한동안 와이파이(Wi-
Fi)를 통해 사용됐던 이 태블릿이 이동통신망에 가입된 날도 특검이 발표
했던 날인 2015년 10월 12일이 아닌 것으로 확인됐다고 말했다.

태블릿에 장착된 유심은 1개이고, 보통 개통과 동시에 태블릿 내 유심 관련 기록이 업데이트되는데, 포렌식 결과에 따르면 최초의 유심 개통 기록은 2015년 10월 12일이 아니라, 그 이전인 2015년 9월 17일이었다.

결국 특검이 발표한 2015년 10월 12일은 태블릿 통신 개통일자가 아니라, 유심을 재활용하여 명의자를 변경하고, 이와 함께 요금제(함께쓰기 요금제)를 변경한 날에 불과했음이 밝혀졌다. 즉, 저날은 정례브리핑 당시 태블릿의 개통일자, 개통자 문제 추궁을 당했던 특검이 나중에 최종 수사결과를 발표하며 억지로 설정한 날이었던 것이다.

사실, 유심 재활용 및 요금제 변경은 이동통신사의 직영 대리점이나 지점에서만 가능하다. 유심을 초기화하는 기계(포스, POS)와 전산 시스템이 일부 대리점 또는 지점에만 갖춰져 있기 때문이다. 최서원에게 '제2태블릿'을 개통해줬다고 특검이 최종 수사결과 발표에서 거론한 한 휴대폰 매장(OO무선)은 정식 대리점이 아니라 일반 휴대폰 판매점에 불과해 해당 업무 처리가 물리적·제도적으로도 불가능하다. 이런 사실들은 최근 최서원 측의 '제2태블릿' 반환소송에서 SKT측의 공식 답변을 통해 다 밝혀졌다.

특검은 최종 수사결과 발표에 있어서 '제2태블릿' 개통과 관련한 모든 사안을 오직 휴대폰 판매점 주인 김모 씨의 진술에만 의존했었다. 그러나 김모 씨는 그간 타인 명의의 불법 대포폰들을 개통해줬던 업자로서, 얼마든지 특검의 협박에 의해 위증을 할 수 있는 처지였다. 특히 김모 씨가 2017년 2월 1일, 특검이 판매점을 압수수색 하는 과정에서, 특검의 요구로 진술서를 작성, 제출했다는 점도 눈여겨볼 필요가 있다.

판매점주 김모 씨는 최서원이 최 씨의 비서 겸 회계직원 안모 씨와 함께 판매점을 방문했다고 진술했다. 하지만, 안모 씨는 정작 이 사실을 부인한다. 최근 안모 씨는 자신은 최서원과 당시에 휴대폰 판매점을 방문한 사실이 없다는 사실확인서를 이동환 변호사에게 제출하기도 했다. 당시에 특검은 이렇게 진술이 엇갈림에도 불구하고 최서원과 비서 안모 씨에게 재확인이라든지, 김모 씨와의 대질 등을 일체 하지 않았다.

추론해보면, 안모 비서는 당시에 유심을 초기화하여 명의와 요금제를 변경하기 위해 단독으로 SKT 본점이나 대리점에 방문했을 것이다. 그러나 특검은 이날을 최서원 사용을 위한 개통일로 조작하고자 했다. 그래서 특검은 판매점주 김모 씨에게 이날 안모 비서와 최서원이 함께 방문하여 미승빌딩 청소직원 명의의 태블릿 개통을 했다는 위증을 교사했을 것이다.

특검은 장시호에게 모바일기기인 '제2태블릿'을 제출받았다면서도, 정작 모바일기기의 경우 사용자 검증을 위해서 가장 우선시해야 하는 개통자 및 개통경위 수사는 전혀 하지 않았다. 단지 장시호 진술, 이메일 분석 등만 날림으로 한 이후에 일주일도 안 되어서 정례브리핑에서 '제2태블릿'을 최서원의 것이라고 발표해버렸던 것이다.

결국 정례브리핑에서의 발표 내용을 어떻게든 합리화하기 위해, 한 달후에야 진행한 개통경위 관련 수사에서, 미리 물색해둔, 위증을 해줄만한 이를 내세워 짜맞추기 진술서를 받아냈다고 봐야 한다.

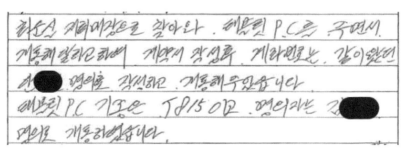

'제2태블릿'은 2017년 1월 11일 특검의 정례브리핑 이후 심각한 진위논란에 휩싸였다. 이에 특검은 뒤늦게 2월 1일에야 이전에도 불법대포폰들을 개통해왔던 한 휴대폰 판매점을 찾아가 압수수색을 했고, 이 과정에서 판매점주에게 진술서를 요구해 최서원이 직접 판매점을 찾아와 타인 명의의 '제2태블릿'을 개통했다는 내용의 진술을 받아냈다.

> 본인은 2015.10.12경 태블릿을 개통할 목적으로 최서원 씨와 ▇▇무선을 방문한 기억이 없습니다. 또한, 최서원 씨가 태블릿을 갖고 있는 것도 본적이 없습니다.

안모 비서는 최근 이동환 변호사에게 보낸 자필 사실확인서를 통해 휴대폰 판매점주의 진술서와는 전혀 다른 사실을 밝혔다. 그럼에도 불구하고 과거 특검은 휴대폰 판매점주와 안모 비서를 대질조차 하지 않고선 '제2태블릿'을 최서원 씨가 직접 찾아와 타인 명의로 개통했다고 최종 수사결과를 발표했다.

장시호가 '제2태블릿' 입수, 제출했다는 특검의 주장도 거짓

특검이 밝힌 '제2태블릿' 입수경위는 개통경위보다도 더 말이 되지 않는다.

특검 발표에 따르면 장시호는 2017년 1월 5일 오후 2시부터 피의자 진술을 하면서 그 과정에서 '제2태블릿'을 특검에 제출했다. 장시호는 한 달 보름 전부터 이미 체포·구속되어 구치소 수감 상태에 있었는데, 이에 외부에 있던 자신의 변호인 이지훈 변호사를 통해서 이 기기를 제출했다는 것이 특검의 설명이다.

그렇다면 장시호 본인은 '제2태블릿'을 애초 어떻게 입수하게 됐다는 것인가. 장 씨는 JTBC의 태블릿 특종 보도(2016년 10월 24일) 이후부터 최서원 소유 건물인 미승빌딩 압수수색(2016년 10월 26일)이 있던 날 사이에 최 씨의 요청으로 역시 최 씨 소유 삼성동 아파트인 브라운스톤레전드에 방문했다고 한다. 거기서 '제2태블릿'을 처음 발견했다는 것이다.

장시호는 '제2태블릿'을 입수하고도 잠금패턴을 몰라서 이 기기를 전혀 사용치 못했고 입수 직후 이를 아들 친구에게 건네주었다고 한다. 특검에 따르면, 장시호는 두어 달 후 아들 친구로부터 다시 이 기기를 반환받아 특검에 제출하면서 피의자 조사과정에서 갑자기 L자형 잠금패턴을 떠올렸고, 이에 주임검사 박주성에게 이를 알려서 처음으로 '제2태블릿'을 열어보았다고 한다.

하지만 이동환 변호사는 사이버포렌식전문가협회(KCFPA)의 포렌식 감정 결과를 인용, 저러한 장시호의 알리바이와 특검의 최종 수사결과가 전부 거짓이라고 단언했다.

'제2태블릿'은 장시호가 이를 발견했다는 날 이후부터 특검에 제출했다는 날까지 계속 누군가에 의해 사용되고 있었던 기기였다. 일단 2016년 10월 29일과 2016년 10월 30일 이틀에 걸쳐 '제2태블릿'의 잠금을 풀고 각종 앱 등을 사용한 기록이 확인됐다. 더구나 특검 제출일 하루 전인 1월 4일밤부터 '제2태블릿'이 18시간 동안 계속 구동됐던 기록도 명백히 확인됐다.

'제2태블릿'은 2017년 1월 4일 밤 8시 50분경 전원이 켜져 이때부터 각종 시스템 관련 파일을 생성하기 시작했다. 그리고 다음날인 1월 5일 오후 4시 4분경까지 매 시간마다 파일을 생성했다. 이 18시간 동안 생성된 파일만 총 951건이다.

특검은 분명 장시호 본인도 피의자 조사를 받던 1월 5일 오후 2시 이후에야 비밀패턴을 처음 떠올려 '제2태블릿'을 열어봤다고 했다. 그렇다면 2016년 10월 29일과 10월 30일 기록은 무엇인가. 설마 장시호의 아들 친구도 JTBC 김필준 기자에 이어 또다시 우연히 14만분의 1을 뚫었다고 말할 것인가.

특히 이지훈 변호사는 법정에 제출한 서면 증언을 통해 자신은 특검에 '제2태블릿'를 제출하기 전까지 이를 켜보지도 않았다고 밝혔다. 그의 이 증언이 사실이라면, 그가 장시호의 아들 친구로부터 '제2태블릿'을 반환받은 이후 시점인 1월 4일 밤과 1월 5일 새벽 사이에 대규모 기기 구동 기록이 나오는 것은 어떻게 설명할 수 있는가.

---

2. 입수 경위 관련 사항

가. 10.29. ~ 10.30. 간 사용 기록

　2016.10.29. 14:37:17 Screenshots가 활성화되고 파일로 저장되었으며

　2016.10.30. 17:40:41 USIM 정보가 삭제됨.

　2016.10.30. 19:58:41 Youtube 접속

　2016.10.30. 19:59:47 전원이 꺼짐.

　※ 2016.10.29.14:37:17부터 10.30. 19:59:47까지 앱을 사용한 흔적이 발견됨.

장시호는 '제2태블릿'을 발견한 이후 잠금패턴을 몰라서 사용도 못했다고 밝혔지만, 포렌식 결과로 '제2태블릿'에서 2016년 10월 29일과 2016년 10월 30일 이틀에 걸쳐 태블릿의 잠금을 풀고 각종 앱 등을 사용한 기록이 확인됐다.

장시호를 대리해 '제2태블릿'을 특검에 제출한 이지훈 변호사의 서면 증언 중 일부. 특검 제출 이전에는 태블릿의 전원이 꺼져있었다는 내용이다. 이는 포렌식으로 확인된 '제2태블릿' 파일 생성 기록과 모순된다.

사이버포렌식전문가협회(KCFPA)의 포렌식 감정 결과, '제2태블릿'은 2016년 10월 31일부터 두 달 가까이 꺼져있다가 2017년 1월 4일 밤 8시 50분경 전원이 다시 켜져 다음날인 1월 5일 오후 4시 4분까지 18시간 연속으로 구동된 것으로 밝혀졌다.

결국 '제2태블릿' 입수경위와 관련한 장시호의 알리바이는 처음부터 끝까지 조작된 것임이 명확하다. 애초 최서원은 장시호에게 자신의 자택에 들러 달라는 부탁을 한 적조차 없었다. 특히 장시호가 방문했다는 삼성동 아파트 브라운스톤레전드는 장시호가 그 존재 자체도 몰랐다는 것이 최서원의 입장이기도 하다.

특검은 장시호의 진술을 입증할 객관적 증거로서, 장시호와 그의 부하 직원이 함께 2016년 10월말경 삼성동 아파트 브라운스톤레전드를 드나드는 CCTV 영상을 확보했다고 주장하고, 관련 분석 자료도 수사목록에 올려놓았다. 하지만 이 증거는 단 한 번도 공개가 되지 않았다. 이에 최근 서울중앙지방법원의 '제2태블릿' 반환소송 재판부가 기록 보관처인 서울중앙지검을 상대로 CCTV 영상과 관련 수사자료 등을 공개하라고 했지만, 서울중앙지검은 '문서송부촉탁'에 대해선 "국가안전보장 등"의 이유로 거부하고, '문서제출명령'에 대해선 현재까지도 그저 불법적으로 거부만 하고 있는 상황이다.

그렇다면 '제2태블릿' 입수경위의 진실은 무엇일까. 필자는 검찰이 2016년 10월 26일에 최서원 소유 미승빌딩 압수수색 당시에 이미 최서원의 회계비서가 사용하던 한 모바일기기를 압수했을 것이라고 본다. 그런데 2017년초 'JTBC 태블릿'에 대한 진위 의혹이 걷잡을 수 없게 커지자 윤석열·한동훈의 특검은 이미 압수돼 있는 이 모바일기기를 '제2의 최서원 태블릿'으로 활용해 'JTBC 태블릿'에 대한 의혹까지 같이 잠재우기로 결심한다. 이에 체포·구속 상태에 있던 장시호를 압박해 이를 새로운 최서원의 태블릿이라고 말하도록 위증을 교사하고, 관련해 '최 씨 소유 삼성동 아파트에서의 발견' 및 '특검 피의자 진술 과정에서의 태블릿 제출' 알리바이도 조작하여 당시 위기를 돌파했던 것이다.

이번 포렌식 결과는 이와 다른 해석을 어렵게 한다. '제2태블릿' 입수경위와 관련한 특검의 조작 자체는 이번 포렌식 결과를 통해 사실상 증명이 된 것이나, 향후 브라운스톤레전드 출입 관련 CCTV 영상 자료를 확보하게 된다면 그 전모가 보다 명확히 드러날 것이다.

특검, '제2태블릿'의 주요 증거에 대한 불법적 삭제 자행

'제2태블릿'에 대한 이번 포렌식 결과에서 두드러진 부분은 특검이 탄핵 정국 당시 감행한 디지털증거의 불법적인 취급(증거인멸, 훼손)이 객관적으로 확인됐다는 점이다.

디지털증거물의 포렌식 과정에 대한 대검찰청 예규 제805호 제9조 제4항 및 제19조 제1항에 따르면, 태블릿과 같은 증거물은 훼손·변경을 막기 위해 압수 즉시 봉인해야 한다.

하지만 '제2태블릿'은 2017년 1월 5일 압수 이후 한 달여간 외부에 노출되었고, 2017년 2월 2일이 되어서야 봉인된 사실이 확인됐다. 이 사이 태블릿은 무려 15회에 걸쳐 전원이 on/off 되었으며, 또한 사용자 정보를 전체적으로 삭제했을 가능성을 포함하는 복구(recovery) 모드에 진입하기도 했었던 사실도 이번 포렌식 결과로 뒤늦게 밝혀졌다.

실사용자를 명백히 특정할 수 있는 '지문'을 포함, 잠금장치와 관련된 파일들도 복구 불가능한 형태로 삭제된 것으로 보인다. 이건 인위적인 증거훼손 외에는 절대 설명이 되지 않는 일이다.

심지어 태블릿 내부의 모든 파일에 접근해서 수정·삭제할 수 있고, 그 작업의 이력까지 지울 수 있어 조작의 흔적을 남기지 않는 전문 프로그래밍 도구(Android Debug Bridge, ADB)도 20일 이상 구동된 흔적이 확인됐다. 이 프로그램은 범죄의 증거를 투명하게 확보해야 하는, 검찰이 포렌식 과정에서는 절대 사용하면 안 되는 성격의 것이다.

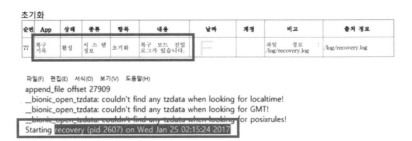

특검 관계자들이 증거물인 '제2태블릿'을 임의로 개봉해 다루면서 사용자 정보를 전체적으로 삭제했을 가능성을 포함하는 복구(recovery) 모드에 진입하기도 했던 사실도 이번 포렌식 결과로 밝혀졌다.

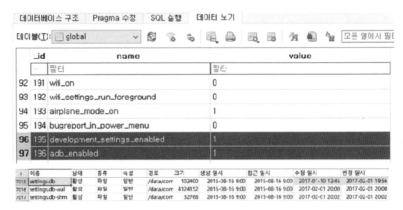

포렌식 결과, '제2태블릿'에서 특검 보관 기간에서 조작의 흔적을 남기지 않는 전문 프로그래밍 도구(Android Debug Bridge, ADB)가 20일 이상 구동된 흔적이 확인됐다. 여기서 표기 1은 '사용됐음'을 의미한다.

이번에 포렌식 감정을 수행한 사이버포렌식전문가협회(KCFPA)는 "압수 이후 다수의 자료를 변경·삭제한 흔적과 함께 해당 태블릿을 이용한 사진 촬영과 로그기록까지 발견되는 등 증거의 훼손 또는 변경 행위가 있었다"면서 디지털증거로서의 무결성이 유지되지 않았다고 분명히 결론 내렸다.

원래 특검은 2017년 1월 11일 정례브리핑에서는 "정상적인 포렌식 절차를 거쳤다"고 밝혔고, 2017년 4월 11일 서울중앙지법에서 열린 삼성 뇌물죄 관련 형사합의22부 심리에서는 "특검이 태블릿PC에 대해 디지털 포렌식을 한 자료가 있다"고 답변했었다. 이는 전부 거짓말이었던 것이다.

특검이 2017년 1월 5일경 포렌식을 위해 '제2태블릿'과 관련 현출(現出)했다는 이미징파일, 그리고 관련 수사 자료들도 CCTV 영상과 마찬가지로 현재 서울중앙지검이 보관하고 있다. '제2태블릿' 반환소송 재판부는 이 자료들도 법정에 공개하라고 했지만, 서울중앙지검은 이도 역시 '문서송부촉탁'에 대해선 "국가안전보장"의 이유로 거부하고, '문서제출명령'에 대해선 불법적으로 거부만 하고 있는 상황이다.

향후 '제2태블릿'에 대한 재수사가 이뤄질 경우, 특검이 현출했다는 2017년도 이미징파일과, 이번에 최서원 측이 반환소송을 통해 현출한 2022년도 이미징파일을 비교한다면, 특검이 감행한 디지털증거 조작의 전모도 역시 보다 명확히 드러날 것이다.

'제2태블릿' L자 잠금패턴 조작 확정… 'JTBC 태블릿' 조작까지 밝혀지나

'제2태블릿'에 대한 포렌식 분석에 있어서 미디어워치가 그 진위에 가장 촉각을 곤두세웠던 사안은, 앞서도 거듭 언급했던 바, 기기의 L자 잠금패턴 조작 여부였다. 결론부터 먼저 얘기하면, 역시나 여기서도 증거 인멸이 이뤄졌음이 확인됐다. 놀랍지만 사실상 예견됐던 사실이었다.

사이버포렌식전문가협회(KCFPA)의 포렌식 감정에 따르면, 2017년 1월 5일 오후 2시 55분, '제2태블릿'에 잠금패턴 설정에 '변경'이 가해졌다. 특검 피의자 조서에 따르면, 이 시간은 장시호가 특검의 박주성 검사로부터 조사를 받기 시작한 지 55분이 지난 때이다. 조서에서는 장 씨가 이때 단지 잠금패턴을 열어봤다고 기록되어 있지만 포렌식 결과는 실제로 이때 오히려 증거인멸이 이뤄졌음을 명백히 가리키고 있다. 이런 증거인멸이 '제2태블릿'이 이지훈 변호사에 의해 특검에 제출되기 전날인 1월 4일 밤부터 1월 5일 오후까지의 18시간 연속 구동 기록 가운데에서 나타난다는 점도 주목할만하다.

잠금패턴은 이후 1월 25일과 2월 1일에도 각각 한 차례 씩, 총 두 차례 더 변경이 가해졌다. 그리고 이러한 변경 내용을 알 수 없도록 관련 기록까지 삭제됐음이 이번 포렌식 결과 확인됐다. 이처럼 이번에 발견된 L자 잠금패턴 조작 사실은, 관련 별도 추가 사실관계 확인도 사실상 더 필요 없다는 말이 나올 정도로 특검이 저지른 증거인멸 범죄 중에서 가장 확실하게 증명된 사안으로 꼽힌다.

한편, '제2태블릿'에는 애초에는 실사용자를 확정할 결정적 증거인 '지문'이 암호로 등록되어 있었음도 포렌식 결과로 밝혀졌다. 하지만 포렌식으로도 지문 내용이 담긴 관련 시스템 파일은 발견되지 않았다. 이 역시 특검에서 시스템 파일들을 포렌식으로도 복구가 불가능하게끔 삭제 처리했다고 볼 수밖에 없는 상황이다.

수사 과정 확인서

구분	내용
1. 조사 장소 도착 시각	2017. 1. 5. 14:00
2. 조사 시작 시각 및 종료 시각	☑ 시작시각 : 2017. 1. 5. 14:00 ☑ 종료시각 : 2017. 1. 5. 21:00

장시호 피의자 신문조서. 2017년 1월 5일 오후 2시부터 조사가 시작됐다고 명시하고 있다.

2 907 909	순번 삭제	상태 /deleted.files	경로 device_policies.xml(2)	파일 이름	파일 날짜 생성 일시 : 2017-01-05 14:55:49 수정 일시 : 2017-01-05 14:55:49 접근 일시 : 2017-01-05 14:55:49 변경 일시 : 2017-01-05 14:55:49	크기 1,093
2 263 265	순번 삭제	상태 /deleted.files	경로 device_policies.xml(1)	파일 이름	파일 날짜 생성 일시 : 2017-01-25 11:15:00 수정 일시 : 2017-01-25 11:15:00 접근 일시 : 2017-01-25 11:15:00 변경 일시 : 2017-01-25 11:15:00	크기 1,054
2 261 263	순번 삭제	상태 /deleted.files	경로 device_policies.xml	파일 이름	파일 날짜 생성 일시 : 2017-02-01 20:00:19 수정 일시 : 2017-02-01 20:00:19 접근 일시 : 2017-02-01 20:00:19 변경 일시 : 2017-02-01 20:00:19	크기 1,093

포렌식 결과, 특검에서 장시호에 대한 조사가 시작된 후 55분 경과 시점에 잠금장치의 '해제'가 아니라, '변경'이 이뤄졌음이 확인됐다. 특검은 이후 2017년 1월 25일과 2월 1일에 잠금장치 관련 시스템파일을 2차례 더 변경한 뒤 이 내용을 알 수 없게 삭제했다.

가. 잠금장치 설정 정보(device_polies.xml)에 지문도 설정되어 있음에도 지문과 관련 정보6)를 현 증거물(태블릿)에서는 발견할 수 없음.

[SM-T815N0_CustomImage_CustomImage_20220711_USERDATA\활성\system\device_polices.xml]

'제2태블릿'에 잠금 암호로 지문이 설정된 적이 있다는 기록이 확인됐다. 하지만 관련 정보가 저장된 지문 관련 시스템 파일을 찾을 수가 없는 상황이다 특검에 의한 '제2태블릿'의 잠금패턴 조작이 확정된 만큼, 'JTBC 태블릿'(제1태블릿)의 잠금패턴 역시 조작일 가능성이 높아졌다.

과거 JTBC는 이규철 대변인의 2017년 1월 11일 정례브리핑 직후에야 이전에는 언급한 바도 없었던 'JTBC 태블릿'의 입수경위에서 L자 잠금 패턴 문제를 다루기 시작했다. JTBC는 자사의 김필준 기자가 더블루K 빌딩에서 우연히 발견한 태블릿을 켜보고선 또 우연히 'L'자를 그어보니 잠금패턴을 해제할 수 있었다고 밝힌 바 있다.

잠금패턴을 우연히 해제할 수 있는 확률은, 계속 얘기하지만 무려 14만 분의 1이다. '제2태블릿'의 경우로 봤을때, 결국 'JTBC 태블릿'의 경우도 JTBC 또는 검찰의 입수시점에 잠금패턴이 조작됐을 것으로 볼 수 밖에 없는 상황이다.

앞서 얘기했듯이, '제1태블릿'에 대한 과거 국과수 포렌식 결과에서도 JTBC가 '제1태블릿'을 검찰에 넘겨주기 직전 시점인 2016년 10월 24일 오후 5시 11분, 잠금장치 변경 기록이 확인된 바 있음을 다시 강조한다.

문 위 태블릿 PC의 잠금장치는 어떻게 풀었는가요

답 저의 전화기가 삼성 갤럭시 노트5이고 1년 전부터 'L'자 패턴(왼쪽 가장자리 부분과 아래 부분 전체를 연결)을 사용하고 있는데 혹시나 해서 같은 'L'자 패턴을 해보니 열렸습니다. 저도 스스로 놀랐습니다.

'제1태블릿'을 발견했다고 알려진 JTBC 김필준 기자의 검찰 진술조서. 우연히 L자 패턴을 열었고 본인도 놀랐다고 진술했다.

4470	EventLogService.xml.ba	Deleted	파일	/deleted.	242 ##	2016-10-24 16:53	2016-10-24 16:53	9
4471	EventLogService.xml.ba	Deleted	파일	/deleted.	242 ##	2016-10-24 16:53	2016-10-24 16:53	B
4472	inode_071C6D00	Deleted	파일	/deleted.	56804 ##	2016-10-24 16:53	2016-10-24 16:53	E
4473	EmailProvider.db-mj4A	Deleted	파일	/deleted.	132 ##	2016-10-24 16:53	2016-10-24 16:53	C
4474	EmailProvider.db-mj0E	Deleted	파일	/deleted.	132 ##	2016-10-24 16:53	2016-10-24 16:53	C
4475	stats.bin.bak(3)	Deleted	파일	/deleted.	900 ##	2016-10-24 16:58	2016-10-24 16:58	5
4476	usage_20161024.bak(9)	Deleted	파일	/deleted.	2736 ##	2016-10-24 17:10	2016-10-24 17:10	4
4477	device_policies.xml	Active	파일	/system/c	225 ##	2016-10-24 17:11	2016-10-24 17:11	
4478	BackupTransport.back	Deleted	파일	/deleted.	436 ##	2016-10-24 17:13	2016-10-24 17:13	4
4479	CheckinService.xml.bak	Deleted	파일	/deleted.	1878 ##	2016-10-24 17:13	2016-10-24 17:13	1
4480	BOOT_COMPLETE.xml.l	Deleted	파일	/deleted.	187 ##	2016-10-24 17:13	2016-10-24 17:13	A
4481	.pseudonym.info	Active	파일	/wifi/.pse	30 ##	2016-10-24 17:21	2016-10-24 17:25	1
4482	CheckinService.xml.bak	Deleted	파일	/deleted.	1877 ##	2016-10-24 17:22	2016-10-24 17:22	C
4483	BOOT_COMPLETE.xml.l	Deleted	파일	/deleted.	186 ##	2016-10-24 17:22	2016-10-24 17:22	C
4484	BackupTransport.back	Deleted	파일	/deleted.	435 ##	2016-10-24 17:22	2016-10-24 17:22	4
4485	contacts2.db-mj264016	Deleted	파일	/deleted.	73 ##	2016-10-24 17:22	2016-10-24 17:22	C
4486	talk.db-mj62C703A0	Deleted	파일	/deleted.	60 ##	2016-10-24 17:22	2016-10-24 17:22	2
4487	contacts2.db-mj0F388A	Deleted	파일	/deleted.	73 ##	2016-10-24 17:22	2016-10-24 17:22	C
4488	talk.db-mj34DC4943	Deleted	파일	/deleted.	60 ##	2016-10-24 17:22	2016-10-24 17:22	2
4489	BOOT_COMPLETE.xml	Deleted	파일	/deleted.	187 ##	2016-10-24 17:22	2016-10-24 17:22	A

최서원 재판에서 국과수가 포렌식 감정 과정에서 제공한 '제1태블릿'(JTBC 태블릿)의 파일 시스템 정보. device_policies.xml 파일은 오직 잠금장치 설정이나 내용이 변해야만 변경기록이 발생한다. '제1태블릿'이 검찰에 넘어가기 직전 시점인 2016년 10월 24일 오후 5시 11분, 이 파일에 변경기록이 확인됐다.

한동훈 법무부 장관은 2017년 1월 25일에 찍힌 남자의 신원을 밝혀라

한편, 이번 '제2태블릿'에 포렌식 감정 결과에서 일반인들의 시각에서 가장 화제가 된 것은 실제 태블릿을 불법적으로 켜고 조작했을 법한 한 인물의 사진이었다.

대검 예규상, 특검은 2017년 1월 5일 장시호로부터 태블릿을 제출받고, 포렌식 자료를 뽑은 뒤, 밀봉을 하여 보관을 해야 했다. 그러나 특검은 무려 15차례 가량 태블릿을 전원을 켜고 건드리다, 2월 2일에야 밀봉을 했다. 그러다 결국 1월 25일 12시 58경, 태블릿 조작의 용의자 사진을 남기고 말았다. 물론 이 사진은 당시 즉각 삭제되었지만, 이번 포렌식 과정에서 복구되었다.

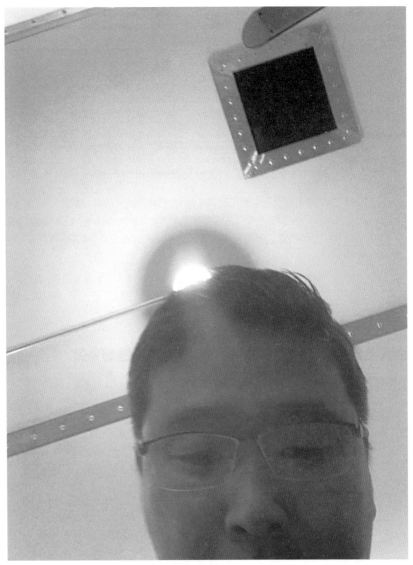

'제2태블릿'으로 2017년 1월 25일 12시 58분에 촬영됐다가 삭제된 사진. 이번 포렌식으로 복구됐다. 특검이 증거물을 보관하고 있을 당시 촬영된 사진인 만큼, 당사자는 특검 관계자일 수 밖에 없다.

이와 관련 미디어워치는 황의원 대표이사 명의로 해당 태블릿을 수사한 특검 제4팀 2인자였던 한동훈 법무부 장관에게 이 용의자의 신원을 밝히라는 2022년 12월 2일자 공문을 보냈다.

공문에서는 "포렌식 감정의 결과로 해당 태블릿에는 2017년 1월 25일 12시 58분경에 찍힌 한 용의자 사진이 찍혔다가 삭제된 사실이 확인됐다"며 "이 용의자는 정상적인 디지털포렌식 절차가 끝나고 밀봉된 증거를 임의로 꺼내서 켜보며 증거인멸을 기도한 인물이거나, 최소한 현장에서 이를 지켜보고 있었던 인물로, 당연히 당시 수사 제4팀의 핵심인사일 수 밖에 없는 인물이고, 귀하(한동훈 법무부 장관, 당시 수사 제4팀의 2인자)가 모를 수가 없는 인물"이라고 적시하고 있다.

황의원 대표는 "귀하도 역시 태블릿 조작 문제 용의자이자 또한 법치를 앞장 서서 구현해야 할 법무부 장관으로서, 해당 사진의 용의자가 특정될 수 있도록 속히 협조해야 할 의무가 있다"고 밝혔다. 황 대표는 이번 공문에 대한 답변이 없을 경우 한 장관을 범인은닉죄로 고발하겠다는 입장도 덧붙였다.

박영수 특검, 이제와 '제2태블릿' 사용기간 관련 입장 뒤집어

'제1태블릿'(JTBC 태블릿)이든, '제2태블릿'(장시호 태블릿)이든 개통자도 요금납부자도 최서원이 아니다. 그러다보니 특검은 이걸 억지로 최서원이 썼다고 우겨대기 위해 최 씨의 태블릿 사용기간을 설정했었다. 줄곧 최서원이 사용했다는 증거를 내세울 수 없다 보니 일단 자신들에 유리한 기간을 설정해 그 기간 동안만 최서원이 썼다고 주장했던 것이다. 문제는, 그 기간 자체도 계속 바뀐다는 것이다.

특검은 탄핵 정국 시기인 2017년초 관련 수사보고서를 통해 '제2태블릿'이 최서원에 의해 "2015년 7월부터 같은해 11월까지" 사용됐다고 밝혔던 바 있다. 근거는 이메일 기록이다. 특검의 2017년 1월 10일 수사보고 '추가 확보한 태블릿PC 최순실 사용 사실 확인'의 10쪽, 11쪽에는 다음과 같은 내용이 적시돼 있다.

> "붙임 이메일 내역에서 보는 바와 같이 2015.7.24. ~ 2015.11.25. 기간 이메일을 통해 독일 코어스포츠 법인 설립 및 코어스포츠와 삼성과의 컨설팅 계약에 관한 보고, 코어스포츠의 독일 계좌 개설 및 사용, 쾰른 부동산 구매, 정유라의 경마대회 일정과 경비, 삼성 지원 등에 대한 보고를 받고 있는 점 등에 비추어 위 이메일 보고를 받는 사람은 최순실이 확실하며, 태블릿PC의 주인 또한 최순실임이 인정됨"

실제로 이 내용은 바로 다음날 이규철 대변인의 1월 11일 정례브리핑에서 그대로 국민들에게 전해졌다. 이 대변인은 최서원이 '제2태블릿'을 사용한 기간을 "2015년 7월에서 같은해 11월까지"로 특정하면서, 이는 디지털포렌식으로 분석한 결과 이메일 송수신이 해당 기간에 집중됐기 때문이라고 말했다.

하지만 이규철 대변인이 밝힌 이같은 내용은 당시에도 바로 반박을 당했다. '제2태블릿'은 2015년 8월 13일에 제조된 기기였기 때문이다. 최서원이 이 기기를 7월에 사용했다는 것은 애초 물리적으로도 있을 수가 없는 일인 것. 특검은 이에 최 씨의 태블릿 사용기간을 8월부터로 은근슬쩍 정정했다.

하지만 이후 최 씨가 같은해 8월과 9월에도 역시 '제2태블릿'을 사용한 다는 것은 불가능한 일이라는 게 드러났다. 출입국 기록에 따르면 최 씨 는 2015년 8월 15일부터 9월 11일까지 해외에 있었는데, '제2태블릿'은 8 월 16일에 국내에서 공장 출하가 됐다. 또한 포렌식 감정에 따르면 8월 18일 시점에야 첫 사용기록이 나온다. 더구나 특검은 최종적으로 해당 태블릿의 개통시점을 10월 12일이라고 밝혔다.

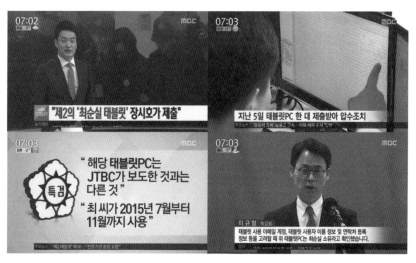

이규철 특검보가 발표한 최서원 씨의 '장시호 태블릿' 사용기간에 대해 보도했던 MBC 뉴스.

최서원 측의 이동환 변호사가 박영수 특검과 이규철 대변인을 상대로 한 명예훼손 소송 과정에서 이 문제를 집중 추궁하자 박영수 특검 측은 답변서를 통해 2015년 7월부터가 아니라 2015년 8월부터 최서원이 '제2 태블릿'을 사용했다는, 과거 한 차례 몰래 정정했던 수사결과를 사실상 또다시 정정하는 입장을 내놨다.

답변서에서 박영수 특검 측은 "원고(최서원)가 이 사건 태블릿을 사용 시작하기 이전까지 이 사건 태블릿을 다른 사람이 사용하고 있었을 가능성이 있다"고 했음은 물론, "이 사건 태블릿은 원고(최서원)가 사용을 시작할 당시 중고품이었을 가능성도 매우 높다고 할 것"이라고까지 했다. 특검이 제시했던 '제2태블릿'의 사용기간에 최서원이 아닌 다른 사용자 가능성 문제는 과거 특검 브리핑이나 최종 수사결과에는 전혀 밝혔던 바가 없는 입장이다.

계속해서 특검은 "결국 모종의 경위로 원고(최서원)가 이를 전달받아서 특검의 발표내용과 같이 2015. 10. 12. 소외 김ㅇㅇ의 '**무선'에서 다시 개통한 다음 2016. 가을경까지 사용하였다고 합리적으로 볼 수 있는 것"이라는 입장도 답변서를 통해 전했다. 하지만 "2015년 10월 12일부터"라면 특검은 최서원 의 태블릿 사용기간과 관련해 최초 수사결과 발표에서 밝힌 "2015년 7월부터 사용했다"는 입장과 비교하면 석달 이상을 사용기간을 축소시킨 셈이 된다. 이번 답변서에서 쓴 "특검의 발표내용과 같이"라는 표현이 무색해지는 것.

특검이 이번 답변서에서 "2016년 가을경까지"라는 최서원의 태블릿 사용기간을 덧붙여 제시한 부분도 향후 시비가 될 것으로 보인다. 최 씨가 2015년이 아니라 2016년에도 태블릿을 사용했다는 것 역시 특검이 과거 특검 브리핑이나 최종 수사결과에는 전혀 밝혔던 바가 없는 입장이기 때문이다.

포렌식 감정 결과에 따르면, '제2태블릿'은 2016년의 경우엔 오직 10월 29일, 30일에 짧은 시간 사용 기록이 나올 뿐이다. 장시호가 바로 이 시점에 최 씨의 삼성동 아파트에서 태블릿을 발견해 가져왔다고 진술한 바 있으나 현재 이 문제는 장 씨의 알리바이 논란이 있는 상황이다. 분명한 것은 최서원은 이 시점에도 독일에 있었다는 것이다.

2017년 1월 11일 정례브리핑 당시에 이규철 대변인은 "2015년 7월에서 같은해 11월까지"의 근거로 장시호의 진술도 제시했던 바 있다. 하지만 2016년 10월말 최서원의 아파트에서 '제2태블릿'을 처음 봤다는 장시호가 갑자기 이 태블릿 기기를 최 씨가 직전해에 언제부터 언제까지 사용했는지 그 기간까지 정확히 떠올렸다는 것은 말이 안된다. 더욱 말이 안되는 것은 장시호가 태블릿 사용기간을 "2015년 7월에서 같은해 11월까지"로 진술했다는 언급은 오직 이규철 대변인의 정례브리핑에서만 나온다는 것이다. 특검의 장시호에 대한 피의자 신문조서에도, 관련 수사보고서에서도, 특검 최종 수사결과에서도 이 내용은 전혀 확인이 되지 않는다.

특검은 최서원이 '제2태블릿'을 이용하여 '국정농단'을 하고 삼성으로부터의 뇌물수수 등 범죄행위를 했다고 주장했고, 이로 인해 최서원은 무려 18년형을 선고받았다. 그런데 특검은 이제 와서 최서원이 태블릿을 언제 사용했는지, 그 기간조차 수시로 말을 바꾸며 허둥대고 있는 상황이다.

특검이 흘린 '제2태블릿' 중고품 구입설, 믿을 수 있나

최종적으로 2015년 10월 12일 개통되었다는 특검의 발표와 달리 해당 태블릿에 2015년 8월 18일부터도 사용된 기록이 나오다보니, 특검 측은 또 말을 바꾸어야 했다. 박영수 특검과 이규철 대변인을 상대로 최서원 측이 제기한 명예훼손 소송의 답변서에서 이들은 결국 중고품 태블릿론을 꺼내들 수밖에 없었다. 10월 12일에 처음 개통하여 최서원이 사용했다고 발표했는데, 그 이전 사용기록이 나왔으니 궁여지책으로 중고품 태블릿이라 변명할 수밖에 없었던 것이다.

> "원고(최서원을 지칭)가 이 사건 태블릿을 사용 시작하기 이전까지 이 사건 태블릿을 다른 사람이 사용하고 있었을 가능성은 있는 것이고, 특히 이 사건 태블릿을 개통해 준 소외 김△△은 원고가 태블릿을 '가지고 왔다' 라고 진술하였는바 애초에 이 사건 태블릿은 원고가 사용을 시작할 당시 중고품이었을 가능성도 매우 높다고 할 것입니다.

문제는, 이렇게 되면 해당 태블릿을 사용한 또 다른 사람이라는 증거가 대거 발견된 홍모 씨라는 사람의 휴대폰 뒷번호 9233과, 최서원의 회계비서인 안모 씨의 휴대폰 뒷번호 9233, 그리고 해당 태블릿까지 010 이동통신망 뒷번호가 9233으로 하필 어떻게 같을 수 있는지가 설명이 되지 않는다는 것이다.

홍모 씨는 남편, 자녀의 휴대폰 뒷자리로 모두 9233을 쓰고 있었다. 그리고 '제2태블릿'이 개통됐다고 하는 2015년 10월 12일 이후 무렵, 홍 모 씨가 보호자 연락처로 '제2태블릿' 번호를 아들 장 모군의 유치원에 새로 등록하기도 했다. 실제 '제2태블릿'에서는 홍모 씨의 카드사용 내역 문자, 그의 아들 장모 씨의 키즈폰 위치기록 문자가 발견되었다. 물론 이런 최서원이 아닌 제3자 사용증거 기록은 모두 삭제되어 있던 것으로 이번 새로운 포렌식 과정에서 복원된 것이다.

즉, 이들은 친족 혹은 절친 등의 매우 밀접한 관계로서 홍모 씨와 안모 비서가 '제2태블릿'을 공용으로 사용했다고도 추론해볼 수 있는 것이다.

실제로, 특검이 '제2태블릿'에서 발견되었다면서 정작 최서원과 안모 비서에게는 전혀 확인도 하지 않고 무작정 최서원의 이메일 계정이라 결론내린 'hohojoung@naver.com' 계정은, 안모 비서의 사적인 개인 메일로 밝혀진 상황이다.

삭제	수신	발신자 : 번호 : 15881600		생성 일시 : 2015-11-06 17:50:01	메시지
본문 : 내용 : [Web발신] [체크승인] 15,000원 NH농협카드(4*2*) 홍*화 님 11/06 17:49 (주)이마트E/T구성점 안 읽은 횟수 : 1 채팅방 : 2 SIM Slot : 0					

삭제	수신	발신자 : 번호 : 15881600		생성 일시 : 2015-11-08 11:47:04	메시지
본문 : 내용 : [Web발신] [승인거절] 거래정지카드 30,000원 NH농협카드(4*5*) 홍*화 님 11/08 11:47 차이란 안 읽은 횟수 : 1 채팅방 : 2 SIM Slot : 0					

삭제	채팅방 메시지			생성 일시 : 2015-11-24 13:22:58	메시지
본문 : 내용 : [Web발신] [체크승인] 10,000원 NH농협카드(4*2*) 홍*화 님 11/24 13:22 (주)롯마트					

포렌식으로 복구된, '제2태블릿'에 수신된 홍모 씨의 카드 사용 문자메시지 기록.

삭제	수신	발신자 : 번호 : 031889▒▒		생성 일시 : 2015-10-20 14:16:49	메시지
본문 : 내용 : ▒▒▒를 불가피하게 퇴원처리하게 되었음을 알려드립니다. 문의사항있으시면 연락바 안 읽은 횟수 : 1 채팅방 : 2 SIM Slot : 0					

홍모 씨의 자녀 장모 씨가 다니던 유치원에서 보내온 문자메시지가 '제2태블릿'에 대한 포렌식 감정 과정에서 확인됐다.

즉 특검의 태블릿 중고품설은, 홍모 씨와 안모 비서, 그리고 '제2태블 릿'의 뒷번호 9233이 우연히 같았다는 기적과 같은 논리가 아닌 이상, '제2태블릿'의 구입 및 개통, 그리고 실사용자는 최서원이 아닌 홍모 씨 또는 안모 비서라는 증거만 될 뿐인 것이다.

더 문제가 되는 것은 특검에서는 포렌식을 통해 '제2태블릿'을 홍모 씨 와 안모 비서가 사용했을 증거들을 확인했을 것임에도 불구하고 관련 아 무런 수사기록을 남기지 않았다는 것이다. 홍모 씨는 '제2태블릿'과 관련 해 특검으로부터 그 어떤 조사도 받지 않았다. 안모 비서는 참고인 조사 는 받았지만, 이메일 문제 등 이러한 내용의 태블릿과 관련한 조사는 받 지 않았다.

안모 씨는 최서원의 비서로서 휴대폰 판매점 OO무선에서 최 씨와 관 련한 모바일 기기의 개통 관련 심부름을 도맡아 왔다. '제2태블릿' 통신요 금도 안모 비서가 납부해왔다. 다만 안모 비서는 자신은 '제2태블릿'을 개 통하러 간 적이 없다고 밝히고 있다. 최서원과 해당 휴대폰 판매점을 방 문한 적도 없고, 최 씨가 해당 태블릿을 사용하는 것을 본 적도 없다는 입 장이다. 특검은 이러한 안모 비서의 입장조차 확인하지 않아, 훗날 미디 어워치와 이동환 변호사가 저 입장을 담은 관련 사실확인서를 받아냈다.

특검은 어떻게 '제2태블릿'의 뒷번호 9233과 같은 핸드폰 뒷번호를 써왔 으며, '제2태블릿'의 통신요금을 납부해왔음은 물론, 또 기존에 OO무선에 서 최 씨의 모바일 기기 개통 관련 심부름을 해온 안모 비서에게는 단 한 번도 물어보지 않고 이 태블릿을 최서원 것이라 결론 내릴 수 있었을까.

'제2태블릿' 실사용자는 최서원 회계비서인 안모 씨가 유력

특검의 조작과 거짓말 등 모든 정황을 고려할 때, '제2태블릿'의 실사용자는 최서원의 회계담당 안모 비서로 추정된다. 물론 이러한 결론을 내리는데, 최서원 본인이 쉽게 동의하지 않았다. 왜냐하면 안모 비서는 최서원의 최측근으로서 최 씨가 절대적으로 신임을 하는 관계였기 때문이다. 그러나 증거로만 판단한다면 안모 비서가 유력하다.

최근까지 안모 비서는 '제2태블릿' 관련 "아무 기억이 나는 게 없다"는 입장을 고수해왔다. 그러나 안모 비서는 특검이 최서원이 사용한 이메일이라 조작 발표한 'hohojoung@naver.com'이 자신의 사적 이메일이라는 점을 일단 인정했다. 이로 인해 결국 미디어워치 측과 만났을 때 태블릿에서 발견된 이메일을 증거로 보여주자 "내 개인적인 이메일이 태블릿에서 사용되었다면 내가 개통했거나 잠시라도 사용한 것이 맞다"고 인정한 바 있다.

그리고 특검이 역시 최서원이 삼성과의 승마 비즈니스용으로 사용했다고 발표한 'hongmee15@gmail.com' 계정은, 특검 발표로는 개통일인 2015년 10월 12일에 처음 태블릿 계정으로 등록된 것이다. 그런데 안모 비서는 태블릿을 개통하러 최서원과 함께 간 적이 없다고 진술했다. 그렇다면 이는 결국 안모 비서가 독자적으로 10월 12일에 유심을 초기화하여 명의를 변경하고 요금도 할인제로 전환하면서 해당 메일까지 직접 태블릿 계정으로 등록시켰다는 것 외에는 설명이 되지 않는다. 안모 비서가 최서원의 회계업무를 도왔다는 점에서 이메일 내용도 역시 들어맞는다.

서울중앙지검이 2016년 10월 26일, 최서원의 미승빌딩을 압수수색 한 날에 '제2태블릿'의 통신, 그리고 이와 연동된 자신의 휴대폰의 통신을 해지시킨 인물도 다른 아닌 안모 비서였다는 점도 역시 눈여겨봐야 하는 대목이다.

한편, 안모 비서는 해당 태블릿의 사용기록이 남아있는 홍모 씨에 대해서 전혀 모르는 사이라 답변했다. 이 말을 믿는다면, '제2태블릿'의 홍모 씨와 관련한 문자메시지 기록은 홍모 씨의 과거 태블릿 혹은 휴대번호를 안모 비서가 새롭게 받아 태블릿 번호로 지정 사용한 결과라고 볼 수도 있다. 이 경우, 안모 비서에 의한 '제2태블릿' 단독 개통은 더 확실해진다.

실제 안모 비서의 핸드폰 뒷번호 9233은 본인이 이미 2012년부터 사용했던 것이다. 안모 비서가 최서원의 사업과 관련한 비용처리 등의 문제로 '제2태블릿'을 개통하면서 이 태블릿에도 자신의 핸드폰 뒷번호 9233과 똑같은 뒷번호를 설정한 것이다.

안모 비서는 최서원이 독일로 출국한 8월 14일 이후에 최서원의 독일에서의 비즈니스 건을 실무 처리하기 위해, 8월 18일경에 태블릿을 구입하여 와이파이(Wi-Fi)로 연결해 바로 사용에 들어갔을 것이다. 이 때문에 8월 18일 첫 사용기록이 증거로 남은 것이다. 안모 비서는 그 이후 9월 17일에는 유심을 장착하고 처음으로 이동통신망 개통도 한다. 그리고 10월 12일에는 SKT의 요금 할인제인 'LTE 나눠쓰기'로 전환하기 위해, 유심 명의자를 최서원 미승빌딩의 청소직원 김모 씨로 바꾼 것이다.

청소직원 김모 씨의 핸드폰 뒷번호는 9100이다. 'LTE 나눠쓰기' 할인제를 적용하기 위한 본 기기의 번호이다. 그렇다면 특별히 SKT 측에 다른 번호를 주문하지 않는다면, 그 부속 기계인 태블릿의 뒷 번호는 9100으로 부여된다. 그럼에도 불구하고 안모 비서의 휴대폰 뒷번호와 '제2태블릿'의 뒷번호가 9233으로 설정됐다는 것은 '제2태블릿'은 사실 안모 비서의 사용을 위한 것이라는 결정적 증거가 된다.

안모 비서는 "장시호 제출 태블릿과 관련해서는 아무런 기억이 없다"고 하는 입장 문제를 제외하고는, 최근까지도 최서원 측 이동환 변호사의 문의에 대부분 협조를 해주었다. 그러나 9233 뒷번호 문제를 제기하자 그 이후로는 연락이 완전히 두절되었다.

거듭 얘기하지만, 특검은 9233 전화번호 하나만으로도 이미 유력한 태블릿 사용자라고 할 수 있는 안모 비서에 대해서는 그 어떤 수사도 질문도 하지 않았다. 혹은 수사를 해놓고도 안모 비서의 실사용이 너무 명확하니 덮어버렸을 가능성도 높다.

좌우 양 진영 활동가 4인, 윤석열·한동훈을 태블릿 조작수사 혐의로 고발

2022년 12월 7일, 덕수궁 상연재에서 '제2태블릿' 조작 문제와 관련 기자회견이 또 열렸다. 최대집 전 대한의사협회 회장, 안진걸 민생경제연구소 소장, 김용민 평화나무 이사장, 그리고 필자가 주최하고, 또한 미디어워치 태블릿진상규명단이 주관한 것으로, 지금까지 필자가 이 책에서 서술한 '제2태블릿' 조작 문제 관련 사실관계들을 다시 총정리하여 윤석열과 한동훈을 고위공직자범죄수사처에 형사고발할 것을 선언하는 행사였다.

다음은 같은날 미디어워치의 기사, <[전문] 최대집, 尹·韓 태블릿 조작 기자회견서 "과연 이게 대한민국에서 벌어질 수 있는 일인가">의 내용이다.

좌우 진영의 운동가들이, 2016년말 2017년초 탄핵 정국 당시 정체불명의 한 태블릿이 최서원(개명전 최순실) 씨의 것으로 조작된 사건과 관련, 증거 조작의 핵심 용의자인 박영수 특검 제4팀의 윤석열 대통령(당시 팀장), 한동훈 법무부 장관(당시 팀내 2인자) 등에 대한 단죄를 촉구하고 나섰다.

…

이날 변 고문은 현장에서 발표한 기자회견문 등을 통해 박영수 특검 제4팀이었던 윤 대통령, 한 장관, 박주성 검사, 이규철 전 특검 대변인, 이와 더불어 최서원 씨의 조카인 장시호 씨를 공용물건손상죄, 모해증거인멸죄, 허위공문서작성죄, 모해위증죄, 직권남용권리행사방해죄 등 혐의로 고발한다고 밝혔다.

…

안진걸 "尹·韓, 남의 티끌 태산으로 만들어… 최소한 제2태블릿은 조작 흔적 보여"

뒤이어 마이크를 잡은 안진걸 소장은 "많은 분들이 좌우중도가 합작해 '윤석열·한동훈' 퇴출 및 심판을 주장하는 것을 신기해했다"며 "이는 두 가지 (이유로) 공감과 설득력을 얻었다고 생각한다"고 말했다.

그는 "첫 번째로는 윤 대통령과 한 장관 세력의 만행이 좌우중도 세력을 분노하게 만드는 것"이라며 "두 번째는 이들이 수사과정에서 사건이나 증거, 진술을 조작해, 없는 죄도 만들어내는, 또는 티끌의 죄를 태산처럼 둔갑시키는 조작기술 감행했을 것이라는 변 고문의 주장에 공감하기 때문이라고 생각한다"고 강조했다.

이어 "이전에도 이들이 자신들의 태산 같은 잘못들은 수사하지 않고 남의 티끌은 태산으로 만드는 신기한 조작능력을 가진 사람들이라는건 알고 있었다"면서도 "변 대표의 주장을 접해보니 최소한 제2태블릿에서는 조작의 흔적이 보인다"고 역설했다.

그러면서 "윤석열과 한동훈은 자신들의 정치 검사로서 야욕과 목적을 위해서라면 과잉수사와 조작도 서슴치 않았을 것"이라고 덧붙였다.

김용민 "朴 탄핵 찬성했지만 검찰에게 진실 날조하라고 한 적은 없어"

김용민 평화나무 이사장은 "5년 전만 해도 변 대표고문과 최 전 회장은 박근혜 전 대통령 탄핵을 반대하는 입장이었고 나와 안 소장은 탄핵을 찬성하는 입장이었다"면서 "다시는 만날 일이 없을 거 같았던 사람들을 연결시켜준 것은 '진실'이었다"고 말했다.

김 이사장은 "나와 안 소장은 탄핵을 찬성하는 입장이었지만, 그렇다고 특검이나 검찰에게 진실을 날조하라고 요구한 바 없다"면서 "수사대상이 된 사람에게 불리하도록 증거를 훼손하라고 말한 바도 없다"고 역설했다.

그는 "수사기관의 역할은 불편하면 불편한대로, 심증에 부합하지 않으면 부합하지 않는대로 진실을 드러내는 것"이라며 "그러나 여러 정황으로 볼 때 이들은 태블릿을 통해 거짓을 참으로 만들었던 것 같다"고 지적했다.

이어 "이들이 박근혜라는 인물을 혼내줄 목적, 그거 하나 뿐이었을까? 아니다"라며 "개인의 영달과 성취가 그들의 근본적인 목적이었던 것 같다"고 비판했다. 그러면서 "언론인들에게 호소한다"며 "진실에 접근하는 걸 두려워하지 말라"고 덧붙였다.

최대집 "과연 이게 대한민국에서 벌어질 수 있는 일인가"

최대집 전 회장은 "저는 제2태블릿에 나온 여러 자료들을 보면서 '검사들이 어떻게 증거물을 자기들이 원하는 바대로 만들기 위해 자료를 왜곡, 조작하고 증거를 인멸할 수 있는가?' 상당히 충격적이었다"면서 "과연 이게 대한민국에서 벌어질 수 있는 일인가"라고 반문하며 말문을 열었다.

이어 "태블릿 조작의 주범들이 현재 우리나라의 대통령과 법무부 장관을 하고 있다는 것도 충격적이었다"며 "또 충격적인 것은, 대한민국을 바로 세울 수 있을 만큼 중요한 진실이 드러났는데도 언론, 시민사회, 정당 등 우리 사회에 침묵 카르텔이 형성돼 누구도 이 중요한 사실을 말하지 않고 있는 것"이라고 지적했다.

그러면서 "태블릿 조작에 대한 상세한 내용들은 언론, 정당, 시민사회 단체에서 다루지 않기 때문에 우리가 대안적 매체인 유튜브, SNS 등을 통해 적극적으로 (알리기 위해) 노력을 해야 한다"며 "변 고문이 저술할 태블릿 관련 책도 알기 쉽게 써서 많은 국민들이 읽어야 한다"고 강조했다.

아울러 최 전 회장은 더불어민주당을 향해 태블릿 특검법을 추진할 것을 촉구했다. 그는 "민주당이 해야 될 가장 급선무 과제는 태블릿 특검법"이라며 "나는 윤 대통령 등이 법치를 파괴한 국가 중범죄자라고 2016년 12월부터 지금까지 6년동안 일관되게 주장했다. 이 사람들을 단죄하고 이 나라를 바로잡는 가장 손쉽고 정확한 길이 될 것"이라고 힘주어 말했다.

이날 기자회견은 좌우 양 진영을 대표하는 70년대생 젊은 활동가 4인이 직접 주최하고 참여한 행사다. 주제도 더구나 현직 대통령, 현직 법무부 장관에 대한 조작수사 문제 중범죄 고발이다. 그럼에도 불구하고 제도권 언론사의 기자는 단 한 사람도 취재를 오지 않았다.

2022년 12월 7일, 덕수궁 상연재에서 열린 정식명칭 '윤석열·한동훈 검사가 주도한, 장시호 제출 '제2태블릿' 조작수사 문제, 공수처 고발 기자회견'. 좌우 양 진영을 대표하는 70년대생 젊은 활동가인 최대집 전 대한의사협회 회장, 안진걸 민생경제연구소 소장, 김용민 평화나무 이사장, 필자가 공동으로 주최하고, 또한 미디어워치 태블릿진상규명단이 주관했다.

'제1태블릿'(JTBC 태블릿) 반환소송에 관하여

'제2태블릿' 반환소송과는 별도로, 최서원 측 이동환 변호사에 의해 현재 '제1 태블릿'(JTBC 태블릿)에 대해서도 반환소송이 진행되고 있다.

최서원은 2020년 6월 11일, 이른바 '국정농단'과 관련 징역 18년 확정 판결(이화여대 학사 비리 징역 3년 추가)을 받았다. 관련 재판이 모두 끝난 관계로 최서원은 2021년 11월 5일, 검찰에 '제1태블릿'을 돌려달라는 압수물 환부 신청을 했다. 하지만, 당시 검찰은 "신청인(최서원)이 소유자임이 확인되지 않는다"는 사유로 반환을 거부했다. 이후 최서원이 점유물(태블릿) 이전 금지 가처분 신청을 하자 검찰은 "최서원이 태블릿에 대한 소유권 내지 실사용권 등의 권리를 가지고 있다고 보기 어렵고, 이를 인정할만한 명확한 증거 역시 없다"고 답했다.

실체적 진실이 무엇이건, 이보다 수년 전에 대한민국 검찰과 법원은 어떻든 태블릿을 '법적으로' 최서원의 것으로 매듭짓지 않았던가. 이에 최서원은 태블릿은 '법적으로' 자기의 것인 만큼 이를 돌려받아 실사용자 여부를 검증하겠다며 2022년초 태블릿과 관련 유체동산인도 청구 소송을 제기했다. 결국 1심 법원은 2022년 9월 27일에 "태블릿('JTBC 태블릿')이 원고(최서원)의 소유임을 확인한다. 피고(대한민국)는 원고에게 동산(태블릿)을 인도하라"고 판결했다. 이 판결문에는 "2017년도에 윤석열 서울지검장이 '태블릿은 최순실 것'이라 결론냈다"는 내용도 나온다.

윤석열 정권의 검찰은 이러한 1심 판결에 항소했다. 검찰은 이번 항소이유서에서는 난데없이 "태블릿은 최서원 아닌 김한수의 것"이라고 주장도 하고 나섰다. 이런 과거 입장 뒤집기식 항소만 문제가 아니다. 최서원 측은 원래 1심 선고 즉시 가집행을 통해 '제1태블릿'을 돌려받으려 했지만, 이 역시 한동훈 법무부 장관 명의의 가집행금지 신청으로 인해 좌절됐다.

윤석열, 한동훈은 2017년 국회 서울중앙지검 국정감사에서 각각 지검장이자 3차장으로서 "태블릿은 최순실(최서원)의 것"이라고 국회의원들과 국민들 앞에서 공개 증언했던 장본인들이다. 제1태블릿'을 돌려주지 않으려 하는 윤석열, 한동훈의 무리한 행태는, 이들이 당시 국정감사에서 했던 증언의 핵심 근거였던 '정호성 진술'(이에 관해서는 뒤에 설명하겠다.)과 '독일 동선 일치'가 각각 필자와 미디어워치에 의해 모두 날조로 드러난 것과 무관치 않을 것이다.

'제2태블릿'은 반환소송 1심 과정에서 이미징파일을 받아내어 이에 대한 포렌식 감정을 통해 조작을 확정지을 수 있었다. 하지만, 안타깝게도 '제1태블릿'은 포렌식 감정을 하려면 관련 반환소송의 소송쟁점상 본체 기기를 반드시 반환받아야만 한다. 윤석열과 한동훈, 검찰은 끝까지 태블릿은 최서원 것이 아니라며 사안을 결국 대법원까지 끌고 갈 태세다.

그러나 이미 관련 재판이 벌어진 만큼 이 문제는 어떤 식으로든 매듭이 지어질 것이다. 어쩌면 '제1태블릿'은 필자의 태블릿 명예훼손 형사재판에서 먼저 이미징파일을 받아내 포렌식 감정을 할 수 있을는지도 모른다. 아니면 '제1태블릿' SKT 통신 신규계약서 조작 문제 관련 소송에서 조작이 먼저 공식 확정되면서 돌파구가 열릴 수도 있다.

필자가 태블릿 문제로 다음 책을 쓴다면, 그 내용은 '제1태블릿'에 대한 포렌식 감정 결과, 그리고 '제1태블릿' SKT 통신 신규계약서 조작 확정 결과에 관한 것이리라. 태블릿 조작 진상규명의 여정은 여기서 완전히 마무리될 것이다.

검찰 "최순실이 쓰던 태블릿 맞다"

JTBC

윤석열 서울중앙지검장

정호성씨 재판에선 본인이 증거 동의했고요.
그리고 그 태블릿이 최순실씨가 쓰던 태블릿이 맞다고···

검찰 "최순실이 쓰던 태블릿 맞다"

JTBC
뉴스룸

한동훈 서울중앙지검 3차장

그런 (최순실씨 독일·제주도 동선) 이유로
최서원이 사용한 태블릿 PC라고 저희는 판단···

윤석열 대통령과 한동훈 법무부 장관은 각각 서울중앙지검 지검장과 3차장 시절인 2017년 국회 국정감사에서 'JTBC 태블릿'(제1태블릿)은 최서원 씨의 것이라고 명확히 발언했었다. 이들은 정작 특검 당시 자신들이 수사를 담당한 기기인 '장시호 태블릿'(제2태블릿)에 대해서는 아무런 말도 하지 않았다.

'제2태블릿'(장시호 제출 태블릿) 조작 문제 일지

연도	월일	내용
2015	7.24.	특검 수사보고서 및 정례브리핑에서 적시된 최서원의 '제2태블릿' '최초' 사용일.
	8.14.	최서원 독일 출국.
	8.16.	'제2태블릿' 구미공장 출하. (모델명 : 갤럭시탭S2 SM-T815N0)
	8.18.	**'제2태블릿' 구매 및 최초 웹브라우저 사용. (와이파이(Wi-Fi) 통신)**
	9.11.	최서원 한국 입국.
	9.17.	**'제2태블릿' 유심 이동통신망 개통.**
	10.12.	'제2태블릿' 명의자 변경 및 요금제 변경. (특검의 '최종수사 결과'에 따르면 '태블릿 개통')
	10.20.	**홍모 씨의 자녀 장모 씨 유치원 문자 수신.**
	11.6.	**홍모 씨 명의 카드 사용 문자 수신.**
	11.25.	특검 수사보고서 및 정례브리핑에서 적시된 최서원의 '제2태블릿' '최종' 사용일.
2016	9.3.	최서원 독일 출국.
	10.24.	JTBC, 태블릿 특종 보도. ('제2태블릿'과는 다른 '제1태블릿'이며 당시에는 "PC"라고만 표현)
	10.26.	검찰, 최서원 소유 미승빌딩 압수수색.
		'제2태블릿' 통신 해지.
		해당 시점 전후, 장시호가 최서원 아파트 브라운스톤레전드에서 '제2태블릿' 발견. 장시호는 이를 아들 친구에게 전달. (이후 특검에서의 장시호 진술, 그리고 별도로 존재한다는 CCTV 기록에 따른 것)
	10.29.	**'제2태블릿' 앱 사용 기록.**
	10.30.	최서원 한국 입국.
		'제2태블릿' 앱 사용 기록.

연도	월일	내용
2016	11.3.	최서원 구속.
	11.17.	'국정농단' 수사 특검법 통과, 박영수 특검 임명.
	11.18.	검찰, 장시호 긴급 체포.
	12.1.	윤석열 검사, 수사팀장으로 특검 파견.
	12.5.	한동훈 검사, 특검 파견.
	12.7.	장시호, 국회 청문회에서 태블릿 관련 "(최서원은 태블릿을) 사용 하지 못하는 걸로 알고 있다" "사진찍고 하는 정도는 할 수 있어도 계정을 만들어서 뭘 하거나 메일을 열어보는 것은 못하는 걸로 안 다" 증언.
	12.9.	국회, 박근혜 대통령 탄핵소추안 가결.
	12.14.	특검 제4팀 구성. (윤석열(팀장), 한동훈, 강백신, 박주성 등)
2017	1.4.	특검 제4팀, 별도로 존재한다는 CCTV 기록으로 장시호 진술 종용. (장시호 피의자 신문조서 기록에 따른 것)
		'제2태블릿' 파일 생성 기록 110건.
	1.5.	**'제2태블릿' 파일 생성 기록 841건.**
		장시호, 피의자 조사 시작 직전(오후 2시경)에 최서원의 것이라며 '제2태블릿' 특검에 제출. (장시호 피의자 신문조서 기록, 이지훈 변호사의 법정 서면 증언에 따른 것)
		'제2태블릿' 잠금장치 '변경' 1차.
	1.6.	**'제2태블릿' 파일 생성 기록 10건.**
	1.10.	특검, '제2태블릿' 관련 '수사보고서' 작성.
		'제2태블릿'에서 프로그래밍 도구 ADB(Anroid Debug Bridge) 사용. (이후 2017.2.1. 까지 구동)

연도	월일	내용
2017	1.11.	특검, '제2태블릿' 관련 '정례브리핑'에서 이규철 대변인 "장시호로부터 최순실의 또 다른 태블릿을 제출 받았다. 최순실(최서원)이 사용하는 모든 스마트폰과 태블릿PC 잠금 패턴은 L자로 확인됐다. 2015년 7월부터 11월까지 사용된 기기로, 이미 정상적인 디지털 포렌식 절차를 밟았다" 공식 발표. (1.10. 오후에 이미 같은 내용으로 브리핑하고, 1.11. 에는 실물까지 공개)
		미디어워치, "특검이 최서원이 7월부터 사용했다는 '제2태블릿', 출시일은 정작 8월 10일" 특종보도. 특검이 개통자, 개통경위 조사도 하지 않은 사실에 대해서도 문제제기.
	1.25.	**'제2태블릿' 리커버리 모드 진입.**
		'제2태블릿' 잠금장치 '변경' 2차.
		특검 관계자 '제2태블릿'으로 사진 촬영 및 관련 파일 삭제.
	2.1	휴대폰 판매점 압수수색. (한달후 특검이 발표한 '최종수사 결과' 발표에서의 '태블릿 개통'과 관련)
		'제2태블릿' 잠금장치 '변경' 3차. **(이후 이러한 변경 내용을 알 수 없도록 관련 기록까지 삭제)**
	2.2.	'제2태블릿' 증거 봉인.
	3.6.	특검 '최종수사 결과' 발표.
	3.7.	변희재, 프레스센터에서 열린 '박영수 특검 및 검찰 특수본의 범법행위 및 인권침해 조사위원회'(약칭 특검조사위) 출범식에서 '제2태블릿' 조작 혐의 공식 제기.
	3.10.	헌법재판소, 박근혜 대통령 탄핵.
	3.31.	박근혜 전 대통령 구속.
	4.11.	특검, 최서원 관련 재판에서 "'제2태블릿'에 대해 디지털 포렌식을 한 자료가 있다"고 발표.
	4.24.	장시호, 최서원 관련 재판에 증인으로 출석해 "'제2태블릿'을 입수할 당시부터 잠금이 설정되어 있어서 특검 제출 전까지 태블릿 못 열어봤다"고 증언. 또한 "특검 제출 당시 갑자기 최서원이 써오던 잠금패턴이 L자 패턴이라는 사실이 떠올라 특검 조사 현장에서 이를 열어봤다" 증언.

연도	월일	내용
2017	10.23.	서울중앙지검에 대한 국정감사에서 윤석열 지검장 "정호성 씨 재판에서는 본인이 증거 동의를 했고요. 그리고 그 태블릿('제1태블릿')이 최순실 씨가 쓰던 태블릿이 맞다고 본인이 인정하면서 증거 동의를 그분이 하셨고, 적법하게 증거가 채택됐다" 발언. ('제2태블릿'에 대해서는 언급하지 않음.)
		서울중앙지검에 대한 국정감사에서 한동훈 3차장 "(최순실씨 독일·제주도 동선) 이유로 최서원이 사용한 태블릿PC('제1태블릿')라고 저희는 판단했다" 발언. ('제2태블릿'에 대해서는 언급하지 않음.)
2020	6.11.	최서원, 대법원에서 '국정농단' 관련 최종 확정 판결. (징역 18년) '이대 학사 비리' 관련 최종 학정 판결. (징역 3년)
2021	1.14.	박근혜, 대법원에서 '국정농단' 관련 최종 확정 판결. (징역 20년)
	8.26.	최서원, "특검에서 최서원 휴대전화 압수했고, 잠금패턴이 L자였다"는 허위보도 관련 각 언론사에 법적 조치 경고 내용증명 발송.
	9.7.	한국경제TV, 국제신문 정정보도. ("특검에서 최서원 휴대전화 압수했고, 잠금패턴이 L자였다"는 허위보도 관련)
	12.12.	최서원, 'JTBC 태블릿'(제1태블릿)과 '장시호 태블릿'(제2태블릿)에 대한 소유권 전제 안전보관 가처분 신청.
	12.30.	박근혜 전 대통령 특별 사면·복권 석방. 구속기간 총 5년 2개월.
2022	1.14.	최서원, '장시호 태블릿'(제2태블릿)에 대한 반환소송 본안 제기.
	1.18.	뉴시스 정정보도. ("특검에서 최서원 휴대전화 압수했고, 잠금패턴이 L자였다"는 허위보도 관련)
	2.15.	서울신문 정정보도. ("특검에서 최서원 휴대전화 압수했고, 잠금패턴이 L자였다"는 허위보도 관련)
	2.18.	최서원 태블릿(점유이전, 변개, 폐기 금지) 가처분 소송 전부 승소.
	3.16.	이데일리 정정보도. ("특검에서 최서원 휴대전화 압수했고, 잠금패턴이 L자였다"는 허위보도 관련)
	5.23.	법원, '제2태블릿'에 대한 감정 결정.

연도	월일	내용
2022	5.26.	최서원, L자 잠금패턴 등 '제2태블릿' 허위 수사결과 발표 관련해 박영수·이규철 상대 명예훼손 민사소송.
	7.11.	특검 보관 '제2태블릿' 법정에 제출.
		법원, '제2태블릿' 육안 검증.
		법원, '제2태블릿' 이미징파일 피고·원고에게 각각 교부.
	7.19	최서원 측 '제2태블릿' 이미징 파일 공식확보.
		사이버포렌식전문가협회(KCFPA) 포렌식 감정 시작.
	9.23.	변희재, 태블릿 반환소송과 관련 기계적 상소 거듭하고 있는 정영환 검사와 황호석 검사에 대한 '검사 징계 요구 진정서' 법무부에 제출.
		변희재, '제2태블릿' 입수 CCTV 증거 자료에 대한 열람복사를 불허 중인 성명불상 검사와 임진철 검사, 공수처에 고발.
	10.19.	법원, 검찰에 '제2태블릿' 관련 CCTV 기록 및 특검의 포렌식 자료 등 제출명령.
	11.29.	최서원 법률대리인 이동환 변호사, 태블릿 포렌식 감정 결과 기자회견.
		검찰, 임진철 검사 명의로 '제2태블릿' 관련 법원의 CCTV 기록 및 특검의 포렌식 자료 등 제출명령 거부.
	12.7.	최대집·안진걸·김용민·변희재, 윤석열·한동훈 태블릿 조작수사 관련 공수처 고발 기자회견.
	12.21.	변희재, '제2태블릿' 조작수사 관련 윤석열, 한동훈 등 관련 검사들 공수처 고발.

* 볼드체는 사이버포렌식전문가협회(KCFPA)의 포렌식 감정 결과를 기초로 확인된 사실.

제 3 부

태블릿 실사용자 및
조작주범
김한수라는 인물

JTBC, 태블릿 개통자 알려줬다는 대리점 끝내 숨겨

거듭 지적하지만 JTBC는 2016년 10월 24일에 태블릿 관련 첫 특종보도를 할 당시에 태블릿을 마치 일반 데스크톱PC인양 조작, 연출을 했다. 최서원에게 혼란을 줄 목적이었다고 밝혔으나, 그보다는 태블릿 개통자 김한수를 숨기는 것이 더 큰 이유였을 것이다.

만약 JTBC가 정직하게 태블릿을 입수했다고 보도했다면, 태블릿은 어떻든 모바일 기기인 만큼 개통자에 모든 초점이 맞춰질 수 밖에 없을 것이다. 개통자가 김한수라는 보도가 나가는 순간, 최서원이 찍혀있는 사진 2장 외에는 태블릿이 최서원 것이란 증거라고 내세울 것이 없는 JTBC로서는 "태블릿은 김한수의 것이 아닌가"라는 반박 여론을 막아내지 못했을 것이다.

이런 이유로 JTBC는 첫 특종보도 이후 이틀이 지나서인 10월 26일에야 개통자 김한수와, 또 김한수가 대표이사였던 마레이컴퍼니라는 회사 이름을 처음 공개했다.

하지만 검찰도 오히려 JTBC보다도 하루 늦은 10월 27일에 SKT로부터 받은 공문을 통해 개통자를 처음 확인했다는 점이 문제였다. JTBC는 검찰보다도 먼저, 개통자 명의가 일반인들은 전혀 알지 못하는 중소기업인 마레이컴퍼니였다는 사실, 이 회사의 대표이사가 김한수였다는 사실까지 정확히 알고 있었다.

일개 민간 언론사가 그저 우연히 습득했다는 타인의 모바일 기기 개통자를 검찰보다 먼저 알아낼 수 있는 방법은 없다. 단, 김한수 본인으로부터 태블릿과 개통자 정보를 직접 전해받았다면 가능한 일이다.

이를 파악한 김경재 당시 한국자유총연맹 총재는 2017년 1월 17일 오전 11시, 한국프레스센터 19층 기자회견장에서 JTBC와 김한수 전 행정관의 유착관계 의혹을 강력 제기했다.

이날 김경재 총재는 SKT가 검찰에 제출한 태블릿 개통자 확인 공문을 공개했다. SKT 공문에 기재된 수신일은 2016년 10월 27일이었다. 앞서 말했듯이 JTBC가 개통자를 김한수의 회사 마레이컴퍼니라고 보도한 시점은 이보다 앞선 26일이었다. 이동통신사가 적법한 절차 없이, 공적 기관도 아닌 JTBC 같은 제3자 사기업에 모바일 기기의 개통자를 함부로 알려줄 수는 없다.

기자회견에서 김경재 총재는 "SKT가 보낸 공문에도 '통신비밀보호법령에 의거 수사 또는 형의 집행, 국가안전보장에 대한 위해방지 목적으로 사용하셔야 합니다'라고 공지되어있다"면서 "만약 혹시라도 SKT가 미리 JTBC 측에 이를 누설했다면 SKT 담당자는 통신비밀보호법에 의해 7년 이하의 징역, JTBC 관계자는 5년 이하의 징역형을 받게 된다"고 설명했다.

우 100-711 서울특별시 중구 회계로 24 SK남산빌딩 4층 Tel 02)6060-0088 Fax 02)6333-3400

제공문서번호 :	PC617705394
시행일자 :	20161027
수 신 :	서울중앙지방검찰청
담 당 :	신동현 전 화 : 01027207416 회신방법 : KICS
제 목 :	제2016-12783호 요청 결과 통보

1. 기관문서번호   제2016-12783호   관련 첨부와 같이 자료를 통보합니다.
2. 회신자료는 통신비밀보호법령에 의거 수사 또는 형의 집행, 국가안전보장에 대한 위해방지 목적으로 사용하셔야 합니다.

※ 전달 사항 :

SKT가 검찰에 제출한 태블릿 개통자 확인 공문. 작성 일자가 2016년 10월 27일이다. 반면 JTBC가 김한수의 회사 마레이컴퍼니가 개통자라고 보도한 시점은 이보다 앞선 26일이었다. JTBC는 검찰보다 하루 먼저 개통자를 파악해 보도한 것이다.

답   JTBC에서 2016. 10. 20.에 태블릿PC를 가져왔고, 같은 달 24.에 검찰에 제출하
      였습니다. 그 사이의 기간에 김필준 기자에게 태블릿PC의 개통자를 확인해
      보라고 지시를 하니 김필준이 어디인지는 모르지만 SK텔레콤 대리점에 가서
      확인을 해 왔습니다. 그 결과 마레이컴퍼니로 확인되었고, 마레이컴퍼니가 어
      떤 회사인지 확인을 해보니 김한수 청와대 행정관 소유의 회사로 확인이 된
      것입니다. 그래서, 2016. 10. 26.에 태블릿PC가 김한수 행정관 소유의 회사에
      서 개통한 것으로 방송을 한 것입니다. 그 방송에서 구체적인 확인 과정에 대
      하여는 밝히지는 않았습니다.

문   JTBC에서 앞서 진술인이 진술한 개통자를 알게 된 경위에 대하여 방송 등 공
      개적으로 밝힌 적이 있는가요

답   없는 것 같습니다. 언론에서 취재원을 통해 공식적이든 비공식적이든 어떤 사
      실관계를 파악하면서 이에 도움을 주거나 협조한 취재원과 구체적인 취재방법
      을 외부에 공개하는 것은 취재윤리에 어긋날 수 있습니다. 그래서 외부에 공
      개하지 않고 검찰수사에게 조심스럽게 밝히는 것입니다.

손용석 당시 JTBC 특별취재팀장의 검찰 진술서. 김필준 기자가 방송사 인근의 통신사 대리점에서 개통자를 확인했다고 진술하고 있다.

결국 JTBC가 SKT로부터 불법으로 개통자 정보를 얻었다고 하지 않은 이상, 태블릿 개통자 본인인 김한수로부터 정보를 얻었다고 볼 수 밖에 없다. 애초에 미디어워치 측은 김한수가 자신의 친구인 JTBC 홍석현 회장의 장남 홍정도 사장에게 태블릿을 넘겨주었다고 추론하고 있었다. 당시 김한수는 '국정농단'의 주범으로 알려진 차은택의 회사에 정부 광고를 밀어주다가 배임 혐의에 걸려있었다.

이런 비리 혐의에도 김한수는 '국정농단' 관련자 중 거의 유일하게 구속은 커녕 검찰의 수사조차 피해갔다. 김한수의 비리를 봐주는 대가로

JTBC, 검찰, 특검 등이 김한수로부터 태블릿을 넘겨받은 게 아니냐는 의문이 제기될 수 밖에 없다.

JTBC가 검찰보다 먼저 개통자를 알게 된 경위에 대해 JTBC 손용석 팀장과 김필준 기자는 JTBC 방송사 인근의 통신사 대리점에서 확인했다고 주장했다. 하지만 이는 현실적으로 불가능에 가깝다. 실제로 SKT도 필자의 태블릿 명예훼손 형사재판 1심 재판부에 "제3자가 대리점에서 개통자를 확인하는 것은 불가능하다"라는 답변서를 보내오기도 했다.

문제는 검찰이다. JTBC가 개통자를 어떻게 확인했느냐에 따라 이 사건의 본질이 결정날 사안이었다. 그럼에도 불구하고 검찰은 JTBC가 인근 대리점에서 개통자를 확인했다는 김필준 기자의 진술에 대해 아무런 검증도 하지 않았다. 또한 김필준 기자는 필자의 형사재판에 증인으로 나와 "취재원 보호 문제로 답변하지 않겠다"며 이와 관련한 구체적인 경위에 대해서도 침묵으로 버텼다.

어처구니 없게도 태블릿 명예훼손 형사재판 1심에서 우리법연구회 출신 박주영 판사는 검찰이 관련 수사를 포기하고 또 고소인 측이 관련 증언조차 포기한 이 개통자 확인 경위 사안은 아무런 문제도 되지 않는다는양 무시해버리고 미디어워치 측에 유죄를 선고했다. 당시 박 판사는 김필준 JTBC 기자가 우연히 L자를 그어서 태블릿의 잠금을 해제했다고 한 것을 미디어워치가 믿을 수 없다고 시비를 했던 사안도 "14만분의 1의 확률이라도, 그것만으로 함부로 의혹을 제기해선 안 된다"고 역시 유죄 명분으로 삼았다.

태블릿 조작을 주도한 검찰이 아니라, 공정한 수사기관이 이 문제로 재수사를 한다면, JTBC가 어떤 경로로 개통자를 알아냈는지 확인하여 이것만으로 태블릿 조작 사건의 진상규명은 끝날 수도 있었다. 만일 JTBC의 주장과는 달리, SKT 대리점에서 불법으로나마 개통자를 확인했다는 것이 사실이 아니라면, 결론은 하나뿐이기 때문이다.

즉, 이 사건은 JTBC가 김한수로부터 태블릿과 함께 관련 모든 정보를 넘겨받고서 모든 것을 최서원의 것으로 조작, 연출한 사건인 것이다.

우 100-711 서울특별시 중구 을지로 65 SK빌레콤   Tel 02-6060-0088   Fax 02-6333-3400

문서번호 : SKB15901654
시행일자 : 2018년 11월 23일
수　신 : 서울중앙지방법원
담　당 : 형사13단독　　　　　　　　　전화 :　　　　　　　회신방법 : 우편
제　목 : 2018고단3660 요청 결과 통보

1. 문서번호　2018고단3660　관련
2. 위 관련 요청하신 결과자료를 다음과 같이 통보합니다.

> 1. 과거의 위치정보는 수집하지 않아 이력 없습니다.
> 2. 태블릿pc관련 검찰,특별검사팀 제출한 사실 없습니다.
> 3. 개통자 명의를 특정하여 조회할수 없습니다.
> 4. 제3자가 개통자(명의) 확인요청시 대리점에서 조회 불가능합니다.

SKT가 태블릿 명예훼손 1심 재판부에 보내온 회신. SKT는 태블릿 위치정보와 관련한 내용을 검찰과 특검에 제출한 사실이 없으며, 개통자 명의를 대리점에서 조회하는 것은 불가능하다고 밝혔다.

2013년 초 김한수가 들고 다녔던 하얀색 태블릿의 정체는?

필자는 김한수 당시 청와대 행정관과 공적으로 알고 지내던 관계였다. 필자가 2012년 대선 직전 NLL 문제로 열린 사망유희 토론에서 진중권을 압도한 뒤, 박근혜 캠프에서는 감사의 메시지를 보내왔다. 얼마후 대선에서 승리한 뒤에도 박 대통령 측에서는 필자에게 다시 자문을 요청해왔다.

당시에 필자는 "포털의 언론장악을 막아야 한다"며 관련 담당자를 소개해달라고 했고, 그때 나타난 인물이 김한수 뉴미디어 국장이었다. 이후 필자는 보수 인터넷신문사 연합체였던 한국인터넷미디어협회 회장으로서, 김한수와 한 달에 한 번 정도 간담회를 하게 됐다.

하지만 당시 김한수는 인터넷 미디어 정책에 대해 아무런 지식이 없었고 관심도 없었다. 대체 이런 인물이 어떻게 청와대에 들어왔는지 이해가 안 되어 그 배경에 대해 물어봤더니, 자신의 부친과 장인이 박 대통령의 오랜 후원자여서 그 추천으로 청와대에 들어왔다고 설명했다.

당시 김한수는 하얀색 태블릿을 늘 들고 다녔다. 그때만 해도 태블릿이 그리 보편화되지 않아 필자의 눈에 띄었다. 김한수는 저녁 식사 자리에서도 태블릿으로 카톡에 접속해 청와대 미디어팀과 업무 지시를 주고받았다. 이와 관련하여 JTBC 측은 태블릿 보도를 한지 약 2주 후인 2016년 11월 7일 <최 씨 사단 '청와대 뉴미디어실' 카톡…'극우 글' 보고>에서 다음과 같이 보도했다.

손석희 앵커   대선 캠프에서 이런 활동을 한 것도 문제의 소지는 충분해 보이는데요. 더 큰 문제는 이들이 청와대까지 들어가서 역시 비슷한 일을, 지금까지도 하고 있다는 겁니다. 이른바 최순실 사단의 핵심인물들이 모여있던 곳이 바로 청와대 뉴미디어 정책실인데요. 뉴미디어정책실의 업무 내용이 담긴 카카오톡 내용을 JTBC가 입수했습니다. 극우성향의 인터넷 게시글이 실시간으로 보고되고, 이런 글을 퍼뜨리라고 지시하는 내용까지 담겨있었습니다. 이서준 기자의 단독보도입니다.

이서준 기자　카카오톡 창에 정권 비판 인사에 대한 인터넷 기사가 올라옵니다. 기사를 확산시키라는 지시가 뒤따릅니다. JTBC가 입수한 청와대 뉴미디어정책실 인터넷 모니터링팀의 카카오톡 단체창입니다. 각종 인터넷 기사와 SNS, 여러 커뮤니티 사이트와 포털사이트 게시글 등을 실시간으로 보고합니다. 특히 극우 성향의 사이트 게시글이 잇따라 카톡창에 보고됩니다. 꺽쇠 표시를 하고 내용을 정리하는 등 보고 양식도 정해져 있고 관심을 끄는 글은 조회수와 함께 보고됩니다. 특히 극우 성향 사이트에 올라온 북한 관련 글들도 카톡창에 올라옵니다. 노무현 전 대통령을 희화화 하는 글까지 보입니다. 야당을 비하하는 은어와 함께 북한을 찬양하는 역적들이라고 말하는 내용도 포착됐습니다. 이렇게 카카오톡 창에 올라온 모니터링 내용을 정리한 결과는 뉴미디어정책실 선임 행정관 김한수씨에게 전달됐습니다. 김 씨는 최순실씨의 태블릿PC를 개통해 준 인물입니다.

JTBC가 화면에 소개한 카톡방 화면은, 누군가로부터 파일로 제보받은 게 아니다. 그랬다면 화면이 매우 선명했을 것이다. 흐릿한 화면이 마치 태블릿 화면을 카메라로 찍어 올린 것처럼 보였다. 즉 JTBC가 입수했다는 그 태블릿에서 카톡방을 확인, 사진으로 찍어 보도한 것일 수 있는 것이다. 그리고 그 태블릿은 2013년 박근혜 정권 초기 시절, 김한수가 늘 들고 다닌 하얀색 태블릿, 청와대 직원들과 카톡으로 업무 지시를 주고받은 그 태블릿일 것이다. 실제 JTBC가 입수한 태블릿도 하얀색임이 밝혀졌다.

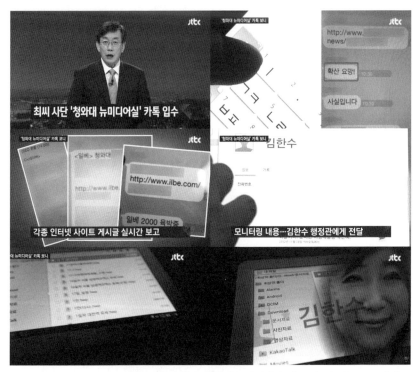

JTBC 뉴스룸 2016년 11월 7일자 <최 씨 사단 '청와대 뉴미디어실' 카톡…'극우 글' 보고>에서 보도한 채팅방 화면은 태블릿에 저장된 채팅방일 가능성이 있다.

2017년 11월 9일, 최서원 1심 법정에서 처음 공개된 JTBC 태블릿 실물. 이후 태블릿은 국과수 포렌식을 거친 뒤 법원에서 보관하다가, 대법원 확정 판결 이후로는 서울중앙지검이 보관하고 있다.

청와대 뉴미디어팀의 내부 카톡은 청와대 내 기밀정보다. 이 정보가 JTBC로 새나갔다면 당연히 청와대는 기밀유출 경위를 조사해야 한다. 문제는 그 기밀유출 경위도 김한수 혹은 청와대 공범들이 조사했다는 것이다. 그들은 평소 업무지시에 불만을 품은 젊은 인턴 직원이 빼돌려 JTBC에 제보했다고 정리했다. 그러나 앞서 말한 대로, 화면의 선명도로 봤을때 캡처한 파일로 볼 수 없었다. 또한 청와대 인턴 직원이 실제 내부 정보를 빼돌렸다면, 민정수석실 차원에서 조사, 형사처벌까지 시켜야 했다. 하지만 당시 청와대는 김한수와 공범들의 일방적인 주장에 별다른 문제제기도 하지 않고 그냥 넘어간 것으로 파악된다.

당시 김한수와 함께 근무한 청와대 직원들은 해당 인턴 직원의 신원을 알고 있다. 지금이라도 인턴 직원을 조사한다면, 예기치 않은 곳으로 태블릿의 진실이 확인될 수 있다. 상식적으로 업무 지시에 불만이 있다고 해서 처벌의 위험을 감수하고 청와대 기밀자료를 언론사에 넘겨 인생을 망칠 젊은 직원이 있겠는가.

이것이 확인된다면, JTBC가 공개한 청와대 뉴미디어실 카톡방은 JTBC가 입수했다는 태블릿에서 나왔을 것이고, 그 태블릿은 2013년 필자가 목격한 김한수의 태블릿인 것으로 입증될 것이다.

2016년 12월 14일, 미디어워치의 김한수 인터뷰, 드러난 결정적 거짓말

김한수에 대해 태블릿 관련 의혹이 계속 제기되고, 국회 청문회에서도 증인으로 채택되자, 2016년 12월 14일 김한수는 필자에게 연락을 취해왔다. 그러면서 자연스럽게 전화 인터뷰를 하게 됐다.

문> (변희재) 2016년 10월 29일, 당신이 검찰에 조사받을 때 "이춘상 보좌관에게 주었다"고 진술한 것으로 보도되었다. 사실인가?

답> (김한수) 맞다. 이춘상 보좌관에 주었다고 진술했다.

문> 그럼 왜 2016년 11월 11일에 SBS 등 언론사들이 검찰발 보도로, "태블릿PC를 이춘상 보좌관에 주었다는 김한수 전 행정관의 말은 거짓말이다. 김한수 전 행정관은 2012년 6월 22일에 태블릿 개통을 했고 6월 23일에 최순실의 생일선물로 주었다"고 일제히 알렸나. 이건 어떻게 된 건가.

답> 나도 이해가 안 된다. 검찰에서 흘린 것 같지도 않다. 나는 특검에 가서 검찰에서 진술한 그대로 설명하겠다.

SBS는 김한수가 검찰 조사를 받은 이후인 2016년 11월 11일자로 기묘

한 보도를 하나 내보냈다. 김한수는 태블릿을 이춘상 보좌관에 줬던 것이 아니라, 태블릿 개통을 하고서 바로 다음날 최서원에게 생일선물로 줬다는 것이다. 이 보도는 검찰에서 나름대로 다른 시나리오를 써서 방송사에 흘린 후에 아귀가 잘 맞지 않자, 그대로 폐기시킨 것으로 보인다.

문> 왜 이춘상 보좌관에게 주었나?

답> 당시 대선 준비로 다들 바쁠 때이고, 태블릿PC 정도는 필요하다고 생각해 회사인 마레이컴퍼니 명의로 구입해서 그대로 이춘상 보좌관에게 주었다.

문> 개통은 누가했나?

답> 마레이컴퍼니가 맞을 거다.

문> 그럼 이용요금도 마레이컴퍼니가 계속 냈을 것 아닌가?

답> 그걸 확인해보려 했는데 전화번호를 몰라 확인을 못했다

하지만 김한수는 2012년 6월 태블릿 개통 시점부터, 2016년 12월 JTBC가 태블릿을 보도하던 그 순간까지 자신의 개인명의로 통신 요금을 납부하고 있었다. 이때부터 김한수는 요금납부 문제를 포함, 중요 사안에 대해 필자 등에게 거짓말을 하고 있었던 것이다.

문> 상식적으로 마레이컴퍼니 명의로 개통했으니 마레이컴퍼니가 요금을 지불했을 것 아닌가? 그리고 이 모든 걸 다 검찰이 확인했을 것 아닌가.

답> 그건 모르겠다.

검찰은 이미 김한수를 소환 조사하면서 김한수 개인이 꾸준히 요금을 납부하고 있던 것을, 마치 마레이컴퍼니 법인에서 요금을 납부해온 것처럼 증거를 조작했고, 김한수에게 위증교사까지 했다. 김한수는 이를 뻔히 알고도 거짓말을 했던 셈이다.

> **문>** 이춘상 보좌관이 태블릿PC를 받은 뒤 사용하는 걸 본 적 있는가?
> **답>** 그 뒤로 본 적이 없다.
> **문>** 검찰은 태블릿PC를 이춘상 보좌관은 물론, 정호성, 이재만, 안봉근 3인방이 함께 썼다는데 맞나?
> **답>** 모르겠다.

검찰은 당시 청와대 인사들이 함께 쓴 태블릿이라는 말까지 슬쩍 흘리기도 했는데, 실제로 김한수, 김휘종 등이 썼을 증거가 워낙 많아서 검찰에서도 '최서원 것'이라기보다 '청와대 공용 태블릿'이라는 가정을 했던 것으로 보인다.

> **문>** 이춘상 보좌관이 최순실(최서원)에게 태블릿PC를 주었나?
> **답>** 당연히 모른다.

김한수는 검찰 수사 단계까지는 이춘상 보좌관에게 태블릿을 준 뒤에는 문제의 태블릿을 본 적이 없다고 진술했다가, 특검에 불려가서는 2012년 가을경에 이춘상 보좌관과 동행한 중식당 식사 자리에서 최서원이 그 태블릿을 가방에 넣는 것을 봤다고 말을 바꾸었다. 그러나 실제로는 그 시기에 태블릿은 요금 미납으로 이용정지 상태였고, 11월 대선기간이 되자 김한수는 이용정지된 태블릿을 다시 쓰기 위해 미납된 요금을 직접 한꺼번에 납부한 것이 진실이었다. 당연히 태블릿은 김한수 본인이 사용 중이었다.

문> 최순실을 잘 아는가?

답> 언론에 보도된 대로, 최순실의 외조카 모씨와 친구 사이일 뿐이다.

문> JTBC는 최순실 태블릿PC에 김한수 행정관의 전화번호가 저장되어있고, 카톡으로 연결되어있다며 친밀한 사이로 설명했다. 최순실과 전화통화나 카톡을 하는 사이인가?

답> 그런 관계 아니다.

이 역시 나중에 특검에 불려가서는, 2012년 대선 직후에 최서원이 자신에게 전화를 걸어와 "태블릿은 네가 만들어주었다면서?"라고 말했다며 또 말을 바꾸었다.

문> 그럼 최순실 PC에 김한수 행정관 전화번호가 어떻게 저장되었는가?

답> 잘 모르겠지만, 내가 이춘상 보좌관에 주었기 때문에, 이춘상 보좌관이 저장하지 않았을까 추측한다.

JTBC가 김한수의 카톡 계정이라고 보도한 닉네임 '한팀장'은 임태희 캠프의 공식 카톡으로 드러났고, 독일에서 최서원이 보낸 메시지를 받은 최서원 직원의 카톡 계정도 검찰의 발표와는 달리 실제로는 김한수가 2012년 당시에 쓰던 개인 휴대폰 번호와 연결되는 카톡 계정인 것으로 드러났다. 이처럼 태블릿에 저장된 김한수의 카톡 계정, 전화번호 등은 모두 김한수나 김한수와 관련된 인물이 태블릿을 썼다는 증거로 확인됐다.

> **문>** 최순실과 카톡으로 연결되어있는가?
> **답>** 잘 기억이 안 난다.

김한수는 법정 증언에서 최서원과 카톡으로 연결된 바 없다고 명확하게 진술했다. 실제 연결된 바가 없기 때문에, 연결되었다고 진술했다면 위증이 되었을 것이다.

태블릿 요금납부자, 실사용자 김한수로 밝혀져

태블릿 명예훼손 항소심 형사재판을 받던 중인 2020년 3월 24일, 필자는 국회에서 '태블릿 실사용자는 김한수 당시 청와대 뉴미디어 국장'이라는 내용으로 기자회견을 했다. 검찰이 은폐한 2012년의 수수께끼를 드디어 풀었던 것이다.

2012년 가을에 이용 정지된 태블릿의 밀린 요금을 납부하고, 이용 정지가 풀리자마자 직접 사용한 주인공은 바로 김한수였다. 김한수가 태블릿의 실사용자라는 결정적인 증거였다. 2016년 10월 24일, JTBC가 정체불명의 태블릿을 들고 나와 '비선실세' 최서원이 '국정농단'을 위해 사용한 태블릿이라고 전 국민을 속인 지 4년만이었다.

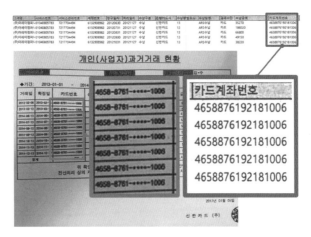

김한수가 요금미납으로 이용 정지된 태블릿을 다시 사용하고자, 2016년 11월 27일 자신의 개인
카드(신한카드)로 연체 요금을 한꺼번에 납부한 사실이 SKT 사실조회로 밝혀졌다.

애초에 태블릿은 김한수가 개통자이기 때문에 김한수의 것으로 추정
하는 게 상식이었다. 그러나 JTBC의 김한수 관련 보도 논조와 마찬가지
로, 검찰과 특검도 태블릿을 수사하면서 철저히 김한수를 배제했다.

JTBC는 2016년 10월 26일에 자신들이 입수하여 보도한 '최순실 태블
릿PC'의 개통자가 현직 청와대 뉴미디어국 국장 김한수라고 보도했다.
최서원의 태블릿에 현직 청와대 행정관까지 연관돼 있으니 그녀는 비선
실세가 틀림없다는 논조였다. 이러한 논조는 '혹시 태블릿은 김한수가 사
용한 것이 아닐까'하는 당연한 의혹을 조기에 차단하는 효과를 낳았다.

태블릿 조작의 주범은 검찰

JTBC로부터 바톤을 이어받아 이번에는 검찰이 김한수를 실사용자에

서 배제하고 나섰는데, 그 근거는 태블릿 통신요금의 '2012년 법인카드 자동이체' 알리바이였다. 김한수는 2013년, 청와대에 합류하기 이전까지 대형마트에 문구류를 납품하는 회사 마레이컴퍼니의 대표이사를 지냈다. 그는 청와대로 들어가면서 대표이사 자리를 직원 김성태에게 넘겼다.

검찰과 특검은 "마레이컴퍼니가 법인카드로 태블릿 요금을 자동이체 납부했기 때문에, 단순히 개통자일 뿐인 김한수는 요금 납부 내용을 모르고 지냈고, 태블릿PC는 죽은 이춘상 보좌관을 통해 최서원에게 전달됐다"는 알리바이를 지어냈다.

한마디로 "김한수는 개통자일 뿐 실사용자는 아니다"라는 것이다. 당시 필자는 이러한 알리바이에 의문을 제기한 죄로 OECD 주요 국가의 언론인으로는 최초로 사전 구속되어 1년간 구속재판을 받아야 했다.

그러나 태블릿 조작설을 퍼뜨려 JTBC의 명예를 훼손했다며 필자와 미디어워치 기자들을 기소한 태블릿 형사재판에서 거꾸로 검찰과 특검, 김한수의 거짓말은 덜미를 잡히고 말았다. 검찰 측 서류를 보니 김한수를 실사용자에서 배제한 법인카드 자동이체 알리바이의 근거라는 것이 단지 김한수의 진술과 SKT 신규계약서뿐이었다.

미디어워치는 태블릿 명예훼손 형사재판 항소심에서, 계약서에 요금 납부자로 기재된 마레이컴퍼니 법인카드 운용사 하나카드(구 외환카드)에 사실조회를 신청했고, 하나카드의 답변은 예상대로였다. 마레이컴퍼니의 법인카드에서는 요금이 단 1원도 납부된 적이 없었다. 결국 SKT에 대한 추가적인 사실조회를 통해 태블릿 요금은 처음부터 끝까지 김한수의 개인 신용카드로 납부된 사실이 밝혀졌다.

태블릿 조작 사건은 단순히 언론사의 조작 보도 차원이 아니었다. 조작의 주범은 검찰이었다.

2012년 11월 27일, 태블릿 이용정지를 해제한 김한수

'JTBC 태블릿'은 2012년 6월 22일 개통한 뒤, 한 번도 요금이 납부되지 않아 같은 해 9월부터 이용 정지가 되었다. 연체 3개월로 이용 정지된 후에도 태블릿은 80여 일 더 방치됐다.

그러다가 2012년 11월 27일 오후 1시경, 이용 정지가 해제됐다. 이용 정지를 직접 해제한 사람은 다름 아닌 김한수였다. 그는 이날 태블릿의 전원을 켜고 이용 정지된 것을 확인하고는 ARS를 통해 밀린 요금 375,460원을 자신의 개인 신용카드로 일시불로 납부했다. 태블릿의 요금을 ARS로 납부하기 위해선 가입자 본인이어야 할 뿐만 아니라 가입 전화번호 등 기본 정보를 알고 있어야 한다. 태블릿을 구입하자마자 이춘상 보좌관에게 넘겨줘서(이후 이 보좌관은 교통사고로 고인이 된다.) 자신은 번호조차 모른다던 김한수와 검찰, 특검의 주장은 이로써 명백한 거짓이 되고 만 것이다.

2012년 11월 27일 대선 유세 첫날, 홍보담당자 김한수의 태블릿 사용기록

시간	기록
오후 1:00경	이용정지된 채 방치된 태블릿을 3달 만에 다시 켬
1:00~1:11경	개인 신용카드로 연체요금 37만 5,460원 ARS 납부
1:11:11	태블릿으로 "정지가 해제되었습니다" 문자메시지 수신
1:13:42	태블릿으로 '1일차 대전역 유세.hwp' 문서 다운로드
1:15:23	태블릿으로 '한글뷰어' 앱 설치
1:15:50	태블릿으로 '1일차 대전역 유세.hwp' 문서 열람
1:45:23	태블릿으로 포털사이트 '다음'에 로그인 후 이메일 확인
3:27:05	동아닷컴 뉴스검색 <박근혜 눈 촉촉해지면…TV토론 대본유출?>
3:27:33	한겨레 뉴스검색 <박근혜 "가계부채 우선해결"…70분동안 준비된 답변>
3:28:54	블로그검색 <박근혜 "대통령직 사퇴한다" 운명의 예고인가>
3:29:16	블로그검색 <역사상 최초 '찾아가는 법정' 전남고흥에서 오늘>
4:19:00	자신의 딸 사진1 캐시에 저장됨
4:19:12	자신의 딸 사진2 캐시에 저장됨
4:19:12	자신의 딸 사진3 캐시에 저장됨

김한수가 밀린 요금을 납부하자 SKT는 오후 1시 11분 11초에 '이용 정지가 해제되었다'는 문자 메시지를 태블릿으로 보냈다. 김한수는 문자 메시지 수신 2분만인 오후 1시 13분 42초에 '1일차 대전역 유세.hwp' 파일을 다운로드한다. 오후 1시 15분 23초에는 한글뷰어 앱을 설치했고, 오후 1시 15분 50초에 '1일차 대전역 유세.hwp' 파일을 한글 뷰어 앱으로 열람했다. 오후 1시 45분 48초에는 포털사이트 다음에 로그인한 후 이메

일을 확인한 기록 등이 남아 있다.

　참고로 김한수와 최서원은 한 번도 카톡이나 SNS를 통해 연락을 주고 받은 적이 없다. 김한수의 일방적 주장으로도 최서원과 처음 전화통화를 한 건 이춘상 보좌관이 사망한 2012년 12월이 되어서였다. 즉, 김한수가 2012년 11월에 태블릿을 켠 뒤 밀린 요금을 완납하고 이용 정지가 풀리자마자 2분 만에 태블릿을 사용했다는 것은, 당시 김한수의 손에 태블릿이 있었다는 의미다. 연락한 적도 없는 최서원에게 태블릿이 있었다면 불가능한 행적이다.

　2012년 11월 27일은 제18대 대선 박근혜 후보의 공식 유세 첫날이었다. 대선 캠프에서 SNS 홍보팀장이던 김한수가, 그동안 방치하던 태블릿을 다시 꺼내 밀린 요금을 낸 뒤, 곧바로 유세 첫날 업무에 사용했다는 명확한 증거다. 박근혜 당시 대통령 후보는 이날 대전역 유세로 첫 선거 일정을 시작했다. 김한수가 태블릿으로 '1일차 대전역 유세.hwp'를 다운로드한 게 우연이 아니었던 것이다.

　홍보팀장인 김한수는 이날 뉴스 검색과 동향을 파악하는 데에도 태블릿을 사용했다. 김한수는 오후 1시 45분 23초에는 태블릿으로 포털사이트 '다음'에 로그인해 이메일을 확인했다. 오후 3시부터는 후보자와 관련된 뉴스와 블로그를 검색했다. 김한수는 오후 3시 27분 5초 동아닷컴의 뉴스 <'박근혜 눈 촉촉해지면…' TV토론 대본 유출?> 기사를 검색했다. 이외에도 1분 간격으로 뉴스와 블로그를 4건 더 검색했다.

　이날 오후 4시 19분에는 최서원의 태블릿이라면 절대 나올 수 없는 김한수의 딸 사진 3장이 카톡 캐시에 저장됐다. 검찰은 훗날 태블릿에서 방대한 양의 카톡 흔적을 지웠지만, 김한수가 딸 사진을 카톡 프로필로 사용했던 캐시 기록은 미처 지우지 못했던 것 같다.

검찰과 김한수의 알리바이 모두 무너져

이러한 사실관계는 그동안의 JTBC 보도와 검찰·특검의 수사 결과, 박근혜 대통령 재판 1심 판결, 그리고 필자의 태블릿 명예훼손 재판 1심 판결을 모두 뒤집는 사실관계였다. 태블릿은 개통 직후인 2012년 6월부터 '최서원이 실사용자'라는 것이 지금까지 법원에서 인정됐던 주장이었다.

JTBC와 검찰, 특검은 ▶최서원 셀카 사진(2012.6.25) ▶독일 영사콜 문자 메시지 수신(2012.7.15) ▶이병헌(김한수의 고교 동창)에게 보낸 '서둘러서 월,화에 해라' 카톡 메시지(2012.7.15) ▶김한수에게 보낸 '하이'라는 카톡 메시지(2012.8.3) ▶제주 서귀포 위치정보(2012.8.14) 등을 최서원이 사용한 근거로 제시했다. 모두 2012년도 기록이다.

이를 토대로 2014년 4월까지 2년 가까운 기간 태블릿을 실제 사용한 사람은 최서원이고, 이 기간 태블릿에 저장된 모든 대선 캠프 문서와 청와대 문서, 대통령 연설문 등은 최서원이 미리 건네받은 문건으로 간주됐다. 태블릿에 다운로드된 드레스덴 연설문을 최서원이 직접 수정했다는 주장도 인정됐다. 이러한 정황들을 근거로 마치 태블릿이 청와대를 조종하는 리모컨처럼 그려졌고, 최서원은 '국정농단'을 했다는 것이 JTBC와 검찰의 논리였다.

하지만 최서원이 태블릿을 사용했다는 기간(2012년 6월 ~ 2014년 4월)에 해당하는 2012년 11월 27일, 김한수가 직접 이용 정지를 해제하고 태블릿을 사용한 기록까지 확인되면서, JTBC와 검찰이 주장했던 논리와 근거는 모래성처럼 무너지고 말았다.

김한수가 2017년 9월 29일, 박 대통령 1심 재판에서 했던 증언들도 위증(僞證)으로 결론이 났다. 당시 김한수는 "태블릿PC를 이춘상 보좌관에게 전달한 이후에는 태블릿PC 자체를 아예 인지하지 못하고 선거 기간에 너무 정신이 없었기 때문에 그와 관련된 생각(요금 납부)을 다시 해 본 적이 없다"고 주장했다. 또 "개통 이후로 (태블릿을) 만져본 적도 없고, 사용한 사실도 없다"며 "태블릿PC가 어떻게 사용되었는지 아는 바가 전혀 없다"고도 증언했다.

김한수가 "2012년 가을경 서울 압구정동 중식당에서 최서원이 흰색 태블릿PC를 가방에 넣는 것을 본 사실이 있다"고 증언한 것도 사실상 위증이다. 2012년 가을에 태블릿은 이용 정지(9월 10일~11월 27일) 상태였기 때문에 인터넷도, 문자도, 전화도 되지 않는 태블릿을 최서원이 집밖에서도 끼고 다니며 사용했다는 말은 거짓말이 된다.

김한수, 검찰과 특검이 불러준 대로 위증

이처럼 명백한 거짓으로 드러난 '마레이컴퍼니 자동이체 요금 납부' 알리바이는 2016년 10월 29일, 김한수의 제1회 검찰 진술조서에 처음 등장한다.

이날 서울중앙지검 김용제 검사는 김한수 청와대 행정관을 '최순실 국정농단 사건' 관련 참고인으로 처음 불렀다. 조사는 오후 1시 55분부터 시작해 오후 9시 15분에 조서 열람이 끝났다. 조서 열람에는 25분(오후 8시 50분~9시 15분) 밖에 걸리지 않았으므로 순수한 질의응답에만 7시간 가까이 걸렸다는 의미다.

오랜 조사 시간에 비해 진술조서는 단출하다. 조서는 총 19장이지만 검찰과 진술인의 서명 페이지와 수사 과정 확인서를 제외하면 진술 내용에 해당하는 건 17장이 전부다. 태블릿 요금과 관련된 이날 검찰과 김한수의 문답을 보면, 당시까지 김한수는 태블릿 요금 납부에 관해서는 전혀 모른다는 데 초점이 맞춰져 있었다.

김 검사는 "해당 태블릿PC는 선거가 끝난 후에도 최근까지 계속 개통 상태였고 주식회사 마레이컴퍼니에서는 진술인이 퇴사한 후에도 계속 요금을 부담하였던 것으로 보인다"며 "그 경위가 어떻게 된 것이냐"고 물었다.

마레이컴퍼니가 계속 요금을 지불하고 있다는 것을 이미 검찰에서 확인했다는 뉘앙스다. 김한수는 "저도 까맣게 잊고 있어서 전혀 몰랐습니다"라며 "제가 회사를 퇴사한 후에도 회사에서 제게 해지 요청을 한 사실도 없었습니다"라고 대답했다.

이어 검사는 "마레이컴퍼니는 어떻게 운영되고 있나요?"라고 묻는다. 마레이컴퍼니가 요금을 계속 납부하고 있다는 걸 몰랐다는 김한수의 대답을 얻었으니 김한수와 마레이컴퍼니의 관계를 파악하기 위해 추가 질문을 던진 것이다.

김한수는 한마디로 '전 아무것도 몰랐어요'라는 취지로 대답한다.

저는 계속 문구류 납품업을 하고 있는 것으로 알고만 있습니다. 방송에 태블릿PC 문제가 나가기 전에 제가 그 사실을 알게 되었는데 현재 대표인 김성태에게 전화로 '태블릿을 언제 해지한 것이냐. 통신사에 확인을 해달라' 라고 요청한 적이 있는데 김성태가 확인 후 하는 말이 통신사에 알아보았더니 '전화번호를 말해야 알려줄 수 있다는데 전화번호를 알 수 없어 확인이 어렵다'고 하였습니다. 저도 그 태블릿PC 전화번호를 모르는 상태라 결국 확인할 수 없었습니다.

김용제 검사는 다시 한번 김한수는 태블릿 요금과 관련이 없다고 강조하려는 듯 "김성태는 왜 진술인이 퇴사한 후에도 계속 통신요금을 부담하고 있었다고 하던가요?"라고 질문했다. 이에 김한수는 "제가 (김성태에게) 그런 질문은 하지 않았고, 김성태도 저에게 그에 대해서는 이야기하지 않았습니다"라고 답한다.

근무하였습니다.

문　이춘상 보좌관이 진술인이 만들어준 태블릿을 사용하는 것을 본 적 있나요

답　저는 보지 못하였습니다.

문　해당 태블릿PC는 선거가 끝난 후에도 최근까지 계속 개통 상태였고, 마레이컴퍼니㈜에서는 진술인이 퇴사한 후에도 계속 요금을 부담하였던 것으로 보이는데, 그 경위가 어떻게 되나요

답　저도 까맣게 잊고 있어서 전혀 몰랐습니다. 제가 회사를 퇴사한 후에도 회사에서 제게 해지 요청을 한 사실도 없었습니다.

문　현재 마레이컴퍼니㈜는 어떻게 운영되고 있나요

답　저는 계속 문구류 납품업을 하고 있는 것으로 알고만 있습니다. 방송에 태블릿 PC 문제가 나가기 전에 제가 그 사실을 알게 되어 현재 대표인 김성태에게 전화로 '태블릿을 언제 해지한 것이냐, 통신사에 확인을 해달라'라고 요청한 적이 있는데, 김성태가 확인 후 하는 말이 통신 사에 알아보았더니 '전화번호를 말해야 알려 줄 수 있다는데 전화번호를 알 수 없어 확인이 어렵다'고 하였습니다. 저도 그 태블릿PC 전화번호를 모르는 상태라 결국 확인할 수 없었습니다.

문　김성태는 왜 진술인이 퇴사한 후에도 계속 통신요금을 부담하고 있었다고 하던가요

답　제가 그런 질문은 하지 않았고, 김성태도 저에게 그에 대해서는 이야기하지 않았습니다.

문　김성태는 진술인과 어떤 관계인가요

(진술조서 제1회)

- 12 -

1429

서울중앙지검 김용제 검사는 검찰 조사 당시까지도 마레이컴퍼니가 요금을 계속 내고 있는 걸 확인했다는 뉘앙스로 허위의 내용으로 질문하고, 이에 김한수도 적당히 호응하듯이 답변했음을 알 수 있다.

태블릿 요금은 마레이컴퍼니가 납부했으며, 김한수가 퇴사한 이후에도 계속 납부한 것으로 못을 박는 내용이다. 김한수의 1차 진술서는 이처럼 잘 짜인 각본과 같았다. 다시 강조하지만 실제로는 태블릿 개통부터, JTBC 보도 때까지 모든 통신 요금은 김한수가 개인카드로 납부했다.

검찰의 조작, 특검이 마무리

태블릿 요금은 마레이컴퍼니가 내는 바람에 자신은 전혀 몰랐다는 김한수의 입장은 두 달 여 뒤인 2017년 1월 4일, 특검 조사에서도 유지된다. 다만, 특검과 김한수는 마레이컴퍼니의 요금 납부 기간을 2013년 1월 31일까지로 한정했다. 마레이컴퍼니가 요금을 냈다는 증빙 자료는 실제로는 존재하지 않기 때문에, 개통 이후부터 '국정농단' 사건 때까지 꽤 오랜 기간 마레이컴퍼니가 요금을 납부하고 있었다는 허위사실을 끌고 가기는 어려웠을 것이다. 반면 김한수가 개인카드로 요금을 낸 내역은 실제 존재하는 자료이기 때문에, 이 자료를 통째로 무시할 수는 없었다. 이에 태블릿 요금은 2013년 1월까지는 마레이컴퍼니가 냈고, 그 이후에는 김한수가 냈다는, 좀더 정교하게 다듬어진 알리바이가 특검에서 완성됐다.

특검 김종우 검사는 2017년 1월 4일 김한수에 대한 두 번째 조사에서 태블릿의 SKT 이동통신 신규계약서를 꺼내 보이며 "진술인이 작성한 것이냐"고 물었다. 김한수는 "제가 작성한 문서가 맞습니다"라고 대답했다.

이어 김 검사는 "검찰에서 확인한 바에 따르면, 위 태블릿PC의 사용 요금은 2013년 1월 31일까지는 마레이컴퍼니에서 지급하다가 그 이후부터는 진술인의 개인명의 신한카드로 결제된 것으로 확인되었는데 어떠한가요"라고 물었다. 검찰이 이미 수사를 통해 그러한 내용을 다 확인했으니, 맞는지만 대답하라는 의미였다. 김한수는 "네, 맞습니다"라며 "요금 납부 부분은 제가 잊고 있었는데 (2013년 2월부터는) 제가 태블릿PC 요금을 저의 개인명의 신용카드로 납부하였습니다"라고 대답했다. 실제 이때 김한수는 자기 휴대전화로 신한카드 콜센터에 전화해 카드사용 내역까지 확인했다고 피의자 신문조서에 적혀있다.

김 검사는 또한 "태블릿PC의 개통시부터 2013년 1월 31일까지 사용요금은 진술인이 운영하던 법인인 주식회사 마레이컴퍼니에서 지급하였고, 2013년 2월경부터 2016년 12월까지 사용 요금은 진술인 개인이 지급하게 된 이유는 무엇인가요"라고 물었다. 역시 검찰이 수사를 통해 확인한 내용인 것처럼 묻는다. 김한수는 "2013년 2월경부터 청와대 행정관으로 근무하게 되었기 때문에 2013년 1월경에 마레이컴퍼니에서 퇴사하였고, 그 과정에서 저의 필요에 의해 개통한 태블릿PC의 사용료 납부자를 변경하게 된 것입니다"라고 대답했다.

훗날 김한수는 박근혜 대통령 재판에 증인으로 출석한 자리에서도 이날 특검에서 진술한 내용들을 앵무새처럼 똑같이 반복했다.

분석한 바에 따르면, 위 태블릿 PC는 개통한 직후부터 최순실이 사용한 것으로 확인되는데, 진술인은 위 태블릿 PC를 최순실이 사용한 사실을 알고 있지 않나요

답   (이때 진술인 묵묵부답하다)

문   검찰에서 확인한 바에 따르면, 위 태블릿 PC의 사용요금은 2013. 1. 31.

까지는 마레이컴퍼니에서 지급하다가 그 이후부터는 진술인의 개인명의 신한카드로 결제된 것으로 확인되었는데 어떠한가요.

이때, 진술인은 진술인의 휴대전화로 신한카드 콜센터(1544-7000)에 전화하여 카드사용 내역을 확인한 다음,

답   네, 맞습니다. 요금 납부 부분은 제가 잊고 있었는데 제가 태블릿PC 요금을 저의 개인명의 신용카드(신한카드 ██████████로 납부하였습니다.

2017년 1월 4일, 김한수 2차 진술조서. 특검 김종우 검사는 "검찰에서 확인한 바에 따르면"이라고 전제하면서, "태블릿 통신 요금은 2013년 1월 31일까지 마레이컴퍼니에서 지급하다가 그 이후부터는 진술인(김한수)의 개인명의 신한카드로 결제된 것으로 확인됐다"고 말한다. 김한수도 "네, 맞습니다"라고 맞장구를 친다.

문 지난 검찰 조사에서 진술인이 개인명의 신용카드로 태블릿PC 요금을 납

부하였음에도, 이를 기억하지 못한다고 허위 진술한 것은 아닌가요.

답 아닙니다. 제가 잊어버려서 기억을 못한 것입니다.

문 태블릿 PC의 개통시부터 2013. 1. 31.까지 사용요금은 진술인이 운영하

던 법인인 (주)마레이컴퍼니에서 지급하였고, 2013. 2.경부터 2016. 12.까

- 5 -

지 사용요금은 진술인 개인이 지급하였는데, 진술인이 2013. 2.경부터 마

레이컴퍼니에서 지급하던 태블릿PC의 사용료를 개인 신용카드로 지급하

게 된 이유는 무엇인가요

답 2013. 2.경부터 청와대 행정관으로 근무하게 되었기 때문에, 2013. 1.경에

마레이컴퍼니에서 퇴사하였고, 그 과정에서 저의 필요에 의해 개통한 태

블릿PC의 사용료 납부자를 변경하게 된 것입니다.

2017년 1월 4일, 김한수 2차 진술조서. 김종우 검사는 태블릿 요금이 2013년 1월까지 마레이컴퍼니 법인카드로 납부됐다는 거짓 알리바이를 확정짓는다.

특검, 재판에서도 김한수에게 위증 유도

김한수는 2017년 9월 29일, 박근혜 대통령 재판(2017고합184, 2017고합 364 병합)에 증인으로 출석했다. 당시 언론은 태블릿 개통자로 알려진 김한수의 증인 출석에 크게 주목했다. 변호인단에서도 도태우 변호사가 질문지 작성에 상당한 공을 들였다. 다만 법정에서 유영하 변호사의 저지로 도 변호사는 준비한 질문을 대거 건너뛰어야 했다.

이날 김한수는 태블릿 관련 질문에 "아는 바가 전혀 없다", "사용한 사실이 전혀 없다", "태블릿 자체에 대한 부분을 아예 인지하지 못했다", "그와 관련된 생각을 다시 해본 적이 없다", "개통 이후로 만져본 적도 없다" 등의 위증을 했다. 2012년 자신이 요금을 납부한 사실과, 대선 캠프에서 사용한 사실을 숨기고, 거짓말을 늘어놓은 것이다.

특검은 2012년 6월부터 2013년 1월까지 태블릿 통신 요금은 마레이컴퍼니에서 지급한 것이 맞냐고 유도성 질문을 했다. 특검에서 김한수가 진술한 내용을 법정에서도 똑같이 증언하도록, 다시 말해 위증을 유도한 것이다. 실제 해당 기간에는 김한수가 개인카드로 요금을 납부하고 있었다.

하지만 특검의 질문에 김한수는 "그렇다"고 인정했다. 사전에 위증을 공모했을 가능성이 의심되는 대목이다.

특검은 이러한 김한수의 진술과 증언을, 박 대통령과 정호성의 공무상 비밀 누설죄의 증거로 적극 활용했다. 김한수는 태블릿의 개통자일 뿐, 2012년 요금은 마레이컴퍼니 법인카드에서 자동이체로 납부됐고, 따라서 김한수가 2012년 6월 개통하자마자 이춘상에게 전달한 이후 태블릿은 최서원이 사용한 것이 맞다는 거짓 알리바이를 법정 증인신문으로 공식화한 것이다. 김한수는 위증의 죄를 받겠다는 '증인 선서'를 하고도 법정에서 태연히 특검과 거짓말을 주고받았다.

문	증인은 2012. 6.경 태블릿PC를 개봉하고 여의도 대하빌딩에 있는 박근혜 대통령 후보 경선 캠프 사무실에서 이춘상 보좌관에게 위 태블릿PC를 전달한 사실이 있지요.
답	예.
문	위 태블릿PC를 개통한 2012. 6.경부터 2013. 1. 31.까지의 사용요금은 증인이 운영하던 법인인 마레이컴퍼니㈜에서 지급하였지요.
답	그렇게 확인했습니다.
문	그 이후인 2013. 2.경부터 2016. 12.까지의 사용요금은 증인 개인 명의의 신용카드로 지급하였지요.
답	예.
문	증인은 2013. 2.경부터 청와대 행정관으로 근무하게 된 것이지요.
답	예.
문	그래서 2013. 1.경 마레이컴퍼니㈜를 퇴사하였고, 이에 따라 위 태블릿PC의 사용요금 납부자를 마레이컴퍼니㈜에서 증인 개인으로 변경하게 된 것이지요.
답	예, 그렇게 추후 확인했습니다.

2017년 9월 29일, 박근혜 대통령 1심 재판에 출석한 김한수의 법정증언. 특검팀에 파견된 강상묵 검사가 2012년 6월부터 2013년 1월 사이 태블릿 요금을 마레이컴퍼니에서 납부한 것이 맞냐는 허위의 내용으로 질문하고, 김한수는 "그렇게 확인했다"고 답을 한다. 위증이다.

김한수의 위증, 박근혜 전 대통령 1심 판결문에 그대로 인용

이날 증인신문에서 김한수는 ▶최서원이 2012년 가을 이춘상 보좌관과 만난 자리에서 흰색 태블릿을 자신의 가방에 넣는 모습을 봤다거나 ▶2013년 초에는 최서원이 자신에게 전화를 걸어와 "태블릿PC는 네가 만들어 주었다며?"라고 물었다는 증언도 했다. 역시 특검에서 진술한 내용을 법정에서 공언한 것이다.

당시 이러한 김한수의 증언은 검증이 전혀 불가능했다. 사망한 이춘상 보좌관에게 진실을 물어볼 수도 없고, 마녀로 몰린 최서원의 항변은 전혀 고려 대상이 되지 못했다.

JTBC는 이날 김한수의 법정 출입 장면을 언론사 중 유일하게 촬영해 보도했다. 모든 언론은 김한수의 법정 증언으로 태블릿 사용자가 최서원으로 확정됐다고 일제히 보도했다. 2017년 10월 9일자 JTBC 보도 <최순실 측근들이 말한 '태블릿 사용자'⋯법정 증언들>이 대표적이다.

법원은 김한수의 위증을 핵심 근거로 태블릿을 최서원의 것으로 판단하고, 박 대통령에게 유죄를 선고했다. 김한수의 일방적인 진술만으로 최서원의 태블릿이라고 판단한 김세윤 판사의 판결문은 훗날 두고두고 태블릿 조작 의혹에 재갈을 물리는 핵심 근거로 작용했다.

최서원이 태블릿을 가방에 넣는 모습을 봤다는 김한수의 주장을 대한민국 법원이 그대로 인정한다면, 2013년 박근혜 정권 초기부터 김한수가 똑같은 하얀색 태블릿을 들고 다니며 청와대 업무를 봤다는 필자의 주장은 무슨 근거로 무시하는 건가.

검찰이 2018년 6월, 태블릿 조작설을 제기해 온 필자를 구속 기소할 때도 김세윤의 판결문은 핵심 근거였다. 같은 해 12월, 태블릿 형사재판 1심 재판부가 필자와 미디어워치 기자들에게 유죄를 선고할 때도 김세윤의 판결문이 핵심 근거였다. 태블릿 형사재판 1심의 박주영 판사는, 실사용자가 누구인지 과학적으로 포렌식 검증을 해서 정말 최서원의 것이 맞다면 어떠한 중벌도 달게 받겠다는 미디어워치 측의 요구를 번번이 기각했다. 그러고는 김세윤의 판결문을 근거로 태블릿은 최서원의 것인데도 미디어워치 기자들이 허위 사실로 JTBC의 명예를 훼손했다는 것이 박주영 판결문의 골자였다. 후일 검찰은 "공소장과 판결문이 똑같다"며 박주영 판결문에 100점 만점을 주기도 했다.

애초에 김한수의 거짓말이 없었다면 헌법재판소의 박근혜 대통령의 탄핵, 법원의 박 대통령 구속, 그로 인한 좌파 정권의 탄생, 언론인인 필자의 구속 등은 모두 불가능했을 것이다.

은폐한 2012년 태블릿 통신요금 납부 내역서

특검은 박근혜 대통령 재판에 태블릿 관련 증거를 제출하면서, 김한수의 진술이 거짓말이라는 것을 입증할 수 있는 '2012년 요금 납부 내역서'를 은폐했다. 2012년의 요금 납부 내역을 뺀 '2013~2016년 요금 납부 내역서'만 법원에 증거로 제출한 것이다. 김한수가 요금을 낸 기록이 남아있는 2012년 요금 납부 내역서를 은폐, 완전 범죄를 노렸다고 할 수 있다.

차. 공무상비밀누설죄에 관한 주장에 대하여(판시 범죄사실 제9항)

1) 이 사건 태블릿PC에서 발견된 문건에 관하여 공무상비밀누설죄가 성립되지 않는다는 주장에 대하여

앞서 유죄의 증거로 거시한 증거들에 의하여 인정되는 다음과 같은 사정들, 즉 ① 이 사건 태블릿PC를 처음 개통한 김△수는 이 법정에서 "2012. 6.경 박○혜 대통령 후보의 선거캠프에서 함께 일하던 이△상 보좌관의 요청에 따라 위 태블릿PC를 개통한 후 이△상에게 이를 전달하였고, 그 이후인 2012년 가을경 이△상이 최○원을 만나는 자리에 이△상을 수행하여 함께 갔는데, 그 자리에서 최○원이 위 태블릿PC와 같은 색상인 흰색 태블릿PC를 가방에 넣는 것을 본 사실이 있다.", "2013. 1. 초순경 최○원이 전화하여 대통령직 인수위원회에서 일할 것을 권유하면서 '그런데 태블릿PC는 네가 만들어 주었다면서?'라고 이야기하였다.", "최○원의 권유에 따라 대통령직 인수위원회에서 일하기로 마음먹고 운영하던 회사(마○○컴퍼니 주식회사)를 정리하면서 위 태블릿PC의 사용요금 납부자를 위 회사에서 '김△수' 개인으로 변경하였는데, 당시 '이△상이 최○원에게 위 태블릿PC를 사용하게 하였다면 얼마 되지 않는 요금 정도는 매월 납부해도 될 것 같아서 납부자를 변경했던 것'이다."라고 진술한 점, ② 정○성은 수사기관에서부터 이 법정에 이르기까지 일관되게 '별지 범죄일람표 4 순번 1, 35, 38 기재 각 문건을 비롯하여 이 사건 태블릿PC에서 발견된 인사 관련 문건, 연설문, 말씀자료 등을 최○원과 공유하던 이메일을 통해 최○원에게 전달한 사실이 있다'고 진술한 점, ③ 최○원으로서는 위 태블릿PC를 자신이 사용하는 등으로 위 태블릿PC가 자신과 관련 있는 물건이기 때문에 김△수에게 '이 사건 태블릿PC는 네가 만들어 주었다면서?'라고 이야기하였다고 봄이 일반 경험칙에 부합하는 점 등을 종합하면, 적어도 이 사건 태블릿PC에서 발견된 문건을 정○성이 최○원에게 전달한 기간 동안에는 위 태블릿PC를 최○원이 사용한 것으로 봄이 타당하고, 별지 범죄일람표 4 순번 1, 35, 38 기재 각 문건 또한 정○성이 최○원에게 전달한 것으로 볼 수 있으므로, 피고인과 변호인의 이 부분 주장은 받아들이지 아니한다.

박근혜 대통령 공무상비밀누설죄(태블릿 관련) 유죄 판결 사유(2017고합 364-1)는 위 내용이 전부다. (1) 이 부분은 고인이 된 이춘상 전 보좌관을 끌어들인 것으로 진위 확인이 불가능한 부분이다. (2) 당사자인 최서원이 일관되게 부정하고 있고, 객관적 입증 없이 사실로 인정된 부분이다. (3) 핵심 쟁점인 요금 납부와 관련된 내용으로, 필자의 태블릿 형사재판 항소심에서 모두 허위사실임이 밝혀졌다. (4) 정호성이 공무상비밀 문서를 이메일로 최서원에게 전달했다는 것으로 태블릿으로 다운로드 받았다는 사실과는 별개임이 문언상 명백하다. 문건 다운로드에 활용된 이메일은 최서원이 혼자 사용한 계정이 아니라 청와대 직원 여러 명이 공용으로 사용하던 것으로, 태블릿에서 발견된 문건은 태블릿 사용자가 이메일 계정을 공유한 여러 사람 중 한 명이라는 사실까지만 증명할 뿐, 최서원이 태블릿을 썼다는 근거가 되지 못한다. 참고로, 정호성은 최서원이 태블릿을 쓰는 것을 본 적이 없다고 법정에서 공식 증언한 바 있다.

법원이 태블릿을 최서원의 것으로 판단한 근거는 '김한수의 진술조서'와 이 진술조서에 첨부된 'SKT 신규계약서', '김한수의 법정 위증', 그리고 '2013~2016년 태블릿 요금 납부 내역서'였다. 특검은 김한수가 2012년에도 태블릿 요금을 납부했던 내역에 대해서 분명히 알고 있었다. 2012년부터 2016년까지 사용된 태블릿의 요금 납부 전체 내역서를 뽑아보면서, 굳이 2012년 요금 납부 내역만 제외하고 뽑아볼 이유는 없기 때문이다. 특검은 위증교사도 모자라 증거까지 인멸하고 조작한 것이다.

1. 통신가입자조회 결과 1부(순번 38), 마○○컴퍼니(주) 등기부등본 및 건물 등기부 등본 각 1부(순번 39), 최○실 개인별 출입국 현황 1부(순번 64), 최○실 딸 정○라 주민등록등본(순번 71), 정○성 제1부속실장 가족관계증명서(순번 72), 정○성-최○실 문자메시지 송수신내역(IM-A800S) 1부(순번 369), 태블릿PC 서비스 신규계약서(순번 718), 태블릿PC 촬영 사진 3장(순번 719), 개인사업자 파거 거래현황(2013. 2. ~ 2016. 12.) 2부(순번 721), 2016. 10. 25.자 조선일보 기사 『박○혜 대통령 대국민 사과 전문』(순번 774)

박근혜 대통령 1심 판결문에 기재된 증거목록. 태블릿 신규계약서(순번 718)와 김한수의 요금납부 내역이 담긴 개인사업자 과거 거래현황(순번 721)이 증거로 제출됐다. 하지만 검찰은 2013년 2월부터 2016년 12월까지 요금납부 내역만 제출했다. 김한수가 2012년 요금까지 전부 납부한 사실을 증거제출 단계부터 숨긴 것이다.

상황이 이렇게 되자 태블릿 이동통신 신규계약서까지도 진위를 검증해봐야 하는 지경에 이르렀다. 특검은 김한수 진술조서 말미에 고객보관용 SKT 신규계약서를 첫 장만 첨부했다. 그마저도 팩스로 전달받아 인쇄상태가 매우 조악했다. 또한 가입사실연락처와 신규전화번호 등은 보이지 않도록 검게 칠해져 있었다 태블릿 형사재판 항소심에서 미디어워치 측 변호인 이동환 변호사는 SKT 서버에 저장된 계약서 원본 전체를 요구하는 사실조회신청서를 제출했다. 한 달 이상 뜸을 들이던 SKT는 2020년 4월 1일 '태블릿 신규계약서'와 '요금 납부 이력'을 재판부에 제출했다. 법원도 시간을 끌어, 4월 29일에야 SKT가 제출한 계약서가 공개됐다.

SKT가 제출한 태블릿 계약서는 기존 검찰의 태블릿 계약서와 완전히 같았다. 조악했던 프린트 품질이 깨끗해진 차이만 있을 뿐이었다. 또 검찰의 계약서는 첫 쪽만 있었는데, SKT가 제출한 계약서는 총 8쪽이었고, 첨부된 서류도 있었다. 미디어워치는 즉시 검증에 들어갔다. 그 결과 계약서 8쪽 안에는 위조 증거가 무더기로 담겨 있다는 사실이 확인됐다.

한 계약서에 서로 다른 두 개의 사인

SKT가 제출한 태블릿 신규계약서는 총 8쪽이었고, 여기에 구비서류가 첨부돼 있었다. 계약서 1쪽에는 가입자 정보와 기기정보, 할부요금, 요금 납부방법 등이 종합적으로 기재돼 있었다. 특검이 박 대통령 재판에 증거로 제출한 계약서 첫 쪽과 같은 내용이었다. 2쪽부터는 '개인정보 등 수집 동의서(2쪽)', '단말기할부매매 계약서(3쪽)', 'SK플래닛 등 이용 동의서(4쪽)', 'OOO위임장(5쪽)', '약관(6~8쪽)'으로 이어졌다.

분석해보니 가장 눈에 띄는 건 계약서 1, 3쪽의 서명·사인과 2, 4, 5쪽의 서명·사인이 다르다는 점이었다. 하나의 계약서에 서로 다른 서명·사인이 공존하는 것이다. 먼저 서명(김한수)을 보면, 1, 3쪽에 기재된 '수'자의 'ㅜ'

는 1획인데 2, 4, 5쪽의 'ㅜ'는 2획이다. 또 'ㅅ'도 전자는 오른쪽 사선이 왼쪽 사선의 중간 이하에서 시작되는데 후자는 꼭대기에서 시작한다.

사인은 그 모양이 완전히 달랐다. 1, 3쪽의 사인은 간단한 물결 모양인데 반해, 2, 4, 5쪽의 사인은 세로선과 가로선이 교차하며 점도 붙어 있었다.

이 계약서를 살펴본 현직 휴대전화 판매업자는 "이해할 수 없다"고 말했다. 그는 "규정 위반이긴 하지만 대리점 직원이 가입신청자의 서명과 사인을 대필하는 경우가 있긴 한데, 이런 경우에는 1~8쪽 전부를 다 하게 된다"며 "2, 4, 5쪽만 서명과 사인이 다르다는 건 정말 이상하다"고 설명했다.

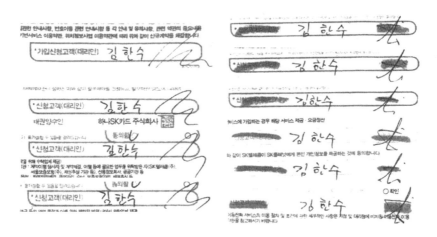

태블릿 신규계약서 1, 3쪽의 필체와 사인을 보면(좌측 그림), 2, 4, 5쪽과는 확연히 다르다는 사실을(우측 그림) 한 눈에 봐도 알 수 있다. 사인 뿐만 아니라 '김한수' 이름 표기도 특히 '수'자의 경우 명확히 다름을 알 수 있다.

SKT, 자동이체 설정도 조작, 하나카드에서 확인

필자가 특히 관심을 기울였던 건 계약서 1쪽에 기재된 '요금납부 방법'이었다. 해당 항목에는 김한수가 진술한대로 마레이컴퍼니 법인카드가 자동 이체한다는 내용이 적혀있었다. 하지만 태블릿 형사재판 항소심에서 사실조회를 한 결과, 해당 카드사(하나카드)는 자동이체가 설정된 사실 자체가 없다고 답했다.

7074

하 나 카 드 주 식 회 사
대 표 이 사   장 경 훈

■ 사건2018노4088 정보통신망이용촉진및정보보호에관한법률위반(명예훼손)등

* 대상 : ㈜마레이컴퍼니
* 카드번호 : 9410-5370-5833-8100

1. 2012년 06월 22일경 월 통신요금 자동이체 설정이력
  → 없습니다.

2. 자동이체 설정이력 있는 경우, 자동이체 해지 등 변동사항
  → 없습니다.

3. 2012년 6월부터 2013년 2월까자 정상카드 여부
  → 정상

태블릿 요금을 마레이컴퍼니 법인카드에서 자동이체로 납부하는 바람에 김한수 자신은 요금 문제를 완전히 잊고 지냈다는 거짓 알리바이가 만들어졌다. 이는 김한수가 개통만 해줬을 뿐, 실제 태블릿의 사용과는 무관하다는 검찰의 수사결과로 연결된다. 하지만 필자의 태블릿 형사재판 항소심에서 사실조회를 한 결과, 마레이컴퍼니 법인카드사인 하나카드(구 외환카드)에는 자동이체가 설정된 이력 자체가 처음부터 없었다. 검찰과 김한수가 내세운 알리바이가 모두 거짓으로 드러난 것이다.

계약서에 기재된 마레이컴퍼니 명의 카드번호 9410-5370-5833-8100에 대해 하나카드(구 외환카드) 측은 사실조회 회신서를 통해 ▶자동이체 설정 이력이 없고 ▶자동이체 해지 등의 변동 사항도 없으며 ▶카드 상태는 2012년 6월 부터 2013년 2월자까지 '정상카드'라고 밝혔다. 당시 마레이컴퍼니 법인카드는 이용에 문제가 없었고, 계약서 내용대로 자동이체 설정이 된 거라면 요금이 미납될 일도 없었다는 뜻이 된다.

필자는 이 문제에 대해 SKT에도 사실조회를 신청했다. 하지만 SKT의 답변은 하나카드와 달랐다. SKT는 계약서에 적힌 대로 마레이컴퍼니 법인카드로 2012년 6월 22일에 개통 당시부터 자동이체가 설정됐고, 석 달쯤 뒤인 9월 28일에 요금납부자가 자동이체를 해지했다는 답변을 보내왔다.

두 기록은 모두 법원에 제출한 공적 문서인 사실조회 회신서다. 그런데도 두 대기업의 답변이 엇갈리고 있다. 물론 앞뒤가 맞지 않는 쪽은 SKT의 답변이다. SKT는 2020년 1월 20일자 사실조회 회신서에서 태블릿의 요금은 개통 이후 김한수가 이용정지를 해지한 시점까지 단 1원도 납부되지 않았다는 기록을 제출했다. 당시 연매출 20억 원 규모로 탄탄한 회사였던 마레이컴퍼니 법인카드 자동이체였다면, 태블릿 요금이 납부되지 않았을 가능성은 상상하기 힘들다. 또한 하나카드도 당시 마레이컴퍼니 법인카드는 이용에 문제가 없는 정상카드였다고 답했다. 카드 요금 연체 같은 이유로 결제가 되지 않는 카드가 아니었다는 것이다. 더구나 통신사는 요금이 이체되지 않는다고 마음대로 자동이체를 해지하지 않는다. 자동이체 해지는 가입신청자의 요청이 있어야만 이뤄진다.

상식적으로도 마레이컴퍼니 법인카드에서 돈이 한 푼도 나가지 않았으므로, 애초에 자동이체가 설정된 적이 없다는 하나카드 측의 답변이 사실과 부합한다. SKT는 자동이체가 설정됐는데도 카드에서 돈이 나가지 않은 이유에 대해 납득할 만한 설명을 해야 할 것이다. 이에 미디어워치 측은 SKT 박정호 대표이사를 고발하고, SKT 사옥에서 설명을 요구하는 집회도 열었지만, SKT 측은 입을 닫고 있다. 딱 한 번 SKT의 홍보담당자가 미디어워치에 전화를 걸어 기사에 언급된 자사 이름을 익명으로 해달라고 부탁했다가 거절당한 일이 있을 뿐이다.

법인인감증명서가 거기서 왜 나오나

태블릿은 SKT 대리점에서 개통됐고, 법정에서 김한수는 자신이 작성한 계약서라고 인정했다. 그렇다면 왜 계약서상 '방문고객정보'에 '본인'이 아닌 '대리인'에 체크가 되어 있는지도 의문이다. 당시 마레이컴퍼니 대표이사였던 김한수가 직접 계약한 것이 맞다면 당연히 '본인'에 체크하는 것이 정상이다. 본인이냐 대리인이냐는 계약 제출서류가 달라지는 문제이기 때문에 매우 중요하다. 법인의 대표이사가 직접 계약할 경우에는 제출서류가 대폭 줄고, 직원(대리인)이 하게 되면 복잡해진다. 김한수가 본인에 체크를 했다면, 신분증과 사업자등록증 정도만 제출하면 된다. 반면 당시 직원이었던 마레이컴퍼니의 김성태가 대리인으로 계약을 했다면, 위임장과 법인인감증명서까지 추가로 필요하다.

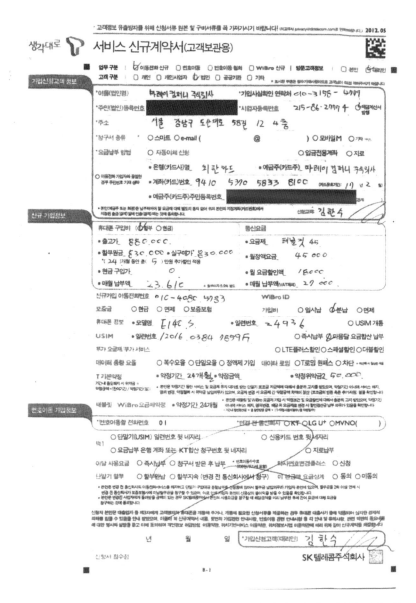

필자의 태블릿 명예훼손 형사재판 항소심 재판부에 다시 제출된 태블릿 신규계약서. 전체 8쪽 중 1쪽.

이렇게 보면, SKT가 필자의 재판부에 제출한 태블릿 계약서는 신청자 자격에 따른 제출서류가 하나도 들어맞지 않는다. 법인 대표이사인 김한수가 작성한 계약서라면 필요가 없는 법인인감증명서가 첨부되어 있기 때문이다. 법인인감증명서는 계약서나 첨부서류 어딘가에 인감도장을 찍어야 할 때, 그 인감이 유효하다는 걸 입증하는 서류다. 하지만 계약서 어디에도 인감도장은 사용되지 않았다. 법인 인감도장이 필요한 유일한 경우는 회사 직원(김성태)이 계약서를 작성할 때 대표이사의 '위임장'을 지참해야 하는 상황뿐이다. 결국 개통 당시의 계약서 작성자는 대표이사 김한수가 아닌, 직원 김성태라는 방증이 된다. 그런데 이 계약서에는 위임장이 없다. 수상하게도 법인인감증명서 앞쪽이 백지인데, 이 부분은 순서상 위임장이 있어야 할 곳이다.

업계 종사자들 "이 계약서는 가짜" 이구동성

미디어워치의 취재에 응한 모바일 기기 대리점 종사자들이 이 계약서를 가짜로 의심하는 결정적 이유는 의외의 지점이다. 대개 계약서의 복잡한 숫자 같은 정보는 고객이 일일이 기입하지 않는다는 것이다. 휴대전화 구입비, 통신요금 등은 직원이 계산해서 기입한 뒤 신청자로부터 사실 확인을 받고 서명을 받는 것이 일반적이다. 휴대전화 모델명과 일련번호 IMEI(단말기식별번호) 등도 마찬가지로 직원이 확인하고 기입하는 것이 보통이다.

하지만 이 계약서에서는 가입신청자가 첫 장 전체를 모두 기입했다. 동일한 글씨체라는 의미다. 진술조서 등에 기록한 김한수의 필체와 같다. 즉, 첫 장 전체를 김한수가 나중에 통째로 베껴 썼다는 의미다.

현업 종사자들이 이해하지 못하는 또 다른 부분은 계약서 하단 서명 옆에 계약을 진행한 대리점명(신청서 접수점)과 계약 날짜가 누락돼 있다는 것이다.

업계 관계자들은 상식적이지 않다는 반응이었다. 계약서에 적힌 대리점 이름과 담당자명은 해당 대리점이 본사에 실적을 증명할 수 있는 수단이다. 대리점의 이익과 직결되는 정보를 어떻게 빠뜨릴 수 있냐는 것이다.

이상한 점은 또 있다. 계약서 작성자는 '세금계산서 발행'에 체크를 하고, 그 아래 요금납부 방법에는 마레이컴퍼니 법인카드인 '외환카드'를 적어 넣었다. 이는 이중과세가 발생할 수 있어 통신사 대리점 관계자가 거의 저지르지 않는 초보적인 실수다. 한편으로는 김한수가 나중에 계약서 원본을 그대로 베껴 쓰다가 나온 실수일 수도 있다. 즉 계약 당시에 작성된 원본에는 세금계산서 발행에 체크되어 있었다는 뜻인데, 그렇다면 계약서 원본에 기재된 본래의 태블릿 요금납부 방법은 계좌이체와 같은 현금 거래였다는 의미가 된다. 김한수가 계약서 1쪽을 통째로 베껴 쓰는 과정에서 검찰이 원하는 대로 요금납부 방법만 마레이컴퍼니 법인카드로 고쳐서 적긴 했지만, 이 경우 세금계산서 발행에는 체크하지 않아야 한다는 걸 놓친 것일 수 있다.

실제 계약서 작성자가 누군지 확인할 수 있는 중요한 정보인 '가입사실확인 연락처'가 검게 칠해져 있는 것도 이해하기 어렵다. 실제 개통자가 개통 사실을 연락받는 전화이므로 가입사실 확인 연락처에는 계약서 작성자 본인의 번호를 적는다. 즉 김한수가 개통했으면 김한수, 김성태가 개통했으면 김성태의 휴대폰 번호가 적혀있어야 한다. 이에 미디어워치는 이 부분과 관련한 추가 사실조회를 태블릿 명예훼손 형사재판 항소심 재판부에 신청했다.

누가 베꼈나

미디어워치는 계약서상 검게 가려진 '가입사실확인 연락처'의 주인을 알려 달라는 사실조회 신청서를 법원에 보냈다. 2020년 12월 1일, SKT의 답변을 확인하니 예상대로 '가입사실 확인 연락처'는 김한수의 부하 직원 김성태의 전화번호였다. 즉, 개통 당일 대리점에 가서 계약서를 작성한 사람은 김한수가 아니라 김성태였다는 사실이 확실시되는 것이다.

이처럼 마레이컴퍼니 직원 김성태가 대표이사의 위임장을 갖고서 대리점을 방문해 계약서를 작성했다고 한다면, SKT 신규계약서를 둘러싼 모든 의문이 풀린다.

결론적으로 2016년 10월 29일, 김한수의 첫 검찰 조사 무렵 어느 시점에 김한수와 검찰이 함께 머리를 맞대고 앉아 김성태의 2012년 진본 계약서를 옆에 두고서, '마레이컴퍼니 법인카드 자동이체' 내용을 써넣기 위해 계약서를 새로 작성하는, 가공할 위조를 한 것으로 추정된다.

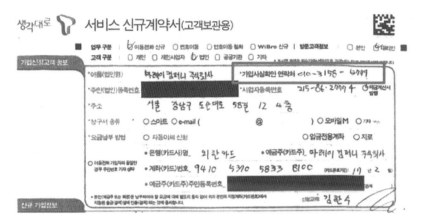

김한수가 대리점을 방문해 직접 작성한 계약서인데도 '가입사실확인 연락처'는 김한수의 전화번호가 아니었다.

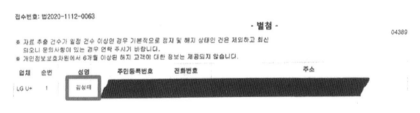

필자가 SKT에 사실조회를 한 결과, 가입사실확인 연락처는 김성태의 전화번호로 밝혀졌다.

태블릿 신규계약서에 김한수 사인이 두 개였던 이유도 그 때문일 것이다. 김한수와 검찰은 '법인카드 자동이체' 정보를 조작하는 것이 목적이었으므로 1쪽만 위조하면 그만이었다. 여기에 요금과 관련된 필수 정보 몇 가지를 기입해야 하는 3쪽 단말기 할부매매계약서도 만일에 대비해서 위조했을 것이다. 김한수와 검찰은 약관을 읽고 사인만 하면 되는 2, 4, 5쪽은 위조하지 않았을 가능성이 높다. 법원에는 계약서 1쪽만 증거로 내면 되기 때문이다.

계약서 위조가 이뤄진 뒤 SKT는 김한수가 새로 쓴 1, 3쪽을 검찰로부터 넘겨받고는 나머지 부분은 김성태가 작성한 원본과 뒤섞어 보관했을 것이다. 이런 이유로 개통 시점에 김성태가 기재한 사인(2, 4, 5쪽)과, 나중에 김한수가 위조하면서 서명한 사인(1, 3쪽)이 함께 들어가면서, 하나의 계약서에 두 개의 사인이 공존하는 희한한 현상이 발생한 것이다. 개통 당시 김성태는 신청고객 이름을 적는 자리에는 대표이사 김한수를 기재하고, 사인할 자리에는 대리라는 뜻에서 '대리할 代'를 사인한 것으로 추정된다.

실제 1, 3쪽과 2, 4, 5쪽은 필체와 사인만 다른 것이 아니라, 형광펜 가이드가 전자에는 없고 후자에는 있다. 대리점에서는 고객 편의를 위해 서명, 사인을 할 자리에 형광펜으로 표시해준다. 따라서 계약서 2, 4, 5쪽은 개통 당시 대리점에서 작성된 것이 맞다. 반면 계약서 1, 3쪽에만 형광펜 가이드가 없다는 것은 검찰과 김한수가 위조할 때 이러한 세밀한 부분을 놓쳤다는 뜻이 된다. 이는 계약서 1, 3쪽과 나머지 페이지가 같은 날, 같은 장소에서 작성된 것이 아니라는 결정적인 증거라고 볼 수 있다.

두 번째로 1쪽 상단의 방문고객정보에 '대리인'으로 체크되어 있는 것 역시, 김성태가 체크한 진본을 김한수가 의심없이 그대로 베끼다가 남긴 실수로 보인다. 대표이사인 김한수는 위조를 할 때 '본인'에 체크했어야 했다.

세 번째, 계약서 3쪽 필수기재사항인 '연락받을 번호' 미기재도 김성태의 진본 계약서가 따로 있다고 생각하면 의문이 해결된다. 계약서 3쪽 '단말기 할부매매계약서'에는 '연락받을 번호'가 별표(*)로 표시되어 필수 기재사항이었다. 필수 기재사항이 비어있으면, 대리점에서나 본사에서 계약서로 등록할 수 없다. 하지만 계약서에 대한 세밀한 주의가 없는 검찰과 김한수는 중요하게 생각하지 않고 넘어갔을 것으로 보인다. 증거로 제출한 것은 계약서 1쪽이기 때문이다.

네 번째, 구비서류로 '법인인감증명서'가 첨부되어 있는 이유도 설명이 된다. 당시 김성태는 직원이었으므로, 김한수의 위임장을 가져가야 마레이컴퍼니 명의로 계약할 수 있었다. 법인인감증명서는 바로 그 위임장에 찍힌 인감이 진짜라는 것을 보증하기 위한 서류다. 때문에 위임장과 인감증명서는 항상 한 세트로 필요한 서류라는 점은 회사 생활을 해본 사람이라면 누구나 아는 상식이다.

다섯 번째, 법인인감증명서는 있는데 위임장이 없었던 이유도 추정 가능하다. SKT가 제출한 계약서의 구비서류를 보면 한 장이 백지였다. 계약서 작성자가 누구인지 직관적으로 알려주는 위임장을 SKT 측에서 백지로 처리했을 가능성을 추정할 수 있다.

여섯 번째, '대리점 이름'이 누락된 것도 설명이 된다. 김한수와 검찰은 여기에 날짜도, 대리점 이름도, 담당자 이름도 적을 수 없었을 것이다. 추후 증거로 제출되면 이 부분이 변호인에게 공개되는 것이고, 만일 변호인 측에서 대리점에 사실조회를 한다면 조작이 들킬 수도 있기 때문이다.

일곱 번째, '세금계산서 발행' 체크 부분도 의문이 풀린다. 김한수와 검찰은 1쪽을 위조하면서 '세금계산서 발행'에 체크해 놓고 그 아래 요금납부 방법에는 마레이컴퍼니의 법인카드인 외환카드를 적어 넣었다. 카드거래에 세금계산서를 추가 발행하면 이중과세가 된다. 결국 진본 계약서에는 법인카드 자동이체가 아닌, 다른 방식의 요금납부 방법(지로, 은행계좌)이 적혀 있었음을 추정할 수 있다. 판매업자가 아닌 김한수와 검찰은 이런 부분까지 세심하게 챙기지 못했을 가능성이 높다.

여덟 번째, 현직 판매업자들이 가장 수상하게 여기는 점도 의문이 풀린다. 바로 계약서 1쪽의 모든 정보가 한 사람의 필체로 작성된 이유다. 김한수와 검찰은 김성태의 진본 계약서를 베끼는 데 급급한 나머지, 휴대폰 출고가, 할부원금, 월 납부액, 요금제, 월 정액요금, 월 요금할인액, 모델명, 일련번호, USIM 일련번호, 약정기간, 약정위약금 같은 복잡한 항목들은 가입 고객이 직접 작성하지 않기 때문에, 서명란의 필체와 달라야 한다는 점까지 미처 생각하지 못했을 것이다.

태블릿 SKT 신규계약서 1쪽

태블릿 SKT 신규계약서 2쪽

태블릿 SKT 신규계약서 3쪽

태블릿 SKT 신규계약서 4쪽

태블릿 SKT 신규계약서 5쪽

태블릿 SKT 신규계약서 6쪽

태블릿 SKT 신규계약서 7쪽

태블릿 SKT 신규계약서 8쪽

태블릿 형사재판 항소심에서 8쪽 전체가 제출된 SKT 신규계약서. 계약서 전체 검토 결과, 1, 3쪽의 서명·사인과 2, 4, 5쪽의 서명·사인이 다르다는 사실이 확인됐다. 이외에도 여러 위조 정황이 드러났다.

태블릿 SKT 신규계약서 구비서류 1

태블릿 SKT 신규계약서 구비서류 2

태블릿 SKT 신규계약서 구비서류 3

태블릿 SKT 신규계약서 구비서류 4

SKT 신규계약서의 구비서류. 법인인감증명서가 있지만 정작 위임장이 없다. 신규계약서와 구비
서류 어디에도 법인인감을 날인한 흔적도 찾아볼 수 없다.

SKT 태블릿 계약서 위조 은폐하려다, 추가 계약서까지 위조

필자는 이러한 SKT의 태블릿 신규계약서 위조 건을 명확히 규명하기 위해서, 필자의 태블릿 형사재판에 공명정대한 판결이 나오는 것을 방해했다는 사유로 2022년 1월 11일 SKT 측에 2억 원대 손해배상 청구소송을 제기했다.

그러자 SKT는 계약서 위조를 은폐하기 위해, 필자의 소송으로 열린 민사재판에 '통신 신규계약서는 원래 그렇게 작성되는 것이 관행'이라는 취지로 또 다른 '샘플계약서'(청소년 계약서)를 증거로 제출한다. 그러나 오히려 이 계약서마저 위조된 것으로 드러나며 사실상 계약성 위조 문제의 진실게임은 끝나고 만다.

관련하여, 필자는 2022년 8월 11일에 여의도 보훈회관에서 기자회견을 열었다. 다음은 해당 기자회견을 상세 보도한 미디어워치의 다음 날짜 <JTBC 태블릿 계약서 조작' 증거 공개 기자회견, 여의도 보훈회관에서 성료> 기사 내용이다.

변 고문은 올해 1월 "SKT가 법원에 위조된 증거를 제출해 공명정대한 재판을 받을 기회를 박탈당했다"는 사유를 밝히며 SKT 측을 대상으로 2억 원 손해배상 청구 민사소송을 제기했다. 이에 대해 SKT 측은 신규계약서의 필체, 서명, 싸인 등은 위조된 것이 아니라면서, 지적된 문제들은 고객이 아니라 대리점 직원이 관행적으로 내용을 전부 대리 작성하다 보니 빚어진 문제들이라고 해명하는 답변서를 제출했다. 그러면서 SKT 측은 시비된 신규계약서와 비슷한 시기(2012년)에 작성됐다는 한 샘플계약서(청소년 계약서)도 물증으로 제출했다.

이번 기자회견에서 변 고문은 "저 샘플계약서도 신규계약서의 조작 문제를 합리화하기 위해서 SKT 측이 2016년의 조작 이후 5년만에 또다시 김한수와 공모해 조작한 문서임을 이번에 새로이 적발해냈다"면서 "샘플계약서와 신규계약서의 필체가 대리점 직원이 아닌 김한수 본인의 필체임이 필적 감정을 통해 공식 확인됐다"고 밝혔다. 그 근거로 변 고문은 김한수에 대한 각종 수사보고서(특검 진술조서, 법정 증언록 등)에 있는 김한수의 필체가 양 계약서의 필체와 동일하다는 사실을 슬라이드를 통해 보여줬고, 이에 청중석에서는 곳곳에서 탄식이 들렸다. SKT가 김한수와 공모해 문서를 위조했음이 명백히 드러나는 장면이었다. 변 고문은 이 사안에 대해 고위공직자범죄수사처(공수처)가 수사를 개시한 상황임도 밝혔다.

질의응답 시간에 한 청중이 "누가 이런 조작을 총괄했다고 보느냐"고 묻자 변 고문은 "SK그룹을 총괄하는 최태원 회장이 직접 지시하지 않았다면 이 정도의 대담한 조작을 할 수 없다고 본다"고 답했다.

이날 행사에는 이준희 전 인터넷기자협회 회장과 강민구 턴라이트 대표를 비롯해서 50여 명의 시민들이 참석했다. 유튜브로 생중계된 이날 영상은 평일 오전임에도 불구하고 동시접속자 6천 명을 기록하는 등 네티즌들로부터 뜨거운 관심을 끌었다.

6. 감 정 결 과

서비스 신규계약서 가입신청고객 정보란, 신규 가입정보란, 번호이동 가입
정보란 필적은 한명에 의해 기재된 것으로 사료됨. 끝.

6. 감 정 결 과

서비스 신규계약서 1쪽, 3쪽 신청고객란 '김한수' 성명필적과 서비스 신규
계약서 2쪽, 4쪽, 5쪽 신청고객란 '김한수' 성명필적은 각 필적에서 현출되
는 상이 특징점을 고려하여 볼 때 상이(相異)한 필적으로 사료됨. 끝.

6. 감 정 결 과

1) 서비스 신규계약서 1쪽, 3쪽 신청고객란 '김한수' 성명필적과 특검 진술
   조서, 증인신문 녹취서에 첨부된 선서서 '김한수' 성명필적은 각 필적에
   서 현출되는 동일 특징점을 고려하여 볼 때 동일(同一)한 필적으로 사
   료됨.
2) 서비스 신규계약서 1쪽에 기재된 숫자필적과 수사과정 확인서에 기재된
   숫자 필적은 각 필적에서 현출되는 동일 특징점을 고려하여 볼 때 동일
   (同一)한 필적으로 사료됨. 끝.

'JTBC 태블릿' SKT 통신 신규계약서의 필적과 서명에 대한 공식 감정 결과. 3개 감정서에서 결과
부분만 가져온 것이다. 김한수의 특검 진술조서와 법정 증언 녹취서 필적은 계약서 2, 4, 5면의
필적과 다르다는 사실도 밝혀졌다.

6. 감 정 결 과

서비스 신규계약서 필적과 청소년 이동전화 신규계약서 필적은 대조 가능
한 동일 문자가 부족하고 숫자 필적 위주로 감정하여 동일여부를 단정할
수 없으나, 각 필적에서 현출되는 동일 특징점을 고려하여 볼 때 동일성
(同一性)이 높은 필적으로 사료되며, 추후 성명, 주소필적을 비교 검사하면
명확한 감정 결과 도출이 가능할 것으로 사료됨. 끝.

신규계약서와 샘플계약서(청소년 계약서)의 필적이 김한수의 것임을 보여주는 필적 감정 결과.

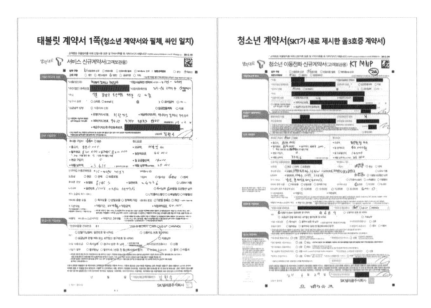

'JTBC 태블릿' SKT 통신 신규계약서(사진 왼쪽)와, 필자의 소송에서 새로 증거로 제시된 샘플계약서(사진 오른쪽). 필자가 계약서 조작 혐의를 제기하자 SKT는 또다시 조작을 시도하면서 조작 은폐를 시도했다. SKT는 대리점 직원이 양 계약서를 다 작성했다고 밝혔지만, 필적 감정 결과 양 계약서는 모두 김한수가 작성한 것임이 밝혀졌다.

김한수, 말 바꾸며 버티기 안간힘

그러나 이런 명백한 추가 계약서 위조가 적발되었음에도 필자와 SKT 사이의 송사를 담당한 재판부에서는 별다른 이유없이 재판을 중단해버렸다. 명백히 SKT를 봐주기 위한 편파적 행위였다.

이에 필자는 이번에는 신규계약서 위조 문제 관련한 손배소송을 김한수를 상대로 걸었다. 그러자 김한수 측은 앞서 밝혔던 입장을 뒤집으면서 버티기에 들어갔다.

다음은 미디어워치의 2022년 11월 30일자 <'JTBC 태블릿' 조작주범 김한수, "계약서 작성자는 직원" 거짓말 또 들통> 기사 내용이다.

변희재 고문은 김한수의 태블릿 계약서 조작 범죄로 인해 본인의 형사 재판에서 불이익을 겪었다면서 김한수 상대 손해배상 민사소장을 올해 8월말 수원지방법원 성남지원에 접수시켰고, 김한수 측을 대리하는 정새봄 변호사는 금번달 29일자로 관련 답변서를 재판부에 제출했다.

답변서에서 김한수 측은 "태블릿PC의 개통과 관련된 계약서 역시 피고의 지시를 받은 마레이컴퍼니의 직원이 피고를 대신하여 작성한 것으로 추측될 뿐 기타 통신사가 보관하는 계약서에 대해서 피고가 알고 있는 내용은 없습니다"라며 문제의 태블릿 신규계약서 작성자를 과거 자신의 직원으로 지목했다.

하지만 김한수 측의 이와 같은 답변은 공식 자료로 반박되는 거짓말이다. 김한수 본인이 해당 계약서와 관련 2017년 1월 4일 특검조사에서 "여기 제기된 위 태블릿 PC 신규계약서는 진술인이 작성한 것이지요"라는 김종우 검사의 질문에 "네 그렇습니다. 제 글씨가 맞는 것을 보니, 제가 작성한 문서가 맞습니다"라고 자백한 바 있기 때문이다.

김한수 측의 거짓말은 심지어 물증으로도 반박된다. 변희재 고문이 해당 신규계약서의 필적을 공인 기관에 감정해본 결과, 검찰수사기록에서의 김한수 필적과 똑같다는 감정 결과가 나왔기 때문이다.

김한수 측은 왜 바로 들통날 거짓말을 했을까. 이는 김한수가 문제의 태블릿 신규계약서를 자필로 작성한 사실을 인정하는 순간, 앞서 관련 변희재 고문과 SKT 측과의 소송에서 SKT 측이 자신들의 계약서 위조행위를 감추기 위해 제출한 또 다른 샘플계약서도 역시 김한수와 SKT가 공모해 위조했다는 사실이 드러나기 때문인 것으로 보인다.

현 상황에서 또 다른 심각한 문제는 이번 소송에서 김한수의 변호를 맡으면서 저러한 거짓 내용의 답변서를 제출한 정새봄 변호사가 바로 박근혜 대통령의 최측근 유영하 변호사 인맥이라는 점이다.

유영하 변호사는 김한수가 'JTBC 태블릿'의 실사용자이자 조작주범이라는 점이 사실상 다 밝혀졌음에도 집요하게 변희재 고문을 음해하며 태블릿 조작 진상규명을 방해해왔다. 심지어 과거에 변희재 고문에게 "김한수와 술한잔 하면서 풀어보자"며 회유를 시도하기도 했다.

변 고문은 유영하 변호사 문제와 관련 옥중의 박근혜 대통령에게 세 차례에 걸쳐 관련 보고서를 송부하기도 했지만, 박 대통령은 사면 석방 이후에도 여전히 유영하 변호사를 최측근으로 두고 함께 하고 있는 상황이다.

변 고문은 "김한수는 두 계약서의 필적이 모두 자신의 것이라는 점에 대해 아무런 반박도 못하고, 오히려 계약서를 자신의 직원이 작성했다는 거짓말을 늘어놓고 있다"며 "간단한 사실조회를 통한 추가 필적 감정을 통해서 김한수의 계약서 위조 판결을 받아내고 바로 형사처벌에 들어가면서 태블릿 조작 진상규명을 마무리하겠다"는 입장을 밝혔다.

태블릿 조작 진상규명에 대한 변 고문의 의지는 단호하다. 변 고문은 유영하 변호사를 계속 곁에 두고 있는 박근혜 대통령에 대해서도 "박 대통령이 이렇게 유영하의 방해공작을 지속적으로 묵인한다면 박 대통령 역시 유영하와 함께 태블릿 조작 진상규명을 방해하는 공범이라 볼 수밖에 없어, 정치적, 도의적 책임을 물을 수 밖에 없다"고 경고했다.

이렇게 사실상 김한수와 검찰, 그리고 SKT가 공모한 태블릿 신규계약서 위조 건의 진실게임은 마무리되었다. 그럼에도 불구하고 이들은 끝까지 거짓을 되뇌고 우기며 버티고 있다. 진실이 모두 드러났음에도 이들이 버틸 수 있는 이유는 태블릿 진실을 누구보다 더 앞장서서 밝혀야 하는 박근혜 전 대통령과 그 측근들이 오히려 태블릿 진실규명을 방해하고 있기 때문이다.

앞 기사에 언급된 정새봄 변호사부터가 바로 그런 인물 중 한 사람이다. 정 변호사는 '제1태블릿'(JTBC 태블릿) 반환소송에서도 역시 김한수의 소송대리인으로 이름을 올려 논란이 되기도 했던 인물이다. 놀랍게도 정 변호사는 유영하 변호사와 검찰에서 함께 근무했던 사이로, 동반 퇴직하면서 공동대표로 법률사무소까지 운영하기도 했던 사실이 최근 미디어워치 취재 결과 확인됐다. 더 놀랍게도 정 변호사는 과거에 탄핵 찬성 법조인으로 이름을 올리기도 했던 사실 역시 밝혀졌다.

이처럼 태블릿의 진실을 규명하는 일이 윤석열, 한동훈도 아닌 박 전 대통령과 가까운 인물들에 의해 방해를 받는다는 것은 필자로선 상상조차 할 수 없는 일이었다.

태블릿 실사용자이자 조작 주범으로 지목받고 있는 김한수 전 청와대 행정관. 왼쪽은 학창시절 사진이며, 오른쪽은 청와대 행정관 시절 사진이다.

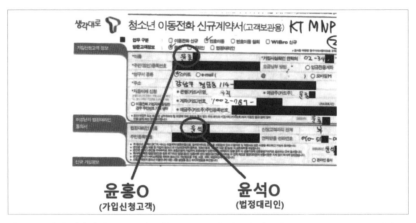

윤홍O (가입신청고객)　　　**윤석O** (법정대리인)

애초 SKT와의 재판에서 SKT는 명의자 부분을 가린 버전의 샘플계약서를 증거로 제출했었다. 필자는 김한수와의 재판을 통해 명의자 부분을 추가로 공개한 버전의 해당 샘플계약서를 확보, 이 계약서가 김한수가 작성한 것이면서도 명의자는 전혀 엉뚱한 '윤홍O', '윤석O'라는 사실을 확인하고 위조 계약서임을 100% 확정지었다.

　한편, 2023년 1월 25일, 필자는 김한수 상대 소송의 사실조회를 통해 SKT가 앞서 제출했었던 샘플계약서의 명의자가 누군지도 최종 확인할 수 있었다. 놀랍게도 샘플계약서는 필적상은 김한수가 직접 작성한 계약서임에도 불구하고 가입자(미성년자) 명의는 '윤홍O'이고 보호자(법정대리인) 명의는 '윤석O'인 완전히 엉터리 계약서였다. 샘플계약서는 이제 일반인이 봐도 날조 계약서임이 100% 증명이 된 것이다.

　애초에 샘플계약서는 태블릿 계약서가 조작이 아니라는 취지로 SKT 측이 법원에 제출한 증거였다. 따라서 샘플계약서가 조작이라는 사실은 태블릿 계약서가 조작이라는 사실까지 같이 증명하는 것임이 논리적으로 명백하다. 또한 태블릿 계약서 조작 사실 확정은 태블릿의 실사용자 및 입수경위 조작 사실까지 같이 확정하는 것도 논리적으로 명백하다.

　검찰의 태블릿 조작수사 사실은 이로써 완벽하게 증명되었다.

윤석열 정권, 태블릿 조작 가담 검사들의 출세가도 백태

태블릿 조작수사를 주도한 한동훈은 무려 '법무부 장관'이 되었고, 윤석열은 심지어 '대통령'까지 되었다. 그런데 이 두 사람뿐만 아니라 태블릿 조작수사에 가담한 검사들 대부분이 윤석열 정권에서 출세가도를 달리고 있다. 그 백태에 대해서도 이번에 본서에서 따로 기록해둔다.

한동훈은 장관이 되자마자 '제1태블릿' 조작수사 실무자인 고형곤 검사를 '서울중앙지검 4차장'으로 영전시켰다. 고형곤은 탄핵 정국 당시에 태블릿의 카톡 메시지 등을 엉뚱하게 해석한 수사보고서를 작성, 사실상 최서원과 태블릿의 독일 동선 문제를 조작하며 태블릿을 최서원의 것으로 만든 장본인이다. 실제로 한동훈도 2017년 서울중앙지검 국정감사에서 고형곤이 조작했던 독일 동선 문제를 근거로 태블릿은 최서원의 것이라고 증언하기도 했었다.

고형곤은, 역시 특검 제4팀 파견 검사 출신으로 한동훈이 최근 승진시킨 강백신 '서울중앙지검 반부패수사3부장'과 함께, 과거 문재인 정권에서도 조국 당시 법무부 장관과 그의 배우자인 정경심 동양대 교수 대한 무차별 수사를 펼쳤던 인물이라는 점에서도 주목할만하다. 고형곤과 강백신은 조국 전 장관에 이어 현재 대장동 등 문제로 이재명 더불어민주당 대표에게도 역시 칼끝을 겨누고 있다.

한편, 한동훈은 2022년 6월말 검찰 인사에서 '제1태블릿' SKT 통신 신규계약서 조작 실무를 담당한 김종우 검사를 '대검찰청 정책기획과장'으로, 강상묵 검사를 '부산서부지청 형사1부장 검사'로, 김용제 검사를 '서울중앙지검 부부장 검사'로 각각 승진 발령시켰다. 필자는 앞서 6월초에 이들 검사들을 공수처에 고발했었지만, 한동훈은 이들을 보란 듯이 영전시켜버린 것이다. 같은 인사에서 '제2태블릿' 조작 실무를 담당한 박주성 검사도 '대구지검 서부지청 차장검사'로 승진 발령됐다.

이원석은 '검찰총장'에 임명됐다. 이원석이 누군가. 그는 소위 '국정농단' 수사와 관련 검찰 특수본 검사로 활동하던 당시 최서원에게 "정호성은 태블릿 감정을 포기하고 협조를 잘해서 빨리 풀어줄 것"이라며 "당신(최서원)은 민간인으로 (태블릿 관련) 공무상비밀누설죄는 다투지 못하니 더 이상 이 문제로 다투지 말라"고 종용했던 것으로 알려진 인물이다. 그는 2017년 서울중앙지검 국정감사에서도 "정호성 비서관도 드레스덴 연설문을 최순실 씨에게 메일로 보내줬다고 진술했다"고 하면서, 실제 태블릿 실사용자 확정 논리로는 쓸 수 없는 엉뚱한 근거를 제시하며 국회의원들과 국민들로 하여금 태블릿은 최서원 것이라고 각인시키는데 공헌하기도 했다.

태블릿 조작 문제에 연루되어 있지만 윤석열 정권에서 출세가 막힌 일부 검사도 있다. 바로 홍성준 검사로, 그는 태블릿 명예훼손 형사재판 관련해 필자와 미디어워치 기자들에 대한 수사 및 기소, 공판을 담당했었다. 홍성준은 2022년 6월말, 결국 검찰에 사표를 제출했다. 사실 그는 태블릿 조작에 원초적으로 가담한 인사는 아닌데다가 무엇보다 필자의 입을 막는데 실패했다. 따라서 그의 퇴진은 이 정권에서는 어찌 보면 당연한 신상필벌인지도 모르겠다.

태블릿 조작수사 사건에 직간접 연루된 검사·법조인 등 명단

연도	월일	검사·법조인 등의 이름과 관련 내용
2016	10.24.	JTBC, 태블릿 특집방송.
	10.25.	서울중앙지검 형사6부 익명 부장검사, JTBC 태블릿 관련, 검찰 시스템에 기록 남기지 말라며 수사관에게 불법 포렌식 지시.
		노승권 서울중앙지검 1차장, JTBC 기자와 태블릿에 관해 긴밀한 문자메시지.
	10.27.	**김수남** 검찰총장, **이영렬** 서울중앙지검장을 본부장으로 '최순실 국정농단 특별수사본부' 구성.
		최재순 서울중앙지검 검사, 검찰 출석한 노승일 시켜 해외에 있는 최서원에게 전화걸고 통화 녹취. JTBC가 통화 녹취록을 왜곡, 날조해 "최씨가 태블릿을 조작으로 몰라고 했다" 가짜뉴스 보도.
	10.28.	**김태겸** 서울중앙지검 검사, 24일에 태블릿 제출받고 나흘 뒤인 28일에야 뒤늦게 압수조서를 작성. 태블릿 제출자 조택수 JTBC 기자는 필자의 태블릿 형사재판에서 "자신이 제출한 물건이 태블릿인지 몰랐다"고 증언함.
	10.29.	**김용제** 서울중앙지검 검사, 김한수 1차 참고인 조사에서 "태블릿 요금은 ㈜마레이컴퍼니에서 모두 납부했고, 김한수는 몰랐다" 알리바이 설계.
	10.31.	최서원, 검찰 출석. **고형곤**, **한웅재**, **신자용**, **김민형**, **최영아** 검사가 조사.
		고형곤, 최서원에게 "태블릿은 포렌식 중이어서 보여주기 어렵다" 거짓말. 포렌식은 25일에 이미 끝난 상태였음.
		신자용, 최서원에게 "다 불지 않으면 삼족을 멸하고, 딸 정유라도 손자도 영원히 감옥에서 썩게 될 것".
		한웅재, **최영아** "조사할 필요도 없다, 죄를 인정하라" 강압수사.
		태블릿의 전원이 무단으로 켜져서 파일 수백 개가 수정·삭제됨. 검찰은 증거봉투 속에 보존된 태블릿의 전원이 '외부 충격'에 의해 자동으로 켜졌다고 주장함.

연도	월일	검사·법조인 등의 이름과 관련 내용
2016	11.3.	최서원 구속.
	11.30.	**박영수** 특검 임명. **이용복, 박충근, 양재식, 이규철** 변호사 합류. 대변인 이규철을 제외하고 모두 검찰 출신.
		좌천돼있던 **윤석열**, 특검수사팀장으로 전격 발탁.
		한동훈, 신자용, 고형곤, 문지석, 최재순 등 특검 수사진에 합류.
	12.7.	고영태 국회 청문회서 "최서원은 태블릿 쓸 줄 모른다", "JTBC 기자가 해명해달라" 등 증언. 고영태 발언 대서특필. 여론 동요.
	12.8.	JTBC 긴급 태블릿 해명방송, 고영태 발언을 날조, 거짓말쟁이로 몰아감.
	12.11.	**노승권** 서울중앙지검 1차장 "태블릿에서 정호성 문자 나왔다, 최서원 것 확실하다" 거짓 브리핑. 언론의 의혹 제기 완전 차단.
	12.21.	**이창재** 법무부 차관(장관직무대행),국회 대정부질의서 "특수본이 각종 자료를 분석한 결과 최순실이 태블릿을 사용한 것으로 판단했다" 거짓 답변. 이창재는 검찰(서울북부지검장) 출신.
	12.23.	**이창재** 차관, 법무부 장관 명의로 헌재에 '탄핵 의견서' 제출. "탄핵소추는 적법요건 갖췄다" 정당성 부여
2017	1.4.	**김종우** 특검 검사, 김한수 2차 참고인 조사. "태블릿 요금은 2013년 1월까지 마레이컴퍼니에서 내고, 2월부터는 김한수가 냈다"며 요금 납부 관련 알리바이 수정. 2012년 요금 납부 내역 은폐.
	1.5.	장시호, 법률대리인 **이지훈** 변호사 통해 최서원의 것이라며 '제2태블릿'을 특검에 제출. (장시호 피의자 신문조서 기록에 따른 것)
		박주성 특검 검사, 장시호 피의자 조사. 장시호로부터 이른바 '제2태블릿' 제출받음. 이후 태블릿 잠금장치 등 변경 이뤄짐.
	1.10.	**문지석** 특검 검사, 이미 재판에 넘겨진 정호성을 불러 14시간 심야 조사, 정호성으로부터 '태블릿 감정 포기 선언' 받아냄. 후일 정호성은 국정농단 사건 공범 중 가장 빠른 2018년 5월 석방. 정호성은 검찰 조사와 재판으로 대부분의 형기를 채워 대법원 1년 6개월형 선고 즉시 석방.

연도	월일	검사·법조인 등의 이름과 관련 내용
2017	1.11.	**이규철** 특검 대변인, "최순실 휴대폰 압수했으며, 휴대폰처럼 장시호 제출 제2태블릿도 L자 패턴" 거짓 기자회견. (1.10. 오후에 이미 같은 내용으로 브리핑하고, 1.11. 에는 실물까지 공개) 해당 태블릿이 최서원이 썼다는 날짜보다 한 달 늦게 출시된 것으로 밝혀지자, 이후에는 태블릿에 대해서 더 이상 거론 안함.
	3.6.	특검 '최종수사 결과' 발표.
	3.10.	헌법재판소, 박근혜 대통령 탄핵. (이정미 헌재소장 권한대행)
	3.31.	박근혜 전 대통령 구속.
	7.6.	**민영현** 서울중앙지검 검사, JTBC 기자가 태블릿 특수절도죄로 고소당한 사건을 불기소 결정함. 건물관리인의 '양해'를 구하고 가져갔다는 것이 불기소 이유. 하지만 건물관리인은 태블릿의 소유자도, 처분권자도 아니었음.
	9.29.	김한수 증인신문에 나선 **강상묵, 김종우** 특검 검사, 2012년 요금납부 관련 위증교사.
	10.23.	**윤석열** 서울중앙지검장 "정호성이 최순실 씨가 쓰던 태블릿이 맞다고 인정했고, 본인 재판에선 증거 동의했다"며 국정감사서 위증.
		한동훈 서울중앙지검 3차장 "(최순실씨 독일·제주도 동선) 이유로 최서원이 사용한 태블릿PC('제1태블릿')라고 저희는 판단했다"며 태블릿은 최서원 것이라고 국정감사서 주장.
		이원석 여주지청장 "정호성 비서관도 드레스덴 연설문을 최순실 씨에게 메일로 보내줬다고 진술했다"며 태블릿은 최서원 것이라고 국정감사서 주장. 최서원에 따르면 이원석은 소위 '국정농단' 수사와 관련 검찰 특수본 검사로 활동하던 당시 최서원에게 "정호성은 태블릿 감정을 포기하고 협조를 잘해서 빨리 풀어줄 것"이라며 "당신(최서원)은 민간인으로 (태블릿 관련) 공무상비밀누설죄는 다투지 못하니 더 이상 이 문제로 다투지 말라"고 종용.
	12.20.	시민단체 태블릿조작진상규명위원회, 기자회견서 박근혜 전 대통령 측근 **유영하** 변호사(검찰 출신)와 김한수 전 청와대 행정관 유착 의혹 제기.
	12.30.	**홍성준** 서울중앙지검 검사, JTBC와 변희재 쌍방 고소 10개월여 만에 태블릿 사건 수사 착수.

연도	월일	검사·법조인 등의 이름과 관련 내용
2018	5.23.	나기현 국과수 연구관, 법정에서 "국과수는 태블릿이 최서원 것이라 확정한 적 없다" 증언. 여러 언론이 보도.
	5.24.	**홍성준**, 변희재에 대한 사전구속영장 청구.
	5.30.	우리법연구회 **이언학** 영장전담 판사, 변희재 구속 결정.
	6.18.	**홍성준**, 변희재와 미디어워치 기자들 전원 기소.
	11.20.	**윤석열** 서울중앙지검장과 홍석현 중앙홀딩스 회장, 심야 회동.
	12.5.	**홍성준**, 변희재에 명예훼손 사상 최고 형량인 징역 5년 구형. 피고인 4명 도합 11년 구형.
	12.10.	우리법연구회 **박주영** 부장판사, 변희재 징역 2년(사전구속), 황의원 징역 1년(법정구속), 이우희 징역 6개월(집유), 오문영 벌금 500만원 으로 전원 유죄 선고.
2019	2.1.	태블릿 형사재판 항소심, 서울중앙지법 형사 항소 4-2부에 배정. 재 판부에 우리법연구회 출신 **정재헌** 부장판사 포함.
	4.10.	민간인 **오자성** JTBC 측 변호사, **홍성준** 검사와 검사석에 나란히 착석 해 공판 참여. 피고인이 항의했으나 묵살당함. **오자성**은 2017년 서울 고검 부장검사 퇴임.
	6.4.	**황교안** 전 총리, "저는 당연히 태블릿PC 1심 판결을 존중합니다. 국민 께 송구하다"며 중앙일보에 나가 항복 인터뷰.
2020	2.1.	**정재헌** 부장판사, SKT 계약서 조작이 쟁점이 떠오르던 시기, 돌연 SKT 법무부사장으로 이직.
	3.22.	변희재, 국회 기자회견 통해 김한수 실사용자 증거 발표. 김한수가 2012년 직접 태블릿 요금을 납부한 내역, 이용 정지 풀린 후 곧바로 사용한 내역 등 공식 확인.
	6.11.	최서원, 대법원에서 '국정농단' 관련 최종 확정 판결. (징역 18년) '이대 학사 비리' 관련 최종 학정 판결. (징역 3년)
	6.18.	**송지안** 검찰 포렌식 수사관, "보안상 이유로 대검 예규 지키지 않았 다" 불법 포렌식 자백. 검찰의 태블릿 카톡방 삭제 기록 관련 "정상 카 톡방 삭제불가능" 답변.

연도	월일	검사·법조인 등의 이름과 관련 내용
2020	8.14.	**나하나** 서울중앙지검 검사, 변희재가 태블릿 증거조작 등 혐의로 고발한 검사3인(**강상묵,김종우,김용제**)을, 피고소인 소환 조사 없이 무혐의 처분.
	8.26.	재판부, "신청인에게 태블릿 이미징 파일을 열람복사 허가하라" 결정. 검찰은 48시간 의무위반하며 무시.
	9.19.	**장욱환** 공판검사, 법원 명령 50여일 만에 의견서 제출. "이미징 파일5개 중 4개 분실했다"며 사실상 증거인멸 자백.
	10.29.	**임진철** 서울중앙지검 검사, SKT 태블릿 계약서에 서로 다른 두 개의 사인이 나오는 것은 "김한수와 동행인 또는 대리점 직원이 함께 서명한 것"이라는 궤변으로 SKT 고소사건을 불기소 처분함.
	11.5.	미디어워치측, 서울중앙지검 직권 압수수색 요구. 재판부 "검토하겠다" 답변.
	11.24.	추미애, **윤석열**에 대한 징계청구 및 직무배제 결정. 징계 이유 1순위는 태블릿 형사재판 1심 구형 직전 윤석열과 사건관계자 홍석현의 부적절한 만남 문제.
2021	1.14.	박근혜, 대법원에서 '국정농단' 관련 최종 확정 판결. (징역 20년) 반정모 재판장, 국과수 태블릿 이미징파일 3월까지 받아주겠다고 약속. 기피 신청하려던 미디어워치 측, 재판부 약속을 믿고 속행에 동의함.
	4.8.	반정모 재판장 전보. 신임 **전연숙** 재판장, 부임하자마자 전임 재판부 이미징파일 열람등사 허용 결정 취소, 재신청하라 요구. 전임 재판장의 국과수 이미징파일주겠다는 약속도 묵살함.
	8.13.	**전연숙** 재판장, 새로 신청한 이미징파일 열람등사 신청 모두 기각.
	8.18.	미디어워치 측, 재판부 기피신청.
	9.28.	기피신청 항고심 대법원 1부에 배정. 주심은 우리법연구회 **박정화** 대법관. 구속영장 심사 이후 4번째로 만난 우리법연구회 출신.
	12.21.	**정용환** 서울중앙지검 검사, 최서원이 제기한 반환소송 가처분 소송에서 "최서원은 태블릿의 소유자, 실사용자임이 법률상 확인되지 않았다"고 공식 답변. 검찰이 태블릿 반환요구를 거부하기 위해, 자신들의 기존 수사결과를 뒤집음.
	12.30.	박근혜 전 대통령 특별 사면·복권 석방. 구속기간 총 5년 2개월.

연도	월일	검사·법조인 등의 이름과 관련 내용
2022	3.3.	열린공감TV-썬데이저널, 특검 수사 거론하는 **윤석열** 녹취록 공개 " 검찰이 못한 박근혜 뇌물죄, 내가 엮었다"
	5.10.	**윤석열** 대통령 취임식. 박근혜 전 대통령 참석.
	5.17.	**한동훈** 법무부 장관 임명.
	5.20.	'제1태블릿' 조작수사한 **고형곤** 검사, 서울중앙지검 4차장으로 영전.
	6.14.	변희재, '제1태블릿' SKT 통신 신규계약서를 김한수와 공모해 조작하고 관련 위증교사 실무 담당한 **김종우·강상묵·김용제** 검사를 공수처에 고발.
	6.28.	**한동훈** 법무부장관, '제1태블릿' SKT 통신 신규계약서 조작 실무 담당한 **김종우** 검사는 대검찰청 정책기획과장으로, **강상묵** 검사는 부산서부지청 형사1부장 검사로, **김용제** 검사는 서울중앙지검 부부장 검사로 승진 발령. '제2태블릿' 조작 실무를 담당한 **박주성** 검사는 대구지검 서부지청 차장검사로 승진 발령.
		태블릿 명예훼손 형사재판 관련 변희재 및 미디어워치 수사 및 기소, 공판을 담당했던 **홍성준** 검사, 검찰에 사표 제출.
	7.1.	최서원이 제기한 '제1태블릿' 반환소송에서 김한수 측 소송대리인으로 **유영하** 변호사 측근 **정새봄** 변호사(검찰 출신) 선임.
	7.22.	'제1태블릿' 통신 신규계약서 조작 문제 관련 변희재 vs SKT 소송, 재판부(**송승우** 재판장)에서 태블릿 형사재판 결과를 보겠다며 재판 중단.
	7.28.	변희재, '제1태블릿' SKT 통신 신규계약서 조작 실무 검사들 고발과 관련, 공수처에서 고발인 조사. (송영선 검사)
	9.16.	**이원석** 검찰총장 임명. 이원석은 2017년 국정감사에서 태블릿이 최서원의 것이라고 했던 장본인 중 한 사람.
	9.20.	공수처, 송영선 검사 명의로 태블릿 조작 수사 관련 중간 통지.

연도	월일	검사·법조인 등의 이름과 관련 내용
2022	9.23.	변희재, 태블릿 반환소송과 관련 기계적 상소 거듭하고 있는 **정영환** 검사와 **황호석** 검사에 대한 '검사 징계 요구 진정서' 법무부에 제출.
		변희재, '제1태블릿' 이미징 파일의 5개 파티션에서 4개 파티션을 불법적으로 삭제한 성명불상 검사, 그리고 '제2태블릿' 입수 CCTV 증거 자료에 대한 열람복사를 불허 중인 성명불상 검사와 **임진철** 검사, 공수처에 고발.
	9.27.	'제1태블릿' 반환소송, 최서원 승소. 판결문에 "태블릿('JTBC 태블릿')이 원고(최서원)의 소유임을 확인한다. 피고(대한민국)는 원고에게 동산(태블릿)을 인도하라" 판결. 판결문에 "2017년도에 **윤석열** 서울지검장이 '태블릿은 최순실 것'이라 결론냈다"고 명시.
	10.12.	검찰, '제1태블릿' 반환소송 항소 "원심 판결을 취소하고 원고의 청구를 모두 기각해달라"
	10.14.	법원, **한동훈** 법무부 장관 명의 강제집행정지 신청 받아들여 태블릿 반환 가집행 정지 결정.
	11.15.	변희재가 김한수 상대로 제기한 '제1태블릿' 통신 신규계약서 날조 소송에서 김한수 측 소송대리인으로 **유영하** 변호사 측근 **정새봄** 변호사(검찰 출신) 선임.
	11.25.	검찰, **황호석** 검사와 **임진철** 검사 명의로 '제1태블릿' 반환소송 항소이유서 제출. "태블릿은 최서원 아닌 김한수의 것"이라고 주장.
	11.29.	검찰, **임진철** 검사 명의로 '제2태블릿' 관련 법원의 CCTV 기록 및 특검의 포렌식 자료 등 제출명령 거부.

제 4 부

태블릿 진실규명
방해하는 박근혜, 유영하,
가세연 등 친박세력

김한수 실사용자 밝혀내니, '변희재 죽이기'로 돌변한 가세연

미디어워치에서 김한수가 실사용자라는 증거를 공개한 것은 2020년 3월 23일이다. 이 당시 미디어워치와 가장 가까운 노선의 유튜버는 가로세로연구소였다. 강용석 변호사는 필자가 사전구속될 당시 변호인으로 활동하기도 했고, 필자가 1년간 수감생활을 하고 보석으로 출소한 뒤에는 태블릿 진실규명 기자회견에도 같이 참여했다. 이들도 표면상으론 박대통령에 대한 탄핵 무효를 주장하고 있었다는 말이다. 김세의 대표 역시 MBC 시절부터 필자와 잘 알고 지내서 아무런 의심도 할 수 없었다.

2020년 3월 24일, 국회 정론관에서 열린 '태블릿 실사용자는 김한수'라는 주제의 기자회견.

필자는 당연히 이날 김세의 대표에게 연락하여 "태블릿 실사용자, 조작범 김한수를 밝혀냈으니, 같이 방송을 준비하자"고 알렸다. 그러나 김세의는 "유영하 변호사와 상의해야 한다"며 전화를 끊고는 더 이상 연락이 없었다. 그러더니 하루이틀 후, 이른바 가세연의 하청 유튜브 채널이라고 할 수 있는 고릴라상념TV, 전략TV 등에서 무차별적으로 필자와 미디어워치를 음해하는 방송을 개시했다. 전략TV는 가세연과 원수지간인 신혜식 대표 측의 유튜버 닉네임 '토순이'라는 여성을 음해, 비방한 혐의로 나중에 구속까지 된 인물이다.

강용석 본인은 "태블릿에 대해서는 내가 가장 잘 안다. 더 이상 태블릿 이슈 꺼내지 말라"며 잘라버렸다. 태블릿 진실을 함께 찾아가는 동지, 동맹의 관계에서 한순간에 적으로 돌변한 것이다.

김한수 실사용자를 공개하기 약 두 달 전, 필자는 강용석, 김세의에게 "김한수 사용 증거를 조만간 공개하게 될 것"이라고 알려준 바 있다. 반갑게 환호할 줄 알았던 필자의 생각과 달리 저 둘의 얼굴은 그야말로 잿빛으로 변했다. 강용석은 "유영하 변호사와 만나 상의를 했으면 한다. 유 변호사가 김한수를 데리고 있었던 것은 김한수가 박 대통령 대선 과정에서 드루킹과 같은 댓글 조작을 한 것이 있어, 이 폭로를 막기 위한 것이다. 지금 김한수를 건드리면 위험하다"는 말을 했다.

유영하 변호사는 박 대통령 재판 당시 태블릿 조작의 주범으로 의심받던 김한수와 함께 사무실을 쓰면서 다른 변호사들로부터 항의를 받은 바있다. 또한 김한수가 박 대통령 재판에 증인으로 출석하자, 미디어워치로부터 자료를 받아 상세 심문하려던 도태우 변호사를 방해한 바도 있다.

이 때문에 필자는 애초에 유영하 변호사를 믿을 수 없었다. 반면 김세의는 "태블릿 조작이, 다른 사람도 아닌 박 대통령 부하의 짓이라는 게 알려지게 되면 박 대통령 명예가 크게 실추된다"며 덮으라는 요구까지 했다.

이 당시만 해도 저들이 김한수와 한 배를 탄 정도로 유착됐으리라고는 상상도 하지 못했다. 무언가 오해를 하고 있으니 나중에 다시 이야기하면 풀릴 것으로 기대했다.

　그러다 이들은 2020년 2월 24일, 강남팔레스호텔 일식집에서 유영하 변호사와 함께 하는 점심 자리를 필자에게 마련해주었다. 주로 총선 관련 이야기를 했는데 유 변호사는 필자에게 "김한수와 술 한번 하면서 다 풀어버립시다"라고 제안했다. 필자가 "김한수에게 따져 물을 것이 많다"며 거부하니, 유 변호사는 "김한수에게 물을 것 있으면 나에게 물으라"고 다시 제안했다. 유영하 본인이 김한수를 대리할 수 있을 정도의 관계라는 것이다.

유튜브 채널 가로세로연구소의 강용석 변호사와 김세의 대표가 유영하 변호사를 초대해 방송을 하고 있는 장면. 이들은 태블릿 실사용자가 김한수라는 사실이 밝혀지자 태블릿 진실 규명을 필사적으로 방해하고 나섰다.

　그러다 약 두 달이 지난 2020년 5월경, 보수성향의 한국인터넷미디어협회 강길모 초대 회장에게서 연락이 왔다. 그는 "지금 유영하와 만나고 있는데, 유영하가 변희재 대표 당신 욕을 엄청 하고 있는데 왜 그런 거야"라고 물었다. 필자는 "아마 태블릿 조작의 주범 김한수를 잡았기 때문일 것"이라고 알려주니, 강 회장은 "유영하 본인이 해야 할 일을 변 대표가 대신 해줬는데 왜 욕을 해?" 하고 반문하면서 전화를 끊었다. 단지 태블릿 조작 주범을 잡았다는 이유로 저들은 수단과 방법을 가리지 않고 필자와 미디어워치를 음해하고 있었다.

이제와서 보니, 강용석 변호사가 필자의 사전구속 때 변호인으로 참여한 것부터 이상했다. 강용석 변호사는 박원순 아들 병역비리 문제를 제대로 풀지 못하고 도도맘과의 스캔들로 필자와는 근 5년 이상 연락을 하지 않던 관계였다. 그런데 검찰의 필자에 대한 구속영장 청구 기사가 나오자 여러 차례 필자에게 전화와 문자를 넣어 자신이 반드시 무료 변론이라도 하겠다고 청해왔다.

필자가 구속된 뒤에는, 구속 심사에서 무료 변론을 해준 것도 고맙고 해서 강용석 변호사에게 정식 수임료를 주고 필자를 제외한 미디어워치 기자들을 변호하도록 했다. 그러나 재판이 다가오면서 미디어워치 기자들의 반발이 일어났다. 강용석 변호사 측이 진실투쟁을 하려는 기자들을 상대로 "무조건 변희재가 시켰다고만 해라"며 검찰과 야합을 시도하는 행태를 보였다는 것이다. 무성의한 재판 준비도 큰 문제였다고 한다. 결국 미디어워치 기자들은 1심 첫 공판 전날에 강용석 변호사의 해임을 결정했다. 물론 강 변호사는 의견서 한 장 재판부에 제출한 바 없이 수임료 대부분을 그대로 챙겨갔다.

강용석은 초선 국회의원 당시 여성 아나운서에 대한 성적 비하 발언으로 한나라당에서 출당조치를 당했다. 그 뒤 박원순 시장 아들 박주신에 대한 병역비리 의혹 몰이로 주목을 받았으나 박 시장의 세브란스 검증 한번에 백기 투항, 총선에서 참패하는 등 정치생명이 사실상 끝장났다.

여성 비하와 서울시장에 대한 허위비방으로 정치생명이 끝난 인물을

JTBC는 '썰전'이란 중요 프로그램에 스카웃해 강용석에게 재기의 길을 터준다. 실제 강용석은 자신의 책 『강용석의 직설』에서 홍석현 회장과 당시 막 부임한 손석희 사장으로부터 극진한 대우를 받은 점을 자랑스럽게 알려놓았다. 신임 사장이 취임했다고 해서 외부 패널에 불과한 인물에게 인사 전화를 한다는 건 방송계 상식으로는 매우 이례적인 일이다. 실제 JTBC는 '썰전'뿐만 아니라 각종 예능프로에서 강용석의 가족까지 불러 화려하게 그를 부활시켰다. 이렇게 강용석은 도도맘 스캔들이 터지기 직전까지 JTBC의 '썰전' 등 각종 프로그램에서 맹활약했다. JTBC의 힘으로 기사회생한 인물이, 과연 JTBC의 태블릿 조작을 밝히기 위해 필자 옆에 다가왔던 걸까?

강용석, 김세의와 함께 가로세로연구소에 참여한 김용호는 한때 필자를 찾아와 "나는 태블릿 관련해 처음부터 김한수를 의심했다. 그런데 강용석, 김세의는 이상할 정도로 유영하, 김한수만 나타나면 벌벌 기어서, 이해할 수가 없다"며 저들의 유착관계를 알려주기도 했다.

강용석은 태블릿의 진실을 밝히려고 필자에게 다가온 것이 아니다. 그 당시에도 그는 JTBC의 네트워크에 포섭돼 있었다. 필자의 변호사로 침투해서 염탐을 하며 진실투쟁의 대오를 무너뜨리려고 한 것이다.

분명히 말해두지만 필자는 2018년 5월, 구속영장 실질심사 때도 '김한수 실사용자론'을 강하게 주장했다. 강용석 변호사는 그때는 무슨 논리로 의뢰인인 필자를 변호했던가. 자신의 의뢰인이 1년 동안 수감생활을 했고 항소심에서 보석으로 석방된 뒤, 무죄의 결정적 증거가 될 김한수 실사용자 증거를 찾아 공개했다. 그런데 옛 변호인이 갑자기 음해비방에 나선다?

변호사가 아니라 스파이로 볼 수밖에 없고, 이에 대해선 태블릿 문제가 해결된 뒤, 변호사협회 윤리위에 조사를 요청할 생각이다.

특검에 불려간 뒤, 태블릿 감정 포기한 정호성

정호성은 이른바 박 대통령의 '문고리 3인방' 중에서도, 가장 충성도가 높다고 외부에 알려진 인물이다. 실제 정호성은 탄핵 당시 안종범과 함께 가장 먼저 구속이 됐고, 헌법재판소에 증인으로 나와서 박 대통령의 결백을 주장했다. 그러나 이런 정호성의 행태를 하나하나 따져보면, 강용석 만큼이나 이상한 구석이 발견된다.

검찰·특검 수사 당시 JTBC가 보도한 태블릿PC에 대한 감정을 요구할 수 있는 사람은 '공무상 비밀누설죄'가 적용된 박근혜 대통령과 정호성 비서관, 둘 뿐이었다. 검찰 측은 최서원의 직접 검증을 막기 위해 최서원을 공범에서 제외시켰다. 똑같이 공직자에게 해당되는 뇌물죄에서는 최서원을 박 대통령과 공범으로 엮은 것과 비교하면, 검찰의 의도는 뻔한 것이었다. 특히 검찰과 특검은 태블릿 포렌식을 할 때 최서원 측의 참관도 허용하지 않았고, 그 이후 실물조차 보여주지 않았다. 그 정도로 검찰과 특검은 최서원의 검증을 철저히 막은 것이다.

'국정농단' 관련 재판이 다 끝나고 최서원이 "검찰과 법원이 내 것이라 했으니 내가 직접 돌려받아서 검증해보겠다"고 태블릿 반환소송을 내자, 기겁한 검찰은 "최서원은 소유자도, 사용자도 아니다"라며 180도 말을 뒤집으면서 태블릿을 돌려주지 않고 있다. 즉 처음부터 검찰은 태블릿이 최서원의 손에 들어가면 죽는다는 자세로 버텼던 것이다.

반면, 박 대통령은 더 중대한 혐의에 대응하기에도 시간이 턱없이 부족한 데다, 탄핵이 끝난 이후에 재판이 시작됐다. 그 재판조차 후일 불법적인 추가 구속 문제로 보이콧했다. 결국 태블릿을 검증할 수 있는 인물은 정호성이 유일했다.

그러던 차에 정호성 전 비서관은 2017년 1월 10일 특검에 출석했다. 이날은 두 가지 이유에서 중요한 시기였다.

우선 정 전 비서관은 공무상 비밀누설 혐의로 2016년 11월 5일 구속됐다. 정 전 비서관이 재판에 넘겨진 이후 변호인으로 선임된 차기환 변호사는 2017년 1월 5일, 제1차 공판기일에 출석하여 검찰 측 태블릿의 증거능력에 동의하지 않고 감정을 요청했다. 또한 손석희 등 JTBC 측 기자들도 증인으로 신청했다. 여론을 동원해 태블릿을 최서원의 것으로 찍어누른 뒤 대충 넘어가려던 검찰의 계획에 차질이 빚어진 순간이었다. 탄핵 세력으로선 이 때가 최대의 위기였다.

정 전 비서관은 원래 이날 박근혜 대통령 탄핵심판 제3차 변론기일에 증인으로 채택돼 헌법재판소에 출석하도록 돼 있었다. 그러나 정 전 비서관은 전날(9일) 돌연 불출석사유서를 내고 탄핵심판 변론기일에 나오지 않았다. 그 대신 특검으로 불려갔던 것이다.

이렇게 결정적인 시점에 특검에 다녀온 이후 정 전 비서관은 이상한 행보를 보였다. 정 전 비서관은 본인 재판의 2차 공판기일(2017년 1월 11일)과 3차 공판기일(2017년 1월 13일)에 연속으로 출석하지 않았다. 그러다가 4차 공판기일(2017년 1월 18일)에 출석해 느닷없이 "태블릿PC 감정이 필요 없다"고 선언했다.

그래놓고 그는 2017년 1월 19일, 박 대통령 탄핵심판 제7차 변론기일에 증인으로 출석해 "대통령 말씀자료를 최 씨에게 보내 의견을 참고했다"고 증언했다. JTBC의 태블릿PC가 최서원의 것이 맞는지에 대한 감정을 포기한 채, 최 씨에게 연설문을 보냈고 의견을 참고한 것은 사실이라고 증언한 것이다. 사실상 언론과 검찰의 '태블릿PC를 통한 최순실 국정농단' 프레임을 인정, 대통령을 궁지로 몰아넣고서 자신의 선처만을 바란 꼴이다.

물론, 정 전 비서관이 법정에서 정확한 워딩으로 "태블릿은 최서원 것"이라고 증언한 적은 없다. 평소 최 씨가 태블릿을 사용하는지도 알지 못한다고 증언했다. 하지만 정 전 비서관은 태블릿 감정을 포기하면서 사실상 태블릿은 최서원의 것이라던 검찰 주장을 추인한 셈이 됐다. 그런 상황에서 검찰이 태블릿에서 나왔다고 일방적으로 제시한 문건에 대해, 자신이 최 씨에게 보낸 것이 맞다고 인정해버렸다.

정 전 비서관을 부른 건 특검의 문지석 검사였다. 정 전 비서관은 2017년 1월 10일 오후 2시 특검에 출석해서, 다음날인 11일 새벽 2시 40분까지 조사를 받았다. 정 전 비서관이 조서를 모두 열람하고 귀가한 시간은 새벽 3시 16분이었다. 조서열람 시간까지 포함하면 무려 14시간 동안 조사를 받은 것이다. 원칙적으로 재판이 진행되는 상황에서 수사기관이 피고인을 불러서 수사할 수는 없다. 특검은 정 전 비서관을 불법적으로 부른 셈이다. 정 전 비서관은 중차대한 헌법재판소 증인 출석까지 취소한 뒤, 특검이 부르자 순순히 따라간 것이다.

정 전 비서관이 문지석 검사에게 14시간 조사를 받은 결과물은 고작 27쪽짜리 진술조서가 전부다. 이날 진술의 핵심은 초반 3~4쪽에 나온다.

문> 언론기사를 보면 진술인은 최초 공판준비기일에서 공소사실을 모두 인정하는 취지로 진술하였다가, 다음 공판준비기일에서는 JTBC에서 입수한 태블릿PC의 증거능력을 문제 삼으면서 대통령과의 공모관계도 부인하는 취지로 진술하였다는 기사가 확인되는데, 그 경위가 어떻게 되는가요.

답> 사실은 제가 재판과정에서 제 공소사실에 대한 입장을 밝히는 문제 때문에 그동안 너무 괴로웠습니다. 저는 처음에는 공소사실을 모두 인정하는 방향으로 입장을 정했는데, 제2회 공판준비기일 전쯤에 '대통령과의 공모관계를 너무 쉽게 인정하는 것이 아니냐', 'JTBC에서 입수한 태블릿PC의 문제점을 다퉈봐야지 그대로 인정하면 대통령의 최측근으로서 배신자가 되는 것이 아니냐'라는 생각 등으로 많은 고민을 했습니다.

그리고 여기저기서 "현재 JTBC에서 입수한 태블릿PC에 대하여 법정에서 다툴 수 있는 사람이 정호성 비서관밖에 없는데, 태블릿PC를 제대로 확인도 하지 않고 넘어가 버리면 어떻게 한단 말이냐?"는 취지의 이야기도 들려 입장을 정리하지 못하였습니다.

저는 그동안 이 문제에 대해 고민하다가 지난 1월 5일~6일 무렵 완전히 제 입장을 정리했습니다. 저는 1월 18일에 있을 제 공판기일에 검찰에서 진술한 내용을 모두 인정할 것입니다.

(2017년 1월 10일 정호성 진술조서 3~4쪽)

이 대목에 대해 우종창 전 월간조선 기자는 『대통령을 묻어버린 거짓의 산 1권』 195쪽에서 "정호성은 문지석 검사에게 자기 죄를 스스로 인정하고, 태블릿의 위법성을 법정에서 다투지 않겠다고 진술했다"며 "정호성이 사실상 '항복선언'을 하자 문지석 검사는 그 이후부터 사건과 무관한 내용을 신문했다"고 지적했다.

실제 정호성이 태블릿 진상규명 포기를 선언한 이후 검사는 "진술인의 학력은 어떻게 되는가요", "가족관계는 어떻게 되는가요" 등 기초적인 질문으로 전환했다. 이때는 이미 13차례나 검찰·특검에 출석해 조사를 받은 이후였다. 사실상 의미 없는 문답을 주고받은 것이다. 누구라도 4쪽 이후의 진술서를 읽어보면, 필요한 답을 이미 얻었으니 불필요한 의심을 받지 않기 위해 억지로 지면을 채운다는 느낌이 강하게 들 것이다.

이후 검찰과 법원, JTBC는 정 전 비서관의 태도를 아전인수로 해석해 "정호성도 최서원의 태블릿이라고 인정했다"고 주장했다. 정 전 비서관이 침묵하는 사이 2017년 10월 23일, 윤석열 당시 서울중앙지검장은 국정감사에 출석해 "정호성은 그 태블릿이 최순실 씨가 쓰던 태블릿이 맞다고 인정하면서 증거 동의를 했다"며 대놓고 거짓 증언을 하기에 이르렀다. 이외에도 익명의 검찰 관계자들이 정호성을 인용해 거짓말을 한 사례는 부지기수다.

2017년 10월 23일, 윤석열 당시 서울중앙지검장은 국정감사에서 "정호성은 그 태블릿이 최순실 씨가 쓰던 태블릿이 맞다고 인정하면서 증거 동의를 했다"는 허위사실을 증언했다. 같은 날 JTBC는 <"최순실 쓰던 태블릿 맞다"…검찰, 국감서 '조작설' 반박> 제하 보도를 통해 이러한 윤석열의 발언을 그대로 보도했다.

JTBC는 정호성의 진술과 증언, 판결문에 대해 보도할 때마다 무조건 태블릿은 최서원 것이라고 전제한 뒤 "정호성의 진술로 태블릿은 최서원의 것임이 더욱 확실해졌다"는 식으로 왜곡 보도를 일삼았다.

하지만 이상하게도 정호성 전 비서관은 당시에는 물론 현재까지 단 한 번도 이러한 검찰과 법원의 왜곡된 판단이나, JTBC의 허위 보도에 대해 전혀 이의를 제기하지 않고 있다.

필자와 미디어워치 기자들이 태블릿은 최서원의 것이 아니라고 주장했다가 기소된 사건에서도, 검찰과 법원은 정호성의 판결문을 전가의 보도처럼 휘둘렀다. 심지어 검찰은 필자의 구속영장에도 정호성 판결문을 그대로 게재했다

필자는 태블릿 김한수 사용론 혹은 조작론을 부정하는 정호성, 김휘종은 물론 같은 논객인 강용석, 문갑식에게 태블릿 진실을 놓고 공개토론하자고 수십 차례 제안했다. 그러나 저들은 지난 4년 이상 무응답으로 일관했고, 사적인 술자리를 돌아다니며 필자와 미디어워치를 음해, 비방하고 있을 뿐이다.

왜 저들은 김한수의 공범이 되었는가

필자가 김한수 실사용자론을 처음 공개했을 때, 청와대 관계자들 다수가 "김한수가 그럴 인물은 아니다"라는 반응을 보였다. 여기에 정호성, 김휘종까지 김한수와 손발을 맞추니까 당연히 "정호성, 김휘종은 그럴 인물들이 아니다"라는 똑같은 반응이 잇따랐다.

검찰은 피의자 신문 당시 필자에게 김한수가 대체 왜 그런 짓을 저질렀는지, 그 동기에 대해 물은 바가 있다. 필자는 "잘은 모르지만, 차은택의 회사에 창조경제센터 홈페이지 사업권을 몰아준 배임죄 등 약점이 잡혀있는 것 같다"고 답변했다. 하지만 검찰은 필자의 답변 앞부분만 따서 "모른다"라고 답변했다면서, 이를 구속사유로 강하게 주장하기도 했다.

원칙적으로 언론은 수사기관이 아니기 때문에 김한수가 태블릿을 사용한 증거를 찾아내고, 김한수와 검찰, 특검이 증거를 은폐했다는 점만 밝혀내면 되는 것이다. 김한수가 왜 그랬고, 정호성이 왜 그랬는지, 동기까지 일일이 밝힐 필요는 없다.

하지만 이와 관련해 워낙 질문을 빙자한 음해성 공격을 많이 당한 터라 간략히 정리해보겠다. 김한수, 정호성, 김휘종, 유영하는 도대체 왜 저러는 것인가.

먼저 김한수의 동기다. 김한수는 배임 혐의가 포착된 적이 있는데, 검찰이 이를 봐준 것에 대한 반대급부로서 검찰의 조작 수사에 협조하는 것일 수 있다.

2016년 11월 22일자 조선일보에는 <"창조경제센터 홈페이지 구축사업 수의계약에 김한수 전 행정관 개입">이란 특종 보도가 나갔고, 이를 20여 개 언론사가 인용 보도했다.

국정농단 비선 실세 최순실에게 태블릿PC를 건네준 것으로 알려진 김한수 전 청와대 행정관이 창조경제혁신센터 홈페이지 용역을 수의 계약으로 진행하고 차은택 씨 회사인 모스코스가 일감을 수주하도록 영향력을 행사한 정황이 확인됐다.

관련 업무를 담당했던 한 관계자는 "김한수 당시 청와대 미래전략수석실 뉴미디어 담당 행정관이 온라인 전문가임을 자처하면서 모스코스와 창조경제사업추진단의 홈페이지 개설 계약 시점에 나타나 다른 전문가들이 해당 업무에 관여하지 못하게 했다"고 22일 밝혔다.

이 제보자는 "창조경제사업추진단은 17개 센터 홈페이지 하나당 약 2000만원, 총 사업비는 약 3억4000만원을 책정했다"며 "17개 홈페이지가 거의 똑같은 데 3억4000만원은 과도한 금액이었다"고 말했다. 그는 "다른 행정관이 모스코스가 제안한 홈페이지의 질이 떨어진다며 다른 곳에 조언을 요청했지만, 김한수 행정관은 전문가들이 홈페이지 작업에 자문하지 못하도록 막았다"고 말했다.

이 관계자는 "결국 김한수 행정관과 창조경제추진단은 문제를 제기한 다른 행정관과 전문가들이 홈페이지 개설 작업에 개입할 수 없도록 이들을 배제하고 업무를 추진했다"고 덧붙였다.

이 당시는 최서원과 조금이라도 관련된 인물이라면 검찰이 닥치는 대로 구속시킬 때였다. 최서원의 태블릿을 만들어주고 차은택의 자회사에 일감을 몰아준 혐의가 이렇게 뚜렷한데도, 검찰과 특검은 구속은커녕 김한수를 수사에서조차 배제시켰다는 것은 무엇을 의미할까.

흥미로운 점은 저 기사의 날짜가 이미 김한수가 검찰에서 10월말 조사를 받은 이후인 11월 22일라는 점이다. 검찰 수사 단계에서 김한수는 태블릿을 이춘상 보좌관에게 넘겨준 이후로, 그 행방을 전혀 모른다고 진술했다. 또 최서원과는 통화도 해본 적이 없다고 진술했다. 그러나 이 협박성 기사가 나간 뒤에 김한수는 특검에 출석해서는 검사가 원하는 대로 "최서원이 가방에 태블릿을 넣는 것을 봤다", "최서원이 전화를 걸어왔다" 같은 거짓 답변을 해주었다.

검찰이 김한수의 부정비리와 관련해서 약점을 쥐고 있다면, 태블릿 조작에 참여시킨 뒤 나머지 범죄를 눈감아주는 것은 아무 일도 아닐 것이다.

정호성의 경우는 어떠한가. 그도 역시 검찰과 플리바게닝 혐의가 짙다. 정호성은 태블릿 검증을 회피한 대가로 충분히 짐작할 만한, 1년 6개월이란 경미한 형을 받아 만기 출소했다. 그는 최서원과 직접 소통한 유일한 인물로, 검찰과 특검이 만약 공범으로 엮어버리면 10년 이상의 징역형도 각오할 처지였다. 이런 점에서 충분히 특검과 태블릿을 놓고 자신의 형량을 거래했을 거라 짐작할 수 있다.

실제 검찰은 드레스덴 연설문을 포함한 청와대 문건을 최서원에게 전달한 혐의로 2016년 11월 정호성을 긴급체포했다. 이후 정호성은 구속 상태에서 검찰·특검 수사와 '국정농단' 재판을 받으면서 시간을 보냈다. 그러다가 2018년 4월, 대법원이 가벼운 1년 6개월 형을 확정하자마자 곧바로 출소할 수 있었다. 정호성은 나머지 혐의에 관해선 불구속 재판을 받았다. 정호성이 온전히 '감옥생활'을 한 기간은 얼마 되지 않는 것이다.

또 정호성의 만기 출소는 언론의 스포트라이트를 받기도 했는데, 이때 정호성은 탄핵이 잘못되었다거나 박근혜 대통령은 잘못이 없다는 등의 언급을 전혀 하지 않았다. 대신 "막중한 책무를 맡아서 좀 더 잘했어야 했는데 여러 가지로 부족했습니다, 죄송합니다"라고 말했다. 정호성은 거짓탄핵에 맞서지 않고 자기만 살겠다며 사과를 한 셈이다.

김휘종의 경우는 태블릿 조작 문제와 관련, 적어도 방조를 한 것에 대한 두려움이 동기일 수 있다.

사실 김휘종은 김한수가 태블릿을 쓰는 걸 충분히 봤을 법한 위치에 있었다. 박근혜 정권 1년 차에 한 달에 한 번 정도 김한수와 만났던 필자도 봤는데, 매일 함께 일한 그가 못 봤을 리가 없다. 그는 청와대 참모였으면서도 탄핵 당시부터 태블릿 진실에는 애초에 눈을 감고 있었다. 그래서 나중에 진실이 드러나면 그 자체만으로 정치적으로 심판받게 된다. 김휘종은 김한수나 정호성처럼 적극적인 동기까지 아니더라도 이대로 태블릿 사건이 묻혀지는 게 훨씬 유리한 입장이다.

유영하의 경우는 금전 등의 문제로 김한수에게 포섭됐을 수 있다. 유영하는 박 대통령 1심 재판 도중 김한수와 같은 사무실을 쓰고 있다는 점이 뒤늦게 드러나서 다른 변호사들이 불만을 제기하기도 했다. 이와 관련해 강용석은 필자에게 "김한수가 박 대통령 대선 때 했던 드루킹 같은 댓글공작을 폭로할 수 있어서, 이를 막기 위해 데리고 있는 것"이라 설명했다. 검토할 가치조차 없는 궤변이다. 박 대통령에게 그런 추가 비리가 있었으면 특검이 수사를 안 했을 리가 있는가.

JTBC 뉴스룸 2016년 11월 15일자 <"사생활"까지 꺼내며…대통령 변호인, 앞뒤 안 맞는 발언> 제하 보도에서 손석희는 "유영하 씨도 최순실 씨가 잘못한 것이지, 대통령 잘못이 아니다는 취지의 발언을 거듭하고 있다"고 말했다. 실제 유영하 변호사는 청와대 참모들과 입을 맞춰 '최서원 책임론'을 부각시켜온 핵심 인물로 의심받고 있다.

오히려 정반대로 생각해볼 필요가 있다. 김휘종 등 탄핵 이후 일부 청와대 행정관들은 극심한 생활고에 시달리고 있었다. 탄핵당한 박근혜 정권의 행정관이라면 마땅히 취업할 곳이 없었을 것이다. 그러다보니 김휘종같은 경우는 '밝은해광장'이란 유튜브 채널을 만들어 자신이 관리하던 청와대 영상과 사진들을 활용해서 방송하고, 박 대통령을 상징하는 각종 뱃지나 컵 등을 과도하게 비싸게 팔아 물의를 빚기도 했다.

이런 청와대 행정관들 가운데 유일하게 풍족하게 돈을 쓰며 해외여행을 다녔던 인물이 김한수다. 김한수는 이혼을 한 뒤 원래 거주지였던 분당이 아니라 경기도 광주의 한 신축아파트에 거주하고 있다. 과연 그는 무슨 돈으로 풍족한 생활을 하고 있는 걸까. 태블릿 문제를 처리해준 사례금이라고 해석하면 되는 걸까.

유영하의 경우, 변호사로서 박 대통령을 접견하는 일 외에 다른 수임 사건은 맡은 바 없다고 밝혔다. 그래서 유영하의 활동비를 가세연 측에서 대주기도 했다. 이런 유영하가 자기 사무실에 김한수를 데리고 있었다? 사건 수임도 하지 않는 유영하가 무슨 돈으로 김한수에게 급여를 주겠는가.

오히려 반대로 김한수가 데리고 있으면서 유영하를 챙겨준 거라고 한다면 그럴 듯하다. 최소한 유영하는 박 대통령 1심 재판 과정에서 김한수에 대한 도태우 변호사의 송곳 질의를 저지하고, 미디어워치의 김한수 실사용자 규명도 전방위로 방해하는 등 태블릿 진실 은폐를 위해서는 뭐든 다해왔으니까 말이다.

이런 개인적인 사리사욕 문제 외에도, 탄핵 당시의 청와대 근무자들은 청와대 내에 배신자가 나와서 탄핵을 성사시켰다는 시나리오를 믿고 싶어하지 않는 경향이 있다. 지금껏 청와대 참모들은 최서원 한 사람이 모든 일을 망쳐놨다며 스스로 자위하고 있었다. 하지만 앞서 언급했듯이 청와대 참모들은 탄핵을 막기 위한 그 어떤 대비책도 만들어놓지 않았다. 그런 그들의 실책을 최서원 한 사람에게 뒤집어 씌워놓고, 자위를 하며, 변명도 해왔던 것이다.

그런데 탄핵의 실체가, 민간인 최서원의 국정개입이 아니라, 사실은 청와대 내부 인사인 김한수, 그리고 그 주변 인물들이 태블릿 조작에 가담해서 일으킨 정변이라면, 그들의 자위용 알리바이도 무너진다. 진실을 보여줘도, 진실을 보려고 하지 않는 정서가 팽배한 것이다.

실제로 김한수는 미디어워치의 실사용자 폭로 보도 이후에도 과거 청와대 동료들과 스스럼없이 만나고 있다. 김한수로부터 용돈을 받는 경우도 있을 것이다. 하지만 그보다는 원천적으로 자신의 동료 김한수가 태블릿 조작의 주범이라고 믿고 싶어 하지 않는 것이다.

김한수만 건드렸던 창조경제센터 홈페이지 작업, 태블릿에 담겨

김한수가 창조경제센터 홈페이지 사업을 혼자만 독점하려 했다는 진술이 나온 만큼, 태블릿에 관련 작업의 흔적이 담겨있는 것도 김한수 실사용의 유력한 증거가 될 수 있다. 아무리 JTBC와 검찰이라도 60대 컴맹 여성이 청와대 공식 사업의 홈페이지를 직접 제작, 관리했다는 주장은 하지 못할 것이다.

김한수가 작업했을 창조경제 홈페이지 문제에 대해서는 필자의 변호인 차기환 변호사가 2019년 8월 7일, 태블릿 명예훼손 형사재판 항소심 재판부에 제출한 의견서에 잘 정리돼 있다.

차 변호사는 의견서에서 "이 사건 태블릿은 박근혜 전 대통령의 대통령 선거캠프의 직원으로 활동하던 김한수가 2012. 6.경 자신이 운영하던 ㈜ 마레이컴퍼니의 명의로 개통한 것"이라며 "태블릿에 대한 국과수의 파이널 모바일 포렌식 보고서(증제67호증), 파일정보시스템(증제68호증), TAB감정회보(증제130호증)를 검토하면, 김한수가 2013. 9.경 자신이 담당했던 창조경제타운 홈페이지 작업을 위하여 사용한 증거들이 쏟아져 나옵니다"라고 말했다.

우선 국과수 포렌식 자료를 분석한 결과, 총 8건의 창조경제타운 홈페이지 캐시 파일이 태블릿에서 발견됐다. 차 변호사는 "이 캐시 파일들은 2013. 9. 10. 수신된 이메일에 첨부된 이미지들의 캐시 파일로 창조경제타운 홈페이지 제작을 앞두고 제작한 시안을 보여주는 이미지들"이라고 설명했다. 이어 "이미지 원본 파일은 존재하지 않는 것으로 보아 사용자가 임의로 삭제한 것으로 판단된다"고 덧붙였다. 창조경제타운은 박근혜 대통령의 주요 정책 중 하나로 추진된 사업이었다. 이 사업 홍보를 위한 '창조경제타운 홈페이지' 시안 8개가 만들어졌고, 태블릿에 저장된 홈페이지 캐시 파일은 청와대 내부 담당자가 이메일로 공유하던 과정에서 생겨난 것으로 볼 수 있다.

차 변호사는 "검찰 및 특검이 수개월에 걸쳐 최순실 및 관계인들을 철저하게 수사하였으나 최순실이 창조경제타운 홈페이지 제작에 관여했다는 증거는 없다"며 "오히려 청와대 행정관 김한수가 뉴미디어 국장으로서, 창조경제 홈페이지 사업을 독식하려 했다는 진술이 나왔고, 위 창조경제타운 홈페이지 작업을 하였을 가능성이 높은 증거들이 있다"고 설명했다.

차 변호사는 "이처럼 김한수가 차은택에게 창조경제센터 홈페이지 제작계약을 몰아주기 위해 다른 행정관들이나 전문가가 관여하지 못하게 사실상 단독으로 처리한 점 등에 비추어 보면, 김한수가 2013년 9월경 이사건 태블릿을 사용하고 있었다고 보는 것이 합리적이라고 하지 않을 수 없습니다"라고 강조하기도 했다.

물론 검찰은 이 건을 포함, 김한수가 태블릿을 사용했다는 증거들은 모조리 숨겨왔다.

543	정상	멀티미디어 로그	/mnt/sdcard/Android/data/com.android.email/cache/D0401.jpg		image/jpeg	527240	2013-10-02 AM 10:48:38	2013-09-10 PM 02:46:10
544	정상	멀티미디어 로그	/mnt/sdcard/Android/data/com.android.email/cache/C0302.jpg		image/jpeg	647969	2013-10-02 AM 10:48:38	2013-09-10 PM 02:48:21
545	정상	멀티미디어 로그	/mnt/sdcard/Android/data/com.android.email/cache/A-more01.jpg		image/jpeg	543941	2013-10-02 AM 10:48:39	2013-09-10 PM 02:48:34
546	정상	멀티미디어 로그	/mnt/sdcard/Android/data/com.android.email/cache/A0103.jpg		image/jpeg	558965	2013-10-02 AM 10:48:40	2013-09-10 PM 02:49:00
547	정상	멀티미디어 로그	/mnt/sdcard/Android/data/com.android.email		image/jpeg	555570	2013-10-02 AM 10:48:39	2013-09-10 PM 02:49:19

63 / 1644

Mobile Forensics
DIGITAL MOBILE EVIDENCE ANALYSIS RESULT

FINAL MobileForensics

		로그	/cache/A0104.jpg					
548	정상	멀티미디어 로그	/mnt/sdcard/Android/data/com.android.email/cache/B0201.jpg		image/jpeg	475948	2013-10-02 AM 10:48:37	2013-09-10 PM 02:49:51
549	정상	멀티미디어 로그	/mnt/sdcard/Android/data/com.android.email/cache/C0301.jpg		image/jpeg	653503	2013-10-02 AM 10:48:37	2013-09-10 PM 02:50:01
550	정상	멀티미디어 로그	/mnt/sdcard/Android/data/com.android.email/cache/A-more02.jpg		image/jpeg	555726	2013-10-02 AM 10:48:38	2013-09-10 PM 02:50:16

국과수 포렌식 감정 결과, 창조경제타운 홈페이지 시안이 담긴 총 8건의 캐시파일이 태블릿에서 발견됐다.

태블릿에 저장돼 있는 창조경제타운 홈페이지 디자인 관련 이미지들. 창조경제타운 홈페이지 제작은 김한수가 독점해서 추진한 사업으로 알려졌다. 따라서 태블릿에 저장된 관련 캐시 이미지 파일들은 당시 김한수가 태블릿을 사용했다는 결정적인 증거가 된다.

박근혜 전 대통령부터 진실 앞에서 겸허해야

김한수부터 유영하까지, 이들은 모두 자신의 사적 이익을 위해 진실을 짓밟고 박근혜 전 대통령을 속일 수 있었다. 문제는 박근혜 전 대통령 본인이다.

필자는 2020년 3월말경, 태블릿 실사용자 및 조작주범이 김한수라는 사실을 명확히 밝혀낸 뒤, 세 차례에 걸쳐서 서울구치소에 수감 중인 박전 대통령 측에 관련 자료를 송부했다. 물론, 유영하와 강용석 등이 김한수와 유착, 태블릿 진실규명을 악랄하게 방해하고 있다는 사실도 분명히 알렸다. 그러나 박 전 대통령 측은 아무런 반응이 없었다. 박 전 대통령은 서울수치소에 수감된 몸인 만큼, 당시엔 어쩔 수 없었을 것으로 이해했다.

필자는 2021년 12월초에 이규택, 김경재 등 박 전 대통령의 원로 측근들, 최대집 전 대한의사협회 회장, 조영환 올인방송 대표, 강민구 턴라이트 대표 등 대표적 보수 인사들과 함께 박 전 대통령 석방을 위한 조직을 발족했다. 노재봉 전 총리, 현경대 전 의원, 심동보 전 해군 제독 등 보수인사들의 석방 촉구 서명을 받아 신문에 광고를 게재하고 당시 문재인 대통령과 법무부 측에 의견서를 제출했다. 서울, 대구, 부산 등에서 석방 촉구 집회를 열었다.

결국 같은달 24일, 문재인 대통령은 크리스마스 이브 오전, 박근혜 전 대통령에 대해서 전격적으로 사면석방을 선언한다. 대다수의 태극기 지지층들은 환호했지만, 필자는 석방 이후에 유영하 등 박 전 대통령 측근들의 태블릿 조작세력과의 유착 문제, 또 조원진 우리공화당 세력의 박근혜팔이 문제 등을 어떻게 해결할지 걱정이 앞섰다.

하지만 그런 필자의 걱정이 무색하게도, 박 전 대통령은 석방이 되자마자, 유영하와 더불어 태블릿 진실규명을 그토록 방해해온 강용석, 김세의 등과 함께 자신의 지지자들이 보낸 편지를 묶어낸 책을 발간한다. 필자를 더 답답하게 한 것은 박 전 대통령 자신이 거주하게 될 대구의 사저를 김세의, 강용석 등으로부터 돈을 빌려 매입했다는 소식이었다. 그래도 갑작스런 석방에 아직 주변이 정리되지 않아 그렇다고 이해했다.

그러나 이후 박근혜 전 대통령의 석방 뒤 국민들을 향한 첫 정치적 메시지, "유영하를 대구시장으로 지지해달라"가 나왔다. 유영하를 추천하는 이유는 수감된 시절 자신을 도왔다는 것, 하나였다. 그렇게 되면 감옥까지 끌려가며 태블릿 조작 문제의 진실을 규명한 필자와, 이를 온갖 수단과 방법을 가리지 않고 방해해온 유영하의 관계 문제는 대체 뭐가 되는가. 논리로만 보면 박 전 대통령을 도우려는 유영하를, 필자가 오히려 계속 방해해온 게 되지 않는가.

더구나 김세의로부터 약 25억 원을 빌려서 샀다는 대구 사저의 구입비 문제는 지금도 해결되지 않고 있다. 2022년 5월, '신의한수' 신혜식 대표는 박 전 대통령이 김세의 대표에게 빌린 돈은 곧바로 박 전 대통령의 친동생 박지만 GE 회장이 갚았다고 발표했다. 그러나 6개월이 지난 지금도 김세의는 여전히 돈을 받지 못했다며 박 전 대통령에게 "돈을 갚으라"고 독촉하고 있다.

박 전 대통령이 지지층의 편지를 모아 엮어낸 책 『그리움은 아무에게나 생기지 않습니다』는 가세연에서 총 30만 부를 판매했다고 발표했다. 정가 1만 5천 원으로, 서점 유통 마진을 제외하면 1권 당 8천 원씩, 총 30만 부이면 약 24억 원이 가세연의 통장에 현찰로 입금되었을 것이다. 아무리 최고급 용지를 사용한다 해도, 최대 권 당 3천 원의 원가 총 9억 원 정도라면, 가세연은 15억 원 정도의 수익은 남겼을 것이다. 그러나 김세의는 고작 6억 원의 수익 밖에 나지 않았다면서 박 전 대통령에게 "돈을 더 가져오라"며 호통을 치고 있다.

박 전 대통령은 결국 출소 이후, 자신이 사는 집은 물론 자신이 낸 책의 돈 문제 하나 제대로 해결하지 못해서 김세의 같은 불량 유튜버에게도 약점을 잡히게 된 꼴이다. 이 모든 게 결국 가세연과 유착해온 유영하의 책임 아닌가. 이런 자를 최측근으로 두면서 자신의 집과 책 문제 하나 해결하지 못하고 있는 사람이 애초 K스포츠·미르재단 문제 같은 것을 똑바로 해결할 수 있었을까.

박 전 대통령은 결국 유영하와 가세연 등 태블릿 조작 세력, 또는 최소한 거기에 유착된 세력과 함께 어울렸던 것이다. 아무리 좋게 해석하려 해도 박 전 대통령은 태블릿 진실이 드러나는 것을 원치 않든지 별 관심이 없다고 밖에 달리 해석할 수가 없다.

이른바 '국정농단' 사건이 벌어졌을 때 유영하를 포함하여 박근혜 당시 대통령의 모든 참모와 측근들은, 이를 박 대통령 모르게 최서원이 벌인 짓으로 규정했다. 그러나 이런 논리는 자신의 사적 인맥조차 관리하지 못한 박 대통령의 무능과 무책임 문제로 이슈화되면서 탄핵 여론을 전혀 누그러뜨리지 못했다. 오직, 박 대통령도 어찌하지 못했다는 최서원 혼자만의 막가파식 '국정농단' 이슈가 강하게 부각되면서, 유영하, 정호성 같은 그의 참모와 측근들은 면죄부를 받게 됐던 것이다.

그러나 재판과정에서 최소한 K스포츠·미르재단의 경우, 최서원보다는 박 전 대통령의 안종범 전 경제수석과 전경련 측 인사들이 주도했다는 증거들이 속속 드러났다. 특히 안종범 전 수석은 SK 등 대기업들에 돈을 요구한 당사자로 박 전 대통령을 지목했다. 과거 박 대통령은 K스포츠·미르재단이 설립되는지조차 몰랐고, 안종범 당시 수석으로부터 "기업들이 자발적으로 문화, 스포츠재단을 만들고 있다"는 보고를 받아, "도와주라"는 입장을 표명한 게 전부라고 주장한다. 실제로 박 전 대통령은 삼성 이재용, 롯데 신동빈 등 대기업 총수들과의 회동에서 "대기업 스스로 재단을 만들고 있다는 보고를 받았는데, 돈을 내라는 말을 왜 했겠냐"는 입장이다.

박 전 대통령의 말이 진실이면 안종범 전 수석의 말은 거짓이고, K스포츠·미르재단 설립과 대기업 돈을 뜯어낸 주모자는 결국 안 전 수석이 된다. 그러나 박 전 대통령도 유영하도 이 사실을 국민들에게 알린 바가 없다. 그렇게 해서 돌이킬 수 없는 피해를 본 인물이 '국민마녀' 최서원이다. 어찌보면 최서원은 박 전 대통령이 자신의 경제 비서 안종범을 관리 못한 책임을 혼자서 덮어쓴 셈이다.

필자는 우종창 전 월간조선 기자의 기사와 책 등으로 이 사실을 알게 되었을 때, "K스포츠·미르재단의 주모자가 최서원이 아니라 안종범이라면, 오히려 박 대통령의 국정농단을 막지 못한 책임은 더 커질 수 있다"고 공개적으로 여러차례 지적한 바 있다. 민간인 최서원에 대해선 자신의 레이더 밖에서 움직여 몰랐다는 핑계를 댈 수 있지만, 자신의 정식 라인이자 공식 수하인 경제수석비서관도 자신이 모르게 전경련과 함께 자신의 이름을 팔아 재단을 설립했다는 것을 국민들에게 어떻게 설명할 수 있겠는가.

박 전 대통령이 유영하, 강용석 등 태블릿 조작 세력과 함께 하고 있는 것도 바로 이런 문제와 관련이 있지 않을까 추측해본다. 그래도 차라리 모든 것을 최서원이 단독으로 해먹은 것으로 덮어씌워 놓는 것이 자신의 정치적 입지에 더 유리하다면, 굳이 향후 최서원의 목소리에도 일정 정도 신뢰를 부여할 수 있게 될 태블릿 조작 문제의 진실을 밝혀내고 싶지 않을 수 있는 것이다.

하지만, 그렇게 되면 "진실은 반드시 밝혀진다"는 박 전 대통령의 호언은 어떻게 되는 것인가. 실제 박 전 대통령의 최측근들이 그토록 기를 쓰고 태블릿 진실을 은폐하고자 했지만, 결국 진실은 다 밝혀진 것이 아닌가. 설사 박 전 대통령이라고 해서 진실을 파묻을 권리도, 능력도 갖고 있지 않다. 물론 이는 윤석열 현 대통령, 한동훈 현 법무부 장관도 마찬가지다.

박근혜 전 대통령, 그리고 윤석열 대통령과 한동훈 장관, 그리고 "탄핵 무효"를 외치다가 "윤석열, 한동훈 만세"를 불러대며 태블릿 진실을 애써 외면하는 보수 태극기 변절자들에게, 적어도 태블릿 진실만큼은 지난 6년간 쉼 없이 파헤쳐왔다고 자부하는 필자로선 "진실 앞에서 겸허하라" 이 한마디만 해줄 수 있을 뿐이다.

윤석열·한동훈 등에 대한 공수처 고발장과
한동훈의 태블릿 조작 관여 가능성에 대하여

　필자는 2022년 12월 21일자로 윤석열 현 대통령과 한동훈 법무부 장관, 이규철 법무법인 대륙아주 대표변호사(과거 특검 대변인) 등을 고위공직자범죄수사처(이하 공수처)에 형사고발했다.

　얼마 전 한동훈 법무부 장관이 김의겸 더불어민주당 의원과 '더탐사'(열린공감TV의 후신)의 청담동 술자리 의혹 제기를 허위라고 하면서 30여 장 분량의 고소장을 제출했다고 하여 화제가 된 적이 있었다. 필자의 '제2태블릿' 조작수사 문제 관련 고발장은 한 장관이 제출했다는 고소장 분량의 7배에 달하는 207 페이지 분량이다. 고발장 두께만 약 4cm 가량이며, 정리된 목차만 6페이지다. 일부러 늘려서 쓴 것이 아니다. 윤석열과 한동훈 등의 조작 범죄가 그만큼 깊고 넓기 때문이었다.

　고발장의 목차는 1. 고발인, 2. 피고발인, 3. 고발취지, 4. 범죄사실, 5. 고발이유, 6. 증거자료, 7. 관련 사건의 수사 및 재판 여부, 8. 기타 순으로 구성됐다. 또한 피고발인 윤석열과 한동훈 등의 구체적 죄목으로는 공용물건손상죄(형법 제141조 제1항) 및 모해증거인멸죄(형법 제155조 제3항), 허위공문서작성죄(형법 제227조), 직권남용권리행사방해죄(형법 제123조) 그리고 모해위증죄(형법 제152조 제2항) 등을 적시했다.

　각 죄목에 관한 사실관계는 이 책의 2부에서 상세히 설명한 바 있다. 일단 수사 관련 기록과 진술이 명확히 남아있는 이규철, 박주성, 장시호에 대한 처벌은 불가피하며, 이규철, 박주성, 장시호가 자신들만 처벌받겠다는 합심이 있지 않은 이상, 특검 수사 4팀의 수장이었던 윤석열과 한동훈에 대한 처벌도 역시 불가피할 것이다.

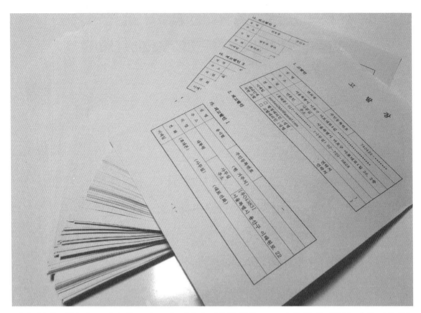

필자가 '제2태블릿' 조작수사 문제로 윤석열과 한동훈 등을 공수처에 형사고발한 관련 고발장은 207페이지 분량이다.

  필자는 향후 공수처에서 고발인 조사를 받게 될 때 저 고발장에는 다 적지 못한, 한동훈이 '제2태블릿' 조작수사에 깊이 관여했을 정황에 대해서도 진술할 예정으로 여기에 그 내용을 일부 미리 밝혀둔다.

  한동훈은 특검 파견 검사로 활동할 당시에 장시호를 직접 수사했던 전력이 있다. 묘하게도 당시 한동훈과 장시호의 사이가 일반 검사나 일반 피의자 이상의 친밀한 관계였음을 보여주는 정황 근거가 있다.

  2023년 1월 5일자 동아일보는 <'조선제일검' 한동훈 법무장관이 상가에 가지 않는 이유[황형준의 법정모독]>이라는 기사를 통해 한동훈이 장시호와 함께 최서원의 각종 핸드폰을 수사하고 추적한 정황을 다음과 같이 묘사했다. 한동훈 본인이 동아일보 황형준 법조기자에게 직접 털어놓은 얘기다.

"(최순실 씨) 그 집안이 머리가 좋아. 박근혜 전 대통령 대포폰 번호는 장시호가 특정해낸 것이다. 당시 번호가 특정이 안 되면 양측이 통화해서 논의했다는 게 입증이 잘 안 될 수도 있었다. 최순실은 당시 파우치에 포스트잇 붙여진 대포폰 등 휴대폰 10개 정도를 넣어서 갖고 다녔다고 한다. 그 중 하나로 전화가 오면 항상 최순실이 안에 들어가서 조용히 받고 나와서는 박 전 대통령 얘기를 하는 게 장시호 입장에선 수상했다고 한다. 그래서 하루는 최순실이 폰을 놓고 자리를 비웠을 때 장시호가 몰래 번호를 봤다고 한다. 저장된 이름은 '큰집 이모' 뭐 이런 식이었다고 한다. 그 번호를 패턴으로 외워서 우리한테 알려줬다. 내가 술은 안 먹어도 단 거를 좋아해서 내 방 냉장고에 하겐다즈 아이스크림 같은 걸 쌓아두고 밤에 먹었는데 하루는 장시호가 문을 똑똑 두드렸다. 그러면서 하는 말이 '아이스크림 좀 주세요' 하는 거야. 번호를 특정해냈는데 뭘 못주겠어. 마음껏 먹으라고 했다(웃음)."

이 소식이 전해지자 미디어워치 독자모임에서는 "진지하고 엄해야 할 특검에서 무슨 '아이스크림 사랑'이냐"는 비아냥이 쏟아졌다. 사실, 이 아이스크림 에피소드는 2017년 초 탄핵정국에서도 한동훈의 실명만 거론되지 않았을 뿐이지 관련 여러 보도들이 나왔었다. 장시호가 그만큼 특검의 '복덩이' 역할을 했음을 보여주는 방증이다.

참고로, 한동훈과 장시호는 둘 다 강남 압구정 현대고등학교 동문이다. 장시호가 한동훈의 6년 후배로 알려져 있다. 그렇다면 특검팀 내부에서 혹시 '한동훈 너가 장시호 고교 선배이니 장시호 잘 구슬려서 전담 마크해봐라' 이런 지침이 떨어지고, 그래서 '제2태블릿' 조작과 관련해 장시호 위증교사에도 한동훈이 직접 나섰을 가능성은 없는 것일까. 장시호와의 관계로도 한동훈의 관여 가능성을 생각해볼 수 있지만, 이런 엄청난 조작을 수사 제4팀의 최소한 2인자인 한동훈 검사가 아니라 막내인 박주성 검사가 주도했다는 것은 설득력이 떨어진다.

또한, 황형준 기자의 기사에서도 전하듯, 한동훈은 장시호를 통해 최서원의 휴대폰에 대해서도 수사했었던 장본인이기도 하다. 최서원은 탄핵정국 당시 자신이 쓰던 스마트폰은 독일에 두고 한국에 왔다. 검찰·특검이 압수했던 최서원의 대포폰은 모두 피처폰으로, 잠금패턴 자체를 쓸 수 없다. 그렇다면 한동훈은 이규철 당시 특검 대변인의 "특검은 최서원의 휴대폰을 압수했고, 잠금패턴은 모두 L자" 운운하는 엉터리 브리핑 등의 문제를 특검 활동 당시에도 또 이후에도 전혀 인식하지 못했던 것인가.

필자는 이러한 내용을 담아 2023년 1월 6일자로 한동훈에게 공문을 보냈다. "귀하나 특검 수사 제4팀이 만약 '제2태블릿' 조작 문제에 대해서 결백하다면, 다른 정치인이나 언론인에게 하듯 변희재 본인을 고소, 구속 수사할 의향은 없는지 묻는다"는 내용이다.

이 책을 인쇄에 넘기는 시점에서도 한동훈 측으로부터 답변은 여전히 없는 상황이다.

제 5 부

변희재 옥중 투쟁기:
태블릿 진실은
감옥에 가둘 수 없다

구속영장이 청구되다

나는 결국 올 것이 왔다고 판단했다. 2018년 5월 24일 오후, 정신없이 외부 일정을 마치고 들어와 방송 하나를 녹화한 후 미디어워치TV 유튜브 댓글을 모니터하던 중이었다. 그 틈을 비집고 빠르게 기사 하나가 스쳐갔다.

최순실. 태블릿. 손석희. 변희재. 구속.

얼핏 보아도 나와 무관한 기사가 아니란 걸 본능적으로 감지했다. 그러면서도 설마 하는 마음에 심호흡을 고르는 사이 마음보다 빠르게 내 손은 스쳐간 그 기사를 눈앞에 소환했다. 다만 나 스스로는 익히 예상한 바 담담했다. 내 눈에 명징하게 잡힌 것은 나에 대한 구속영장이 신청되었다는 기사였다. 연합뉴스 기사였다.

> (김계연 기자) 비선실세 최순실 씨의 태블릿PC 관련 보도가 조작됐다고 주장해 온 미디어워치 대표고문 변희재 씨에게 구속영장이 청구됐다.
> 서울중앙지검 형사1부(홍승욱 부장검사)는 24일 이런 의혹을 지속적으로 제기해 JTBC와 손석희 사장 등의 명예를 훼손한 혐의로 변 씨에 대해 구속영장을 청구했다.
> 변 씨는 '손석희의 저주'라는 이름의 책자와 인터넷 언론 미디어워치 기사 등을 통해 "JTBC가 김한수 전 청와대 행정관과 공모해 태블릿PC를 입수한 뒤 파일을 조작해 최 씨가 사용한 것처럼 조작해 보도했다"며 허위 사실을 퍼뜨린 혐의를 받는다.
> 검찰은 국립과학수사연구원의 디지털 포렌식 분석과 '국정농단 특검'

수사, 관련자들의 법원 판결 등으로 조작설은 사실무근이라는 점이 명백히 확인됐다고 설명했다.

검찰은 변 씨가 합리적 근거 없이 손 사장 등을 비방할 목적으로 조작설을 퍼뜨렸다고 판단했다. 손 사장과 태블릿PC 관련 의혹을 처음 보도한 기자는 물론 그 가족들까지 신변의 위협을 느끼며 극심한 고통을 호소하는 점 등을 고려하면 구속 수사가 필요하다고 검찰은 덧붙였다.(「연합뉴스」 2018년 5월 24일)

물론 나는 이미 그보다 두달 전인 2017년 3월, 서울중앙지검 형사1부 홍성준 검사로부터 태블릿 관련 수사를 받을 때부터 100퍼센트 기소될 것이고 자칫 구속영장이 청구될 수도 있다는 느낌을 강하게 받았다. 아마도 그래서 내 신변에 어떤 일이 벌어질지 몰라서 지인들과의 관계를 위해 정신없이 뛰어다녔는지 모르겠다. 보수 애국 인사라면 모조리 구치소에 가두고 있던 문재인 정권의 윤석열 중앙지검장 체제에서 구속이 되면 언제 출소하게 될지 알 수가 없었기 때문이다. 하지만 그때는 막연한 생각이었다. 수많은 경찰과 검찰의 조사를 받고 재판을 경험해봤지만, 사전 구속영장 청구는 처음 받아봤다. 막상 눈앞의 현실로 닥치자 당장 무슨 일부터 해야할지, 선뜻 정리가 되지 않았다.

유죄 근거

이 사건은 JTBC가 단독 입수 보도한 최서원의 태블릿과 관련하여, 나를 포함한 미디어워치에서 그 태블릿이 최서원 것이 맞는지, 증거 훼손은 없었는지를 검증한 것과 관련된다. 두 민간 언론사의 진실게임인 만큼 JTBC가 미디어워치를 고소했다 해도 대한민국 검사는 공정한 입장에서 수사했어야 했다. 그러나 홍성준 검사는 당시 수사에서 마치 JTBC 측의 변호사처럼 일방적으로 한쪽에 서 있었다.

예를 들면 나는 JTBC 측이 태블릿을 '더블루K' 건물에서 우연히 습득한 게 아니라 진짜 실사용자 김한수 전 청와대 행정관으로부터 건네받았을 수 있다는 유력 증거로 개통자 확인 문제를 제기했다. 우연히 태블릿을 습득했다면서 어떻게 JTBC는 검찰보다 먼저 개통자 김한수 전 청와대 행정관의 개인회사 '마레이컴퍼니'를 알고 보도할 수 있었느냐는 것이다. 이건 실제 개통자 김한수로부터 정보를 받지 않고는 불가능한 일이었다. 그러나 홍성준 검사는 이런 문제에서조차 "JTBC는 자체 취재를 통해 알아낼 수 있다"고 막무가내로 우겨댔다.

JTBC가 개통자 정보를 알아냈다면 그건 통신비밀보호법·전기통신사업법 위반에 해당된다. 이미 나는 이와 관련해 JTBC 측을 고소했고 이 사건 역시 홍성준 검사가 담당이었다. 그러나 그는 끝까지 이 관련 수사를 하지 않았다. 나는 훗날 홍 검사를 직무 유기로 따로 고발하기에 이르렀다.

이런 상황이었으니 나는 명예훼손 사건으로는 이례적으로 사전 구속영장이 신청될 수 있다는 걸 염두에 두었던 것이다.

나는 즉각적으로 최서원 측의 이경재 변호사와 상의해 변호사 선임에 나서 구속영장 실질심사를 준비했다. 이 사건은 명백히 문재인 정권의 윤석열 서울중앙지검장 JTBC 측의 정치적 탄압이므로 정치력이 있는 변호사가 필요했다.

종편 방송에서 정치 평론을 하는 서정욱 변호사를 선임했다. 뒤이어 국회의원 출신 강용석 변호사가 도와주겠다고 해서 합류했다. 그리고 조우석 전 중앙일보 기자, 우종창 전 월간조선 기자, 류석춘 연세대 교수, 최대집 의사협회 회장 등 그간 태극기 보수 운동을 함께해 온 인사들에게 연락하여 상황을 설명하고 도움을 요청했다. 이 분들은 내가 구속된 뒤 석방 촉구 성명서를 발표했었다.

그러나 결론적으로 변호사 선임은 패착이었다. 서정욱 변호사는 구속 이후 재판이 진행되는 과정에서 필자를 구속시킨 윤석열의 광적인 지지 자로 변신해갔다. 또한 강용석 변호사는 아예 태블릿 조작의 주범 김한수와 깊이 유착한 관계임이 나중에 밝혀졌다.

4년간 딱 세 번 일치하는 동선이 실사용자일 확률

2018년 5월 24일 오후, 서울중앙지검에서 구속영장을 복사해 받아본 나는 고개를 갸우뚱할 수밖에 없었다. 일단 이 사건의 핵심 사안은 태블릿 실사용자가 최서원이 맞는지, JTBC와 검찰이 보관하던 중 태블릿을 조작 혹은 훼손한 건 없는지 여부였다. 애초부터 검찰과 JTBC의 최서원 실사용자 근거는 너무나 빈약했다. 단지 최서원의 사진 두 장이 들어 있고 태블릿의 위치 추적 중 4년간 사용하면서 독일에서 두 번, 제주도에서 한 번, 단 세 번의 위치가 최서원의 동선과 일치한다는 것뿐이었다. 그러다 보니 검찰은 구속영장에 국과수의 포렌식 보고서와 법원의 정호성 판결문에서도 마치 태블릿은 최서원의 것으로 인정된 것인 양 적어 놓았다. 이것이야말로 검찰의 허위 사실 적시이다.

국과수 포렌식 결과, 미디어워치 측 주장과 비슷하게 다수가 사용한 공용 태블릿일 가능성을 더 높이 두고 있고, 최서원 것이라 확정한 대목이 없다. 정호성 판결문에는 태블릿 실사용자와 관련해선 아예 언급조차 없다. 또한 JTBC와 검찰이 태블릿을 보관하던 중 실수든 고의든 태블릿을 많이 건드려 증거 조작까지는 몰라도 증거 훼손의 정황은 너무 많았다. 최서원 1심 재판부에서 태블릿 검증을 의뢰한 국과수에서도 "무결성이 유지되지 않았다"고 발표했을 정도였다.

우습게도 구속 사유는 내가 김경재 전 자유총연맹 총재에게 책임을 미루는 등 증거인멸의 우려가 있다는 것이었다. 이는 애초에 내가 태블릿의 조작 여부를 조사하게 된 동기의 문제였다. 검찰 조사 때 사실 그대로 "내가 자유총연맹 김경재 총재 특보 시절, 김경재 총재가 한번 조작 여부를 확인해 보라 해서 조사한 것"이라고 답했다.

2016년 10월 24일 JTBC 첫 보도 이후 보수 진영 SNS에 곧바로 조작설이 유포되었다. 다음 날 미래한국의 한정석 편집위원도 구체적으로 조작 의혹을 제기했다. 반면 나는 설마 했다. 중앙일보의 계열사인 JTBC에서 개인 모바일 기기를 조작했을리가 없다는 입장이었다. 개인 모바일 기기는 문자, 카톡, 사진, 요금납부자만 확인해도 누가 사용했는지 손쉽게 판별되기 때문이다. 나중 이야기지만 결국 검찰은 요금 납부자 김한수를 은폐했고, 나는 이것으로 실사용자가 김한수임을 밝혀낸 것이다.

2주만 더 빨랐다면

내가 특보로 근무하던 자유총연맹에도 태블릿 조작 여부를 밝혀 달라는 전화가 빗발쳤다. 그래서 김 총재는 내게 자문을 구했고, 나는 "그럴 가능성이 없다"고 답변했다. 이후에도 계속 전화가 끊이지를 않으니 2016년 11월 말경, 김 총재는 "그럼 자네가 철저히 조사해서 조작된 게 아니라는 점을 밝혀라. 그래야 보수 진영이 가짜 뉴스에 휘둘리지 않을 것 아닌가" 이렇게 이야기하기에 조사를 시작한 것이다.

처음부터 JTBC를 음해하려고 조사를 한 게 아니었다. 태블릿 조작설이란 가짜뉴스에 휘둘리는 보수 진영을 다잡기 위해서 조사한 것이다.

그렇게 조사하다 보니 개통자가 김한수인데 최서원이 사용한 명확한 증거도 없이 무리하게 JTBC와 검찰이 태블릿을 최서원 것으로 단정지었다는 확신이 들어 2016년 12월 8일 국회의 탄핵 소추안 가결 전날, "태블릿을 정밀 조사할 때까지 탄핵 표결을 멈추라"는 성명서를 발표하게 된 것이다.

이렇게 되면 고의적으로 JTBC의 태블릿 보도를 음해하여 탄핵을 막으려 했다는 범행 동기가 무너진다. 그러니 검찰은 구속영장에 "김경재 총재에게 책임을 미룬다"며 이를 증거인멸의 정황으로 악용한 것이다.

구속의 이유로 악용하면서도 검찰은 김경재 총재에게 이를 확인해 보지도 않았다. 만약 탄핵을 막기 위해 고의로 JTBC 음해를 시작했다면 2016년 10월 24일 첫 보도 이후 약 한달 반 동안 뭘 하다가 탄핵 표결 하루 전날에야 입장문을 발표했겠는가. 실제 내가 2주만 더 빨리 조사에 착수하여 의혹들을 발표했으면 진짜 사기 탄핵을 막을 수 있었을지도 모르는 일이다.

검찰은 JTBC편

검찰은 이 사안으로는 나를 구속은커녕 기소조차 쉽지 않자 미디어워치에서 JTBC 태블릿 보도의 문제점을 지적한 23가지의 쟁점 사안을 모두 JTBC 편에서, 허위 사실로 단정한 범죄일람표를 만들었다. 그러나 이건 대부분 미디어워치의 지적이 맞았고 JTBC가 오보를 냈던지 혹은 각자 자기주장을 할 수 있는 사안들이었다. 대표적인 사례는 다음과 같다.

> **범죄일람표 1-1:** 손석희 사장의 JTBC는 태블릿을 조작해서 보도했다. 이건 의혹이 아니라 이미 사실로 밝혀졌다. JTBC는 자사의 컴퓨터에 청와대 기밀문서를 삽입하여 마치 최순실의 태블릿PC인 양 조작 보도를 한 것이다.(2016년 12월 23일 미디어워치 홈페이지)

검찰은 이에 대해 "JTBC는 태블릿을 취득하고도 청와대 기밀문서를 삽입하여 최순실의 것처럼 조작 보도를 한 사실이 없다"고 반박해 놓았다. 이 건은 JTBC가 최서원의 태블릿을 보도할 때 모든 파일을 자사의 데스크톱PC로 옮겨 화면에 보여 줄 때는 마치 최서원의 데스크톱PC인 것처럼 시청자를 오인하게 한 사안이다. 이에 대해 JTBC조차 "시청자들에게 큰 화면으로 잘 보여 주기 위한 연출"이란 점을 스스로 인정했다. 더 큰 문제는 JTBC는 애초에 태블릿이 아닌 데스크톱PC를 입수한 양 보도했다는 점이다. JTBC의 손용석·서복현 기자는 훗날 재판에 출석하여 "최서원이 증거인멸 할 우려가 있어 태블릿을 입수했지만 데스크톱PC를 입수한 것처럼 보도했다"는 황당한 증언을 했다. 언론사가 검찰 수사를 위해 시청자 전체를 속이는 방송을 했다는 것이다. 이 문제를 정확히 지적한 미디어워치에 대해 대한민국 검찰은 이 사안을 구속영장 1순위에 올려놓은 것이다.

> **범죄일람표 1-3:** 손석희의 JTBC가 국가기관인 국과수의 보고서조차 모조리 거짓, 조작, 왜곡하고 나섰다. 벼랑 끝에 몰리니 이성을 상실한 상황이었다. 최순실이 해당 태블릿PC에서 문서를 수정·편집했다는 손석희의 보도는 조작으로 드러났다. 손석희의 JTBC는 최순실이 태블릿PC를 사용한 아무런 증거가 없음에도 불구하고 최순실 것이라 조작한 것은 물론, 이제 국과수 보고서까지 조작에 나섰다.(2017년 11월 28일 미디어워치 홈페이지)

검찰은 이에 대해 "국과수 보고서에 최순실이 사용한 정황들이 발견되었고 JTBC는 국과수 감정 결과를 사실대로 보도하였으며 태블릿으로 직접 수정·편집했다고 단정적으로 보도한 적 없다"고 반박했다.

그러나 이 역시 미디어워치의 지적이 맞다. 국과수 보고서에서는 최서원이 태블릿을 사용했다는 대목이 전혀 없다. 오히려 다수의 메일계정을 근거로 다수의 사용자가 있을 가능성, 즉 미디어워치가 애초에 주장한 대로 청와대 공용 태블릿 쪽에 무게를 두었다. 그럼에도 2017년 11월 27일 JTBC 뉴스룸 <국과수 "태블릿, 조작·수정 없었다"…조작설에 '쐐기'> 보도에서는 마치 국과수에서 최서원의 실사용자를 확인해준 것처럼 보도했던 것이다.

범죄일람표 2-4: JTBC 손석희 사장의 8일 해명 방송에서 가장 의아한 점은 경향신문, 한겨레신문, 뉴스1, 포커스뉴스 등 다양한 매체 기자들이 더블루K 사무실을 찾아갔는데 모두 유리문이 굳게 닫혀 있어 사무실 밖에서 사진을 찍는데 그쳤던 반면, 유독 JTBC의 심수미 기자만 문이 열려 있어 출입이 가능했다고 밝힌 점이다.(『손석희의 저주』, 211쪽)

검찰은 이에 대해 "심수미 기자는 관리자의 허가를 받고 빈 사무실에 들어갔고 외부인의 출입이 가능한 상황이었다"는 동문서답 수준의 반박을 했다.

여기서 핵심 사안은 JTBC가 태블릿을 발견했다는 '더블루K' 사무실의 문은 잠겨 있었다는 것이다. 타 언론사 기자들은 출입하지 못했다. 그런데 유독 JTBC 심수미 기자만이 문이 열려 있었다고 보도한 것이다. 심수미 기자뿐 아니라 서복현 기자 역시 2016년 12월 8일 같은 보도를 했다.

심수미 기자 보도 그런데 최 씨가 이 사무실을 떠날 때 문을 열어 두고 간 상태였고 또 아직 임차인을, 이후에 임차인을 구하지 못해서 부동산 중개인 등 아무나 드나들 수 있는 상황이었습니다. 누군가 훔쳐갈 가능성도 있을 뿐더러 또 최 씨가 사람을 보내서 증거인멸을 할 수 있다라는 의혹들이 계속해서 불거진 상황이었고, 실제 공소장을 살펴보면 '더블루케이'에서 가져온 컴퓨터 5대를 망치 등을 이용해서 파기한 정황도 있습니다. 그러니까 이런 은닉되거나 파기할 우려가 너무나 컸던 상황입니다. ([단독 공개] "JTBC 뉴스룸 '태블릿PC' 어떻게 입수했나").

서복현 기자 보도 또 김 기자는 협조와 지원을 받았다고는 하지만 사실 그 사무실은 앞서 심수미 기자가 얘기했듯이 두 달가량이나 비워져 있었고 그렇다면 사무실이 밖에 부동산에 나와 있는 상황이었기 때문에 중개인도 들어갈 수 있는 상황이었습니다. 또 문도 잠겨 있지 않았던 상황이었고요. 그 랬던 상황이었기 때문에 이 관리인도 주인이 있는 사무실을 무리하게 문을 열어 준 건 아니라는 겁니다. ("고영태가 태블릿PC 건네 줬다?…'황당'루머 팩트체크").

미디어워치는 "왜 문이 잠겨 있었는데 열려 있는 것처럼 거짓 보도했냐"고 묻고 있는데, 검찰은 "관리인 허가 받고 들어갔다"는 동문서답을 하며, 이조차도 구속영장에 이용한 것이다. 이 사안에 대해서도 2019년 8월 6일 방통심의위에 징계를 요청했으나 아무런 소식도 없다.

이외에도 "JTBC는 '더블루K' 사무실엔 새벽에 도착했다"고 내가 인용한 사안에 대해 검찰은 "JTBC는 새벽에 도착했다고 주장한 바 없다"며 이조차 구속사유 범죄일람표에 포함시켰다. 나중에 JTBC 측이 "새벽에 도착했다"는 보도를 한 것이 드러나자 검찰은 공소장을 변경할 수 밖에 없었다. 검찰은 이런 수준의 단순한 사실 확인이 가능한 것조차 모두 JTBC 편에 서서 오직 구속만을 위해 본인들 스스로 사실을 왜곡, 허위 날조하여 영장을 발부한 것이다. 이렇듯 구속영장은 사실상 허위공문서 수준이었다.

특검과 검찰이 휘두르는 폭력

서정욱 변호사 등은 구속영장 기각에 자신감을 갖게 되었다. 다만 나는 수사 과정에서부터 명백한 정치권력이 개입한 사안이라 판단해 구속될 가능성을 염두에 둘 수밖에 없었다. 그래서 영장이 발부된 날 밤 바로, 탄핵무효 집회 과정에서 특수공무집행 방해죄로 4개월간의 징역살이를 한 박성현 뉴데일리 주필과 만났다. 서울구치소에서의 수감 생활 관련 여러 가지 조언을 미리 받아 두기 위해서였다.

사실 당시 투옥되었을 때 내가 가장 두려워했던 점은 다른 데 있었다. 담배였다. 박근혜 대통령 탄핵 사태 이후 그간 끊었던 담배를 다시 피우게 되었다. 수감 시 금단현상을 두려워했던 것이다. 박성현 주필은 "감옥에 가면 남들도 다 안 피우기 때문에 눈에 보이지 않아 담배 생각이 나지 않는다"고 말했다. 그의 말은 실제 맞았다.

다음 날은 미디어워치 임직원들과 주요 독자들 간의 만찬 시간을 가졌다. 아무래도 투옥 시 황의원 당시 대표이사 겸 편집국장, 이우희 당시 선임기자 등 미디어워치 운영진과 자발적 구독료를 내는 독자들이 회사를 지키고 법정투쟁을 도와야 했기 때문이다. 마치 최후의 만찬인 양 "끝까지 함께 갈 것"을 다짐했지만 내가 구속된 이후 석방 투쟁의 노선 관련 독자그룹의 리더들이 삼삼오오 분열될 수밖에 없었다. 그렇다 해도 다수의 독자들이 적극적으로 후원금을 내주며 버텼기에 재판 비용과 회사 유지비용이 충당될 수 있었다.

나는 나름 변호인단과 임직원, 그리고 독자들과 만반의 준비를 한 뒤 2018년 5월 29일 화요일 오전 10시로 잡혀 있는 구속영장 실질심사를 받기 위해 서울중앙지법을 향해 출발했다. 미리 다음과 같은 성명서를 법조 기자단에 배포했다.

[변희재 성명서] 컴퓨터 분석 작업 할 수 없는 구속은, 방어권 박탈이다

서울중앙지검은 손석희 태블릿PC 보도 문제와 관련, JTBC 측이 본인을 허위 사실 유포로 인한 명예훼손으로 고소한 건에 대해 5월 24일, 사전 구속영장을 신청했다.

검찰의 구속영장은 "국립과학수사연구원에서 태블릿을 최순실이 사용했다고 과학적으로 인정했다", 그리고 "정호성에 대한 판결문에서 최서원이 태블릿을 이용하여 청와대 문건을 전달 받았다고 적시했다"는 이 두 가지를 전제로 작성되었다. 하지만 이 두 가지 전제 모두 사실이 아니다.

먼저 국립과학수사연구원은 해당 태블릿을 최서원이 사용했다는 결론을 내린 바 없다. 오히려 다른 계정의 구글 이메일 접속기록을 근거로, 여러 명이 함께 쓴 공용 태블릿일 가능성을 지적했다. 이는 해당 태블릿이 애초에 대선 캠프와 청와대의 공용 태블릿이었다는 박근혜 대선 캠프 신혜원 씨의 증언과도 일치한다.

마침 이번 구속영장이 청구되기 하루 전인 5월 23일, 애초 태블릿PC를 검증했던 국립과학수사연구원 나기현 연구관은 그간 검찰과 JTBC 측이 주장해 온 것과 달리 "국과수에서 최순실이 사용했다고 결론 내린 바 없다"고 최서원 2심 재판 법정에서 확실한 증언을 했다. 이는 과학적으로 최서원이 태블릿을 사용했다고 입증된 바가 없다는 의미이다.

특히 나 연구원은 해당 태블릿에서 실사용자를 정확히 특정할 수 있는 카톡 대화록 등을 복원할 수 있다고 증언하기도 했다. 이에 본인은 특히 JTBC가 태블릿을 입수한 이후인 2016년 10월 23일에 사진폴더 등이 삭제된 경위를 밝히고, 각종 삭제된 파일 복원 작업을 의뢰하는 작업을 하던 중이었다. 삭제된 사진폴더와 훼손된 카톡 대화록만 복원되면 실사용자는 간단하게 입증될 수 있다.

두 번째로, 검찰의 다른 전제도 역시 사실이 아니다. 정호성에 대한 판결문의 경우, 처음부터 끝까지 그 어디에서도 "최순실이 태블릿으로 청와대 문건을 전달받았다"는 내용을 확인할 수가 없다.

정호성과 최서원뿐 아니라 캠프 관계자들이 greatpark1819@gmail.com 이란 공용메일을 사용했던 만큼, 태블릿이 대선 캠프에서 공용으로 사용되었다면, 같은 청와대 문건이 저장될 수 있다. 고로 정호성은 청와대 문건을 단지 이메일로 전달한 적은 있다고 인정했던 것뿐이다. 정호성은 검찰 조사와 재판에서 "최순실이 태블릿으로 문건을 받았다"고 진술한 바가 없다.

나는 『손석희의 저주』란 책을 출판했고, 그간 이 책의 근간이 된 JTBC 태블릿 보도 문제와 관련한 기사들도 모두 미디어워치 인터넷판에 공개해 놓았다. 증거인멸이란 있을 수도 없는 일이다. 나는 그간 검찰에 신속한 수사를 촉구해 왔다. 3번에 걸친 검찰의 수사에도 적극적으로 협조해 왔다. 검찰 조사에서도 "만약 내 주장이 크게 틀리고 최순실의 것으로 과학적으로 입증된다면 어떠한 중형도 감수하겠다"는 입장을 밝혔다. 이런 내가 도주할 이유 또한 뭐가 있겠는가.

한편, 검찰은 손석희 사장의 자택, 그리고 JTBC 사옥 앞, 손석희 사장 부인이 다니는 성당 앞에서 집회를 연 것으로 피해자들의 고통이 극심하다는 점을 구속 사유로 내세우고 있다. 손석희 사장 자택 앞 집회는 1년 4개월 전 인 2017년 1월에 두 차례 연 것이 전부다. 손석희 사장 부인의 성당 앞 집회는 태블릿 보도의 진실이 밝혀지길 바라는 미디어워치 독자들이 직접 집회를 신고하여 2018년 2월 단 두 차례만 열었다고 한다. 나는 성당 앞 집회는 신고도 하지 않았고 참여하지도 않았다.

나와 미디어워치 독자들의 주도로 2017년 12월부터 JTBC 사옥 앞과 성당 앞 집회가 2018년 2월까지 이어지게 된 것은 2017년 12월 검찰 측이 나에게 "우리가 수사를 한다고 해도 서로 받아들이지 않을 듯 하니 손석희 사장과 일대일 토론으로 결판내는 게 어떻겠냐"고 먼저 제안을 했기 때문이다.

JTBC 관련 집회는 모두 손석희 사장이 직접 토론에 응하라는 메시지를 전하는 것이 목적이었고, 집회 중간에 나는 실제로 JTBC 사옥 안으로 들어가 손 사장에게 전해 달라며 관련 공문을 전달하기도 했다.

이 모든 집회는 합법적으로 신고한 집회였다. 경찰의 통제에 따라 단 한 건의 폭력도, 집시법 위반도 없었던 평화로운 집회였다. 심지어 JTBC 사옥 앞 집회 당시 JTBC 직원인 양원보 기자가 집회 현장에 잠입해 유유히 영상취재를 한 후에 유머를 섞은 보도를 JTBC 방송을 통해 내보냈을 정도였다.

2018년 2월경에는 검찰이 갑자기 수사를 하겠다는 입장을 전해 와서 2018년 3월 JTBC 사옥 앞 정리 집회 이후로는 그 어떤 태블릿 관련 집회도 열지 않았고 검찰의 수사만 기다려 왔다. 4월과 5월이 가장 집회를 열기 좋은 날씨라는 점에서 이 기간에 JTBC 집회를 열지 않았다면 검찰 수사와 재판을 준비해 왔다는 방증이다.

JTBC 측과 손석희 사장은 피해가 극심하다면서도 지난 1년 6개월 동안 단 한 건의 집회금지 가처분신청을 낸 바도 없다. 이는 박영수 특검이 자택 앞에서 야구방망이 집회가 열리자마자 위협을 느꼈다며 즉각 집회금지 가처분신청을 낸 것과 대조적이다.

그뿐만이 아니다. JTBC 측은 태블릿 특종 보도와 관련하여 미디어워치 측이 비판 기사를 게재하기 시작했던 2016년 12월부터, 역시 지난 1년 6개월 동안 가장 손쉽고 빠르게 언론보도 피해를 구제할 수 있는 언론 중재위에 단 한 건의 정정보도 신청조차 하지 않았다. 아무런 문제 제기가 없으니 미디어워치 측은 그간의 JTBC 측과 손석희 사장에 대한 비판 기사들을 묶어 『손석희의 저주』라는 제목의 책을 발간했다. JTBC 측은 이에 대해서도 역시 지난 6개월 동안 출판금지가처분신청을 하지 않았다. 2017년 12월 JTBC 사옥 앞 집회는 오히려 손석희 사장에게 내가 출간한 책에 대한 출판금지 가처분신청을 요구하여 빨리 재판에서 진위를 가리자는 메시지를 전달하기 위해서 이뤄지기도 했다.

즉, JTBC 측은 그렇게 피해를 입었다면서도, 정작 지난 1년 6개월 동안 즉각적인 법적 효과를 발휘할 수 있는 피해구제 활동인 ▶집회금지가처분신청 ▶출판금지가처분신청 ▶언론중재위 정정보도신청 등은 단 한 건도 하지 않았던 것이다. 피해가 그렇게 극심하다면서도 오직 검찰 고소에 의한 처분만을 장기간 기다려 왔던 것이 JTBC 측의 행태였다.

손석희 사장의 처분을 기다리다 못해 오히려 내가 "국과수에서 최서원의 것으로 확인했다", "변희재 씨가 파일 내부 문건을 조작했다고 주장한 것이 허위로 드러났다"는 JTBC 측의 허위 보도와 관련해 언론중재위에 정정보도 신청을 했다. 그러나 JTBC 측은 언론중재위에 출석해서도 전혀 반박도 하지 않아 조정 불성립되었다. JTBC의 보도가 맞다면 언론중재위에서 곧바로 기각이 되었을 것이다.

손 사장의 처분은 물론 검찰의 관련 수사가 너무 늦어지자 2017년 말에는 결국 미디어워치에서 JTBC를 대상으로 민사소송을 제기했다. 미디어워치는 1차 변론 기일에서 특검과 검찰이 조사했다는 태블릿 LTE 위치 정보에 대한 사실 확인을 요구했으며 이것이 재판부에서 채택되어 최근까지도 특검과 검찰의 답변을 기다리고 있었던 상황이었다. 나는 방송통신심의위에 JTBC 태블릿 보도 중 7건의 징계심의를 요청했다. 개중 태블릿 입수경위 문제와 관련해서는 JTBC가 허위 보도를 한 것이 인정되어 JTBC 측이 징계를 받았다. 나머지 6건은 여전히 심의 중이다. 자유한국당 김진태·박대출 의원 등이 구성한 태블릿진상규명위 TF팀도 JTBC 보도 5건을 방통심의위에 심의 요청했고, 이 모두 심의 중으로 아직 단 한 건도 기각된 바 없다(중략).

나는 손석희 사장에게 "당신이 스스로 진실을 밝히지 않으면 진실을 덮으려는 세력에 의해 살해당할 위험이 있다"고 경고한 바 있다. 이는 손석희 사장에게 하루빨리 토론에 응하라는 취지의 강력한 메시지였지, 내가 직접 손석희 사장의 신변을 위협하겠다는 발언은 전혀 아니었다. 그러나 너무 과도한 표현이 이뤄진데 대해서는 본인의 잘못을 인정한다. 이 발언에 대해서는 손석희 사장과 가족들에게 진심으로 사과드린다.

나는 검찰 측에 먼저 신속한 수사를 요청해 왔다. 이번에 기소가 이뤄진다면 매일매일 재판에 출석해서라도 보다 빨리 진실을 밝히겠다는 입장이다.

이 건은 애초 2018년 1월에 JTBC 측이 고소했던 건으로 검찰이 신속히 수사를 하여 기소를 했었다면 『손석희의 저주』 책을 발간할 이유나 집회를 열 이유가 없었던 건이다. 검찰은 아직도 나를 포함하여 5,891명의 국민이 고발한 손석희 증거 조작 건, JTBC가 태블릿 개통자 김한수의 마레이컴퍼니를 검찰보다 먼저 알고서 보도해 버린 통신비밀보호법 위반 혐의 고발 건은 수사조차 하지 않고 있다.

이 사건 재판을 준비하려면 포렌식 자료 컴퓨터 분석과 JTBC 보도와 미디어워치 자체 취재기사 모니터 작업이 필수적이다. 구속된 상태에서는 컴퓨터를 활용할 수 없어 아무런 준비도 할 수 없다. 방어권을 가질 권리가 있는 대한민국 국민으로서 대한민국 법원과 검찰에 본인이 컴퓨터를 활용해 신속하고 정확하게 재판을 준비할 수 있는 기회를 줄 것을 요청 드린다.

2018년 5월 29일

한마디로 검찰은 JTBC 손석희 사장과 기자 등의 피해가 극심하여 나를 구속하겠다는데 정작 피해 당사자들은 그 어떤 피해구제 조치도 한 바 없다는 것이다. 특히 컴퓨터 분석 작업이 필수적인 이번 사건의 특수성 때문에 구속되면 나는 아예 재판 준비를 할 수 없게 된다. 실제 이는 태블릿 1심 재판 때부터 재판부에 호소했던 내용이다.

이와 별개로 미디어워치 독자 모임에서도 '미디어워치 독자들의 합법적이고 평화로운 집회가 왜 변희재 대표의 구속 사유란 말인가'라는 제목의 성명서를 발표하며 내가 불구속 상태에서 재판을 받아 진실을 밝힐 수 있도록 대한민국 법원에 촉구했다

"반드시 구속시켜라"

미디어워치 독자들은 성명서 발표에 그치지 않았다. 서울중앙지법 앞에서 집회를 열어 구속영장 기각을 주장했다. 그러나 당시 서울중앙지법 영장실질심사 담당 이언학 판사는 이런 독자들의 활동을 나에게 문제 삼아 오히려 구속 사유로 악용하기도 했다.

나는 일단 포토라인의 기자들을 적극 활용하기로 했다. 지금껏 기자들은 수많은 태블릿 조작 의혹에 대해 침묵해 왔다. 그러므로 오히려 포토라인의 기자들 앞에서 당당히 나의 정당성을 주장하고자 했다. 나는 "국과수 감정 결과 태블릿 실사용자가 최서원으로 입증된 바 없다. 정호성 판결문에도 최서원의 것이라 명기된 바 없다"며 강하게 검찰의 구속영장을 반박했다. 그러나 간략한 발제 이후 나는 기자들과 질의응답 기회도 없이 검찰 측 직원들에 의해 재판장으로 끌려 들어갔다.

지금껏 검찰은 포토라인을 국민의 알 권리 충족이라 주장해 왔다. 그러나 막상 그 알 권리를 가장 손쉽게 충족시킬 수 있는 질의응답 기회는 없었다. 결국 피의자被疑者의 사진이나 찍어 보여 주는 것이 말 많고 탈 많은

포토라인의 주요 목적이었단 말인가. 이에 대해서는 국가인권위원회와 법무부 등에 포토라인 출석시 원하는 피의자에 한해 기자들과의 질의응답을 보장하는 방안을 마련하도록 촉구할 계획이다.

기울어지다

20여 년간 언론 생활을 하면서 나는 수많은 검찰 수사와 민형사 재판을 받아봤다. 그러나 구속영장 실질심사는 처음이었다. 변호사들은 "인신을 구속하는 단판 공판이므로 피고인에게 충분히 항변할 기회를 준다"며 안심시켰다. 나는 구속 여부와 관계없이 성명서에 발표한 그대로 내가 할 말은 다하겠다는 자세로 임했다.

그러나 실상 나의 발언권은 없었다. 이언학 판사는 검사보다 더한 수준으로 JTBC 측 사설 변호사처럼 설교했다. 내가 발언을 하려고 하면 "법원을 무시하는 것이냐"며 말을 끊었다. 더구나 다른 중대한 정치적 사건 영장실질심사는 점심시간을 넘겨 서너 시간씩 이어지는 경우도 많았다. 하지만 내 건은 단 15분 만에 끝났다.

특히 홍성준 수사검사는 영장에도 없었던, 내가 CJ그룹을 협박해 돈을 갈취했다거나 "손석희의 목을 따버리겠다"는 발언을 했다는 증거를 추가로 제출했다. 정말로 그런 증거가 있었으면 수사 당시나 영장에 첨부했어야 되는 게 아닐까? 나는 이언학 판사에게 검사가 제출한 증거 자료를 확인하겠다고 요구했다. 그러나 이언학 판사는 "증거가 맞으니 제출했겠지"라며 나의 항변을 가볍게 묵살했다. CJ그룹을 협박해 돈을 갈취

했다는 증거와 관련해 나는 결국 태블릿 형사재판 항소심에서 모든 증거 제출을 검사에게 요구했다. 그러나 지금껏 무소식이다. 이와 관련하여 나는 사건과 관계없는 민간인 사찰을 한 혐의로 홍성준 검사를 국가인권 위에 제소했다.

이언학 판사는 마지막으로 "바깥에서 떠드는 사람들을 피고인이 데리고 왔나요?"라고 질문했다. 나는 이 질문을 잘 알아듣지 못해 재차 묻지 않을 수 없었다. 결국 이언학 판사의 질문은 성명서를 발표하고 집회를 하고 있던 미디어워치 독자들을 겨냥했던 것이다. 나중에 알았지만 이언학 판사는 문재인 지지 성향의 우리법연구회 출신이었다.

그간 변호사들이 알려 준 실질심사와는 전혀 다르게 항변도 제대로 하지 못하고 끝나자 변호인들도 당황할 수밖에 없었다. 이미 나는 법무부 호송차에 탑승해 서울구치소로 이동하고 있었다. 서정욱 변호사는 "원래 구속영장 실질심사는 깐깐하게 하는 경우가 있다. 다만 검사가 갑자기 새로운 증거를 제출하면서 구속 의지를 강하게 내보인 게 몹시 걸린다"며 사실상 구속을 암시했다. 실제로 단순한 명예훼손 사건임에도 검찰에서는 담당 홍성준 이외에 부부장급 검사를 포함해 무려 3명의 검사를 구속영장 실질심사에 내보냈다. 이는 곧 재판부에 "반드시 구속시켜라"는 시그널을 준 것이었다.

변호사들의 판단이 아니어도 나는 구속을 각오했다. 크게 동요하지 않았다. 오히려 앞으로 시작될 서울구치소의 생활이 어떨지 궁금할 따름이었다.

서울구치소로

　서울중앙지법에서 경기도 의왕시에 있는 서울구치소까지는 약 1시간 정도 시간이 소요되었다. 서울구치소 건물로 들어가서 처음으로 내가 마주한 인물은 공교롭게도 2017년 대선 당시 댓글 조작으로 구속된 드루킹(실명 김동원)이었다. 그의 보도 사진은 모자이크 처리되었으나 단번에 알아볼 수 있었다. 그는 옆에 동행하고 있던 교도관과 밝게 웃으며 쉴 새 없이 떠들어댔다. 이런 드루킹의 명랑해 보이는 첫 모습에서 나는 '서울구치소 생활이 그리 힘들지만은 않겠다'는 느낌을 받았다.

　나는 아직 서울중앙지방법원으로부터 구속영장을 발부받지 않았기 때문에 수용자복이 아닌 체육복을 입은 채 독방에 갇혀 대기하게 되었다. 대부분 정치적 사건의 경우 구속영장은 다음 날 새벽쯤 발부 여부가 결정 난다.

　독방에 갇히자마자 '이제 좀 쉴 수 있겠다'는 안도감이 들었다. 구속영장이 신청된 뒤 실질심사를 준비하면서 혹시 구속되었을 때를 대비해 미디어워치 조직을 정비하는 데 밤낮이 모자랐다. 특히 마지막 날에는 구속영장 관련 모든 상세 사항을 하나하나 반박하느라 밤을 샐 수 밖에 없었다. 모든 걸 마치고 서울구치소 독방에 들어와서야 편히 쉴 수 있게 된 것이다. 다만 시계도 휴대폰도 없는 상태라서 자다 깨는 걸 반복하며 몇 시인지조차 파악할 수 없었다.

　저녁 무렵 처음 식사가 배급되었다. 카레라이스였다. 배식을 받자마자 놀란 것은 카레라이스가 괜찮은 분식점에서 파는 것 이상으로 고기와 야채가 듬뿍 들어간 양질의 식사였다는 점이다. 그간 '콩밥' 이런 말들에 익숙해져 단무지에 영양가 없는 국이 나올 거란 예상과는 전혀 달랐다. 나는 '아직 내가 구속 결정이 안 되어 교도관들이 먹는 걸 줬나 보다' 이렇게 돌려 생각했다. 그리고는 또다시 자다 깨다를 반복했다.

독방에 갇히다

새벽 기상 음악 소리가 울렸다. 눈을 떴을 때 당연히 구속영장이 발부되었을 거라 판단했다. 만약 기각되었다면 나는 오전 2시쯤 서울구치소 밖으로 나가서 대기 중이던 독자들의 환호를 받으며 귀가했을 것이다. 그런데 실제로는 교도관이 나타나 발부된 구속영장 서류를 가져와 서명을 요구했다. 무덤덤하게 서명을 했지만 새벽까지 서울구치소 앞에서 나의 석방을 외쳤을 독자들을 생각하니 안타깝고 미안한 마음이 들었다.

그날 아침식사는 '떡국'이었던 걸로 기억된다. '떡국' 역시 고기가 듬뿍 든 고급이었다. 나중에야 알았지만 서울구치소의 식사는 다른 구치소나 교도소와 비교할 수 없을 정도로 높은 수준이었다. 한 교도관은 "바깥에서는 대충 아무거나 먹겠지만 여기는 일급 영양사가 철저히 영양 안배를 고려해서 식단을 짜기 때문에 더 좋을 겁니다"라고 자랑하기도 했다.

구속 첫날 오전에는 간단한 건강진단과 함께 브리핑을 받고 갈색 수용자복을 지급받았다. 서울구치소에 들어와 제일 먼저 마주쳤던 드루킹이 입고 있던 것과 같았다. 그때 교도관 한 명이 나를 조용히 불렀다. 그러고는 다음과 같은 말을 했다.

"저는 미디어워치TV 애독자입니다. 설마 JTBC 태블릿 건으로 구속될지는 전혀 몰랐습니다. 이왕 들어오신 것, 보수 논객으로서 명예도 있으

니 책도 많이 읽고, 서울구치소 내에서 당당하게 투옥 생활을 잘하고 있
다는 말이 나왔으면 합니다."

교도관의 이 한마디에 나는 정신이 번쩍 들었다. 서울구치소 내에서의
생활도 수많은 눈과 귀에 의해 평가가 되고 있었던 것이다. 실제 삼성전
자 이재용 부회장 관련, "감옥 생활 성실히 잘 적응하고 있다"는 기사를
본 기억이 있다. 반면 박근혜 정권 실세 중 한 명은 "수감 생활 적응을 못
해 하루 종일 귤만 까먹고 있어 서울구치소에서 걱정을 하고 있다"는 기
사도 있었다.

우연인지는 몰라도 약 1년 뒤 내가 법원에 의해 보석 석방 명령을 받았
을 때 명령서를 들고 온 교도관도 같은 인물이었다. 나는 교도관에게 "교
도관님과의 약속대로 성실히 투옥 생활 하느라 최선을 다했습니다"라고
자신있게 말하고 구치소를 나왔다.

어쨌든 정식으로 구속영장이 발부되어 방을 배정받았다. 독방이자
CCTV가 설치된 방이었다. 곧이어 교도관과의 면담을 하게 되었다. 이
모 과장이라는 인물이었다. 이 모 과장은 주로 서울구치소의 정치적 사
건으로 인해 투옥된 수용자들을 전문으로 면담하는 듯했다. 이 모 과장
은 CCTV 방을 배정한 이유에 대해 설명했다.

"자체 회의를 해보니 구속될 사안이 아니었습니다. 심적인 충격이 클
수밖에 없어 보호 관찰을 위해 CCTV 방에 배정했습니다. 크게 걱정할
만한 사안이 없으면 바로 방을 바꿔드리겠습니다."

이 모 과장으로부터 설명을 들은 후 나는 작은 고시원 방 크기의 독방

에 갇혔다. 한순간 숨이 턱 막히는 느낌이 들었으나 대학 시절 이런 수준의 자취방이나 고시원방은 수두룩이 경험하여 이내 친근하기까지 했다. 문제는 한번 들어와 앉으면 교도관이 문을 열어줄 때까지 내 의사로 일체 방문 밖으로 나갈 수 없는 현실이었다. 투옥될 각오를 했을 때 내 경험상 비교해 볼 수 있는 곳은 군대였다. 군 신입병 시절과 비교했을 때조차 이 작은 독방에 갇히는 경험은 없었던 것이다.

그때 내가 갇혀 있던 3호실을 관할하는 조 모 교도관이 문을 열고는 밖으로 나오게 했다. 3호실이라 하면 10여 개 정도의 방을 일렬로 늘어놓은 복도 전체를 말한다. 즉, 나의 수감표에는 '3-1'로 적혀 있다. 3호실 복도의 1번방이란 뜻이다. 교도관은 2번방 수용자도 함께 불렀다. 대개 1번방과 2번방이 독방이다. 조 모 교도관은 나보다 나이가 10여년 정도는 위여서 그랬는지 편하게 말을 놓았다.

"언론사 운영을 한 거 같은데, 신문 같은 거 없으면 답답하잖아. 어느 신문 볼 거야."

그는 내게 이렇게 물은 후 어딘가 전화를 걸어 신문을 주문했다. 나는 조선일보, 한국경제, 문화일보를 주문했다. 나중에 알고 보니 그날은 구독을 신청하는 기간이 아니었다. 교도관이 내가 바로 신문을 받아볼 수 있게 배려해 준 것이었다. 그러고는 "오늘은 이거라도 읽으면서 시간을 보내"라면서 자신이 읽고 있던 석간 문화일보를 나에게 넘겨주었다. 다음으로 눈에 띄게 잘생긴 미남이었던 2번방 수용자와 함께 여러 가지 이야기를 나눴다.

2번방 수용자의 비밀

2번방 수용자는 얼마 전 운동장에서 만난 삼성 이재용 부회장에게 "어차피 당신 또 들어올 텐데 에어컨 설치 좀 해 놓고 나가라"며 충고를 했다고 자랑스럽게 말했다. 그러자 조 모 교도관은 "S모 그룹의 C 회장도 자기가 너무 더워서 에어컨을 설치해 보려 했는데 최소한 한 동 전체는 다 설치하라 그랬더니 할 수 있다 그러더라. 전기료를 누가 내느냐는 문제로 안 됐지"라고 전했다. 2번방 수용자는 "L그룹 회장은 감옥에 들어와서 빵 하나 안 돌려 원망을 받던데 그런 인심을 쓰니 감옥에 들어온 거지"라고 말하기도 했다. 그러면서 주로 경제 이야기, 국제정치 이야기 등에 걸쳐 약 1시간 동안 이것저것 떠들었다.

조 모 교도관은 기회가 있을 때마다 2번방 수용자와 함께 나를 밖으로 불러내 주로 시사 이야기를 나눌 수 있도록 해 주었다. 보호 관찰로 지정된 나의 사정을 고려해 적응을 잘 할 수 있도록 한 일종의 배려 조치였던 것이다. 나는 2번방 수용자에 대해 대충 '이명박·박근혜 정권 당시의 청와대 비서관이나 국정원 직원쯤이 아닐까'라고 추측했을 뿐이다.

나의 추측은 보기 좋게 빗나갔다. 기업가나 정치 관련 발언을 거침없이 하던 2번방 수용자는 나중에 알고 보니 여성 연쇄 살인범이었다. 2009년 사형선고를 받은 강호순이었던 것이다. 현재 대한민국에선 사실상 사형이 폐지되어 여전히 서울구치소에서 생활하고 있었던 것이다. 한 교도관은 "징역형을 받지 않았으니 교도소로 갈 수가 없다. 그냥 서울구치소에서 계속 있을 수밖에 없다"고 설명해 주었다.

강호순, 드루킹과 함께

강호순의 수감 생활과 관련해 다양한 이야기들이 공개되었으나 내가 직접 확인한 바로는 그는 교도관들과 잘 지냈다. 나이가 지긋한 교도관은 "강호순이 저렇게 모범적으로 되기까지 교도관들이 많이 노력했다. 강호순이 하루하루 생활에 의미를 갖도록 인간적으로 마음을 터놓고 다가갔다"고 설명한 바도 있다.

실제 강호순뿐 아니라 서울구치소에서는 여러 사형수들이 사형을 대기 중에 있다. 그들은 빨간색 명찰을 달고 있다. 주로 드라마나 영화에서 나오는 사형수들은 극단적인 상황에 몰려 악에 바친 모습으로 그려지는데 반해 최소한 내가 본 사형수들은 강호순처럼 쾌활하고 친근한 모습들이었다. 문재인 정권과 윤석열 검찰의 탄압에 의해 누명을 쓰고 들어온 박근혜·이명박 정권 측 인사들과 비교하면 오히려 그들의 모습이 더 밝았을 정도였다.

구속 첫날 오전에는 황의원 대표, 이우희 기자 등 미디어워치 직원들이, 오후에는 도태우 변호사가 변호인 접견을 왔다. 외부에서 늘 편안하게 만나던 지인들이 접견을 오니 '구속된 게 맞구나' 하는 실감이 났다. 일반인 접견이나 변호인 접견 때는 약 5분 정도의 거리를 교도관과 함께 이동한다. 교도관과는 자유롭게 대화를 나눌 수 있으나 다른 수용자와의 대화는 원칙적으로 금지되어 있다. 그러나 워낙 '국정농단'이란 명목으로 구속된 박근혜·이명박 정권 인사가 많다 보니 아는 지인들이 있을 수밖에 없었다. 그런 경우는 교도관들도 대충 눈감아 주고 안부 인사 정도는 하도록 배려해 준다.

서울구치소에서 가장 먼저 만난 지인은 박근혜 정권 당시의 김상률 교육문화 수석이었다. 김 전 수석에 대해서는 그의 좌파 노선은 물론 그의 박사학위 논문 표절까지 미디어워치에서 특종 보도를 한 바 있다.

그는 먼저 반갑게 인사를 했다. 매일 성경책을 정독하고 있다고 설명했다. 놀라울 정도로 밝고 평온한 모습에 "어떻게 그게 가능합니까?"라고 물어보니 "처음에 왔을 때는 억울함에 잠도 못 잤는데 그냥 마음을 비운 상태"라고 말했다. 나중에 한 젊은 교도관은 "김 수석과 밖에서 사이가 안 좋았다고 들었는데 두 분 매우 친해 보입니다"라는 말을 한 적이 있다. 실제 워낙 많은 사람들이 문재인 정권에 의해 억울하게 투옥되다 보니 자연스럽게 동지애가 싹트는 것 같았다.

교도관들과 잘 지내는 기술

이동할 때 함께하는 교도관들은 생각보다 시사에도 밝았다. 아무래도 서울구치소 성격상 정치와 경제의 리더급들이 드나들다 보니 자연스럽게 지식과 정보를 익히게 된 측면이 있을 법했다. 또한 교도관들 나름 독방을 쓸 수밖에 없는 정치범들을 위해 보다 더 편하게 대화를 나누기 위해 노력하기도 한다. 원칙적으로 독방을 쓰는 수용자들이 대화할 수 있는 상대는 교도관 밖에 없기 때문이다. 교도관들이 말 상대를 해 주지 않으면, 하루 종일 벽만 보고 있어야 하는 형편이다. 외부인 접견보다도 접견하러 갈 때 교도관과 함께 걸어가며 대화하는 시간이 더 즐거울 때도 많았다.

교도관들도 각자 정치적 성향이 있을 것이다. 주로 태극기집회 때도 나간다는 보수 성향의 교도관들은 귀띔을 해 준다. 이들 교도관과는 자연스럽게 문재인 정권 비판 등 정치적 이야기를 나눌 수 있었다. 반면 좌익 성향 교도관들도 있을테지만 그런 경우 알려 주지 않았을 것이다. 그러나 좌익 성향 교도관에 의해 조금이라도 불편한 일을 당했던 기억은 없다. 교도관들은 교도관 전문직에 충실히 수용자들이 규율을 지키며 수감 생활에 적응을 잘 하도록 돕는 데 최선을 다했다.

개중에 앞서 CCTV 방에 수감된 이유를 설명해준 이 모 과장의 경우 약 한 달에 두 번 정도 자신의 사무실에서 일대일 개인 면담을 전문으로 했다. 취지는 정치범들은 독방을 쓰기 때문에 수감 생활 관련해 조언해 줄 사람도 없고 말 상대도 없어 한 달에 두어 번 정도 시간을 낸다는 것이었다. 커피 한 잔을 놓고 재판 관련 이야기, 가족 관련 이야기 등 격의 없이 대화를 하고 병원 치료 등 건의도 하게 된다. 약 1년간 이 모 과장으로부터 많은 도움을 받게 되었다. 특히 두 차례에 걸쳐 급성 통풍 발작이 왔을 때 이 모 과장이 직접 나서주는 덕분에 신속히 약을 처방받을 수 있었다. 그러나 안타깝게도 이 모 과장은 김경수 경남지사가 수감되었을 때 수갑 착용 문제로 나와 크게 맞부딪히게 되었다. 나중에 서울구치소를 상대로 규정과 절차 없이 김경수 지사만 수갑을 면제해 줘 정당하게 수갑을 착용한 나의 명예가 훼손되었다는 사유로 1억 원의 손해배상 청구 소송을 냈다. 그 핵심 증인으로 이 모 과장이 법정에 불려 나오게 된다.

약 한 달 후, 나는 이 모 과장과의 면담을 거쳐 CCTV가 없는 방으로 옮겨갔다. 3층 11호실 1번방이었다. 바로 옆의 12호실에는 그 유명한 댓글 조작의 드루킹이 있었고, 13호실에는 우병우 전 민정수석이 있었다. 8호실에는 최서원의 '국정농단'을 고발하여 탄핵의 불을 붙인 고영태가 있었다.

"어이, 변 사장!"

방을 옮기자마자 마침 접견을 나가는 드루킹과 마주쳤다. 드루킹은 "어이, 변 사장, 당신처럼 명예훼손 같은 걸로 여기 들어와 독방을 쓰니 독방이 모자라잖아. 대충 손석희 사장에게 사과하고 나가지!"라며 첫인사를 대신했다. 참고로 구치소 안에서 수용자들은 서로를 '사장'이라고 부른다.

고영태의 경우는 애매했다. 박 대통령에 대한 탄핵무효 운동을 하는 사람 입장에서는 철천지원수이지만 고영태는 태블릿에 관해서는 일관되게 "최서원이 사용하는 걸 본 적이 없다"고 증언했다. 특히 JTBC나 검찰의 주장과 달리 고영태는 자신의 책상에 태블릿을 놔둔 적이 없다는 증언을 하여 미디어워치가 태블릿 조작 문제에 뛰어들게 된 결정적 계기가 됐다.

한동안 운동을 나갈 때면 드루킹, 고영태와 셋이 함께 가게 되었다. 나이 또래가 비슷해서 서로 말을 놓고 친하게 지낼 수 있었다. 우리 셋이 즐겁게 운동을 나가는 모습은 서울구치소 내에서도 화제였다.

수감된 지 약 1주일 정도 지나자 요청한 책들이 반입되었다. 러셀 커크의 『버크에서 엘리엇까지 보수의 정신』, 유민호의 『일본직설』, 한준석의 『이승만의 대미투쟁』, 피터 나바로의 『중국이 세상을 지배하는 그날』 등 대개 국제 관계와 역사서였다. 이 책들을 읽어나가면서 본격적인 투옥생활이 시작되었다.

슬기로운 수감 생활

서울구치소의 하루 일과는 다음과 같다. 오전 6시 기상음악과 함께 자동적으로 불이 켜지면서 기상한다. 각 수감방에선 수용자 스스로 불을 켜고 끌 수 없다. 야밤의 사고를 대비하여 모든 방에는 경고등이 켜져 있다. 때문에 나는 수면 안대를 구입해서 사용했다. 그러나 여름철의 경우는 더위 때문에 수면 안대조차 착용할 수 없었다.

기상한 뒤 방 정리를 마치면 정자세로 앉아 교도관의 기상 점검을 기다린다. 기상 점검을 할 때는 교도관이 창문틀 사이로 방 상황을 확인하며 수용자들과 상호 인사를 한다. 영화나 드라마에서와 달리 교도관들은 매우 정중한 자세로 인사를 한다. 또한 영화나 드라마에서처럼 수용자를 부를 때 "어이, 3450 나와!" 이렇게 하지 않는다. 교도관들은 수감번호 옆의 실명을 확인하고 "변희재 씨" 이렇게 이름을 부른다. 당연히 늘 존댓말을 쓴다. 교도관들은 공직자로서 수용자를 상대하여 예를 지키는 데 철저히 훈련된 인물들이었다. 그러나 보수 운동가 중 성호 스님은 자신이 구속되었을 때 아침 조회시간 때마다 교도관 앞에서 인사를 하면서 가장 커다란 굴욕을 느꼈다고 한다.

아침 조회가 끝나면 식사가 배급된다. 식사는 앞서 언급한 대로 최소한 6천 원 이상의 백반식은 되는 수준이다. 아침에는 주로 떡국, 스프와 모닝빵 등이 배급된다. 배식 양은 넉넉하여 모자라서 잘 먹질 못했다는 경우는 없다.

식사 종류는 흔히들 백반집이나 분식집에서 사먹을 수 있는 것들이 대부분 나온다. 예를 들면 불고기 백반, 제육 백반, 감자탕, 육개장, 짜장밥, 카레라이스, 된장찌개, 김치찌개 등이다. 무더운 한 여름에는 두 번에 걸쳐서 삼계탕이 나온 적도 있었다. 정규 식사 이외에 영치금으로 라면, 김치, 김, 땅콩, 소시지 등을 신청하여 부식으로 먹을 수도 있다. 서울구치소에서 최소한 식사 문제는 걱정할 게 전혀 없다.

오전 7시 30분 정도에 아침식사가 끝나면 1시간 정도 자유시간이다. 특히 경고등 밑에서 야밤을 틈타 독서를 자주 했던 나의 경우 이 시간 동안 주로 잠을 더 잤다. 서울구치소에서 기상 이후 시간에는 일체 누우면 안 된다. 그러나 아침식사를 마친 후 일과 시간 시작할 동안의 오전 8시 30분까지 1시간은 교도관들이 거의 나타나지 않는다.

오전 8시 30분에 담당 교도관이 들어오면서 일과가 시작된다. 사실 일과 시작이라고 해봐야 특별하게 다를 건 없다. 그냥 수감 방에 멍하니 앉아 있거나 책을 보는 것이다. 물론 4명, 6명, 8명씩 혼방을 쓰는 경우에는 장기와 바둑을 둔다고도 한다. 화투와 카드는 금지되어 있으나 카드를 하다 한두 번 걸린 적이 있을 정도로 암암리에 다들 하고 있는 듯하다.

오전 9시 30분쯤에 KBS 뉴스를 생방으로 방영해 준다. 그리고 이 시간대에 조간신문이 도착한다. 내가 신청한 조선일보와 한국경제를 읽는다. 각각 종합일간지와 경제지여도 절반은 비슷한 소재들이다. 그래서 조선일보를 대충 다 읽는데 약 1시간, 한국경제를 읽는데 30분 정도 걸린다. 신문은 1인당 세 종류씩 신청 가능하다. 나는 석간인 문화일보를 더 신청했다.

나중에 구속된 황의원 대표이사는 함께 혼방을 쓰는 수용자들과 분담하여 나눠서 신청해 10대 종합일간지를 모두 받아볼 수 있었다고도 했다. 반면 적의 동태를 파악하겠다며 "한겨레신문과 경향신문을 본다"는 국정원 출신의 인사도 있었다.

점심시간까지 미처 다 못 본 신문을 읽는다든지 책을 읽는다. 변수는 일반 면회 접견과 변호인 접견, 그리고 운동이다. 어느 시간대에 잡히느냐에 따라 하루 일과 스케줄이 바뀐다.

오후 3시부터 5시까지의 방송에 일일 드라마, 각종 다큐가 편성되어 있다. 이때 면회 접견이나 변호사 접견이 오면 방송을 놓친다. 그래서 나는 웬만하면 모두 오전에 오라고 권했지만 접견 오는 사람마다 스케줄이 다를 수밖에 없다.

운동은 가급적 점심식사 직후로 잡았다. 방송이나 접견과 겹치지 않는 시간이다. 그러나 여름의 경우는 이 시간대면 땡볕에 그대로 서 있어야 한다. 독방 수감자들은 운동 역시 혼자서 한다. 20여 미터 정도의 거리를 왕복할 수 있는 좁은 운동장을 배정받는다. 다만 운동장까지는 드루킹, 고영태 등과 함께 나가며 담소를 나눌 수 있었다.

운동장에서 홀로 할 수 있는 운동은 걷거나 뛰는 것밖에 없다. 혼방의 수용자들은 넓은 운동장에서 수십 명이 같이 다니며 이야기도 나누는데 흔히 영화 속에서 나오는 감옥에서의 운동 장면과 비슷하게 시간을 보낸다. 그러나 독방 수용자들은 운동이라고 해봐야 방에서 혼자 있는 것과 별반 차이가 없다.

내 경우는 왕복 20번 정도 뛰고 걷거나 혹은 아예 책을 갖고 나와 독서를 하면서 시간을 보냈다. 혼방 수용자들의 운동 시간은 30분, 독방 수용자들은 1시간이다. 독방 수용자들은 너무 좁은 방에 혼자 있다 보니 상대적으로 활동량이 부족해 운동 시간을 늘린 것이다. 그런데 막상 혼자 왔다 갔다 하는데 1시간은 지겨울 정도로 긴 시간일 때가 있다. 여름 경우는 땡볕 아래서 10분간 서 있기조차 쉽지 않을 때도 있다. 그때는 주로 비교적 짧은 글들이 이어져 있는 영화평론 관련 책이나 여행·등산 잡지를 들고 나갔다. 주문해서 받은 영화평론 관련 책은 죄다 운동장에서 읽었다 해도 과언이 아니다. 특히 류상욱 씨의 『익스트림 씨네 다이어리』에서 소개된 낯선 아시아 영화들은 출소해서 꼭 찾아보겠다고 다짐했다. 그러나 출소 이후에는 예상치 못한 많은 일들로 차분히 독서나 영화감상을 할 시간을 내지 못하고 있다.

내가 들어가는 독방 운동장의 경우는 높은 담 위로 주변 동산 끝 봉우리가 조금 보이는 곳이었다. 그때마다 투옥되기 전의 취미였던 등산이 떠올랐다. 원래부터 직업상 하는 일이 책과 글 읽고, 방송 보는 것이라 그 점에 대해서는 오히려 감옥 안에서 더 즐겁게 잘할 수 있었다. 그러나 등산은 불가능했던 것이다. 그래서 「월간 산」, 「월간 사람과 산」 같은 잡지를 들고 나와 운동시간에 등산을 꿈꾸며 읽었다.

결국 출소하자마자 독자들과 강화도의 봉천산을 올랐는데 그 과정에서 무릎을 상해 버렸다. 1년 내내 평지만 왔다 갔다 하다가 갑자기 급경사를 내려오다 무릎에 무리가 온 것이었다. 등산뿐 아니라 출소 후 골프를 하다가 이번에는 허리를 삐끗해 버렸다. 투옥 생활 중 골프 스윙에 필요한 수준으로 허리를 써 본 적이 없었던 것이다. 옥중에서 나름 걷고 뛰고 하더라도 실제 출소한 뒤 평소대로 운동을 할 때는 신중할 필요가 있었던 것이다.

서울구치소에서 만난 펜싱 국가대표 선수였던 고영태는 나에게 "당신 운동장에서 대충 걷고 뛰는 것 갖고 몸 관리 안 되니까, 방에서 PT체조 같은 것 꾸준히 해야 될 거야"라는 조언을 해 준 적이 있었다. 실제로 그랬던 것이다. 출소 후에 다친 무릎과 허리는 여전히 회복이 안 되고 있다.

그래서 출소 이후 등산의 경우도, 도심의 낮은 산이나, 해안가 트래킹 위주로 하고 있다.

모범 수감 생활자로 산다는 것

일반인 접견은 하루에 한 번 10분씩, 변호사 접견은 횟수와 시간제한 없이 한다. 수감 생활 초기에는 일반인 접견과 변호사 접견이 적응하는 데 큰 도움이 된다. 그래서 재벌들 같은 경우 접견 전용 변호사를 두세 명씩 고용하여 하루 종일 변호사를 접견하기도 한다. 대한항공의 조현아 부사장이 아예 온종일 변호사 접견실을 점령했다고 해서 논란이 되기도 했다.

수감 생활을 지속하다 보면 일반인·변호사 접견이 오히려 독서와 방송 시청에 장애가 되는 경우가 더 많다. 특히 오후 3시부터는 일일 드라마를 볼 수 있게 해 주는데 나는 당시 재벌 회장과 평범한 흙수저 청년의 운명이 뒤엉키는 '비켜라 내 운명아'를 열중해서 시청하고 있었다.

이 드라마 소재가 미국의 산업혁명기 때 젊은 청년들이 주변 어른들의 도움으로 크게 성공하는 이른바 아메리칸 드림을 소재로 대박 흥행을 기록한 대중소설들과 유사했기 때문이다. 그런데 이 시간 때 접견이 들어오면 방송을 놓쳐 버린다. 일일 드라마이고 인물들 간의 사연이 복잡하게 얽혀 있어 이틀만 놓치면 따라가기 쉽지 않은 드라마였다.

외부 정치 상황이나 회사 상황을 전달해 줄 수 있는 인물이 아닌 가족 혹은 처음 오는 그냥 아는 지인이 접견을 오면 "요즘 몸은 어때? 식사는 잘하고? 춥지는 않고?" 이런 식의 똑같은 대화가 오갈 수밖에 없다.

그보다 접견에서의 더욱 힘든 점은 늘 밝고 당당한 모습을 보여야 한다는 점이다. 접견 과정에서 조금이라도 피곤한 모습을 보이면 외부에서 잘못된 소문이 돌 수 있다. 구속 직후 통풍 탓에 휠체어를 타고 접견했을 때 외부의 사람들은 실제 증세보다 백 배 이상 더 걱정할 수밖에 없었다. 접견은 수용자가 외부와 소통하는 공간이기도 하지만 외부에서 수용 환경을 검증 테스트하는 채널이기도 한 것이다.

최대집 의사협회 회장이 접견을 왔을 때 서울구치소 내의 의료시스템 문제점을 설명해 줬다. 최소한 자비로 병원에 가야 하는 사람은 보내 줘야 하는데, 외부 진료를 신청해 놓으면 감감 무소식이다. 내 접견때는 교도관이 들어와 기록했다. 이 소식이 서울구치소 내에서 널리 퍼졌다. 교도관들은 서울구치소 내의 문제점이 밖에 알려지는 걸 극도로 경계한다.

그래서 나는 대개 "서울구치소 내 식사는 밖의 식당보다 더 좋고 방송도 좋은 프로그램만 틀어줘서 늘 재미있게 시청하고 있고 난방 설비도 잘 되어 있어 전혀 춥지 않다"는 식으로 이야기한다. 서울구치소에서는 이런 나의 태도에 고마워했다. "수감 생활에 잘 적응한 인물"로도 손꼽혔다. 그러다 의료진료 시스템과 관련해 그것도 의사협회장에게 고자질한 셈이 되었으니 교도관들이 바짝 긴장하게 된 것이다.

2심을 넘어가면서부터는 나는 일반인 면회는 직원과 태블릿 특검법을 추진하는 인물들로만 접견을 제한했다. 변호사 접견도 최소화했다.

그러다 보니 차기환 변호사의 경우는 내게 묻지도 않고 보석을 신청하기도 했다. 어차피 서울구치소에서 재판 준비를 하는 건 한계가 있었다. 무엇보다 정보가 턱없이 부족했다. 나는 그냥 믿고 맡겼다.

다만 이런 점은 있다. 서울구치소에서는 매일 접견이 들어오는 수용자들은 따로 주의를 기울인다. 물론 아예 접견이 없는 경우도 그렇다.

특히 가족이 아닌 사람들의 접견이 매일 들어온다는 것은 밖에서 무언가 움직이고 있다고 해석될 수 있다. 가족이 아닌 인물들이 접견을 매일 들어오는 수용자는 재벌 회장이나 유력 중앙정치인, 조폭, 그리고 나와 드루킹 같은 사회운동가들 정도이다.

고위 공직자 같은 경우만 해도 가족 이외의 인물들이 매일 같이 접견을 신청하지는 않는다.

나의 경우 미디어워치 독자들이 접견을 들어왔다. 드루킹의 경우는 불법 대선 조직이라는 경공모 회원들, 그리고 우리와 함께 다닌 조폭할아버지는 조직원들이 매일 같이 들어왔다. 접견이 매일 있다 보니 접견 시간이 겹칠 때가 있는데 이때는 같이 접견을 나가기도 한다.

영치금의 위력

한창 재판에 대한 대응 문제로 미디어워치 독자들 내에서 내분이 일어났을 때였다. 옥중에서는 나조차 어떻게 할 수 없었다. 접견 들어온 독자들에게 "나와 미디어워치의 법적 대응은 아무런 이견이 없고 모두 내 지시에 따라 하는 것"이라 설명을 해도 소용이 없었다. 옥중에 있어서 정보가 차단되어 오판을 내린다며 내 말을 믿지 않기까지 했다.

이 건에 대해 나는 드루킹과 조폭 할아버지에게 의견을 물은 적이 있다.

"감옥에 들어오니 도무지 내 말에 영이 안 서는데 두 분도 그러십니까?"

내 말에 두 사람은 이구동성으로 대답했다.

"우리는 말 한마디로 싹 정리되는데, 변 사장이 밖에서 인생을 잘못 살았나 보네."

이후 나는 2심 때부터 일반인 접견마저 줄여 버렸다. 곧장 교도관이 확인을 해 왔다. 신변에 문제가 생긴 게 아닐까 하는 걱정의 차원이었던 것이다.

영치금의 경우도 독방과 달리 혼방에서는 매우 중요한 요소라는 것을 혼방에 수용된 황의원 대표를 통해 알았다. 독방에서는 여러 가지 간식거리, 생활용품 등을 아무리 많이 구입해도 한 달에 10만 원 이상 쓸 일이 없다. 그런데도 접견을 오는 분들은 계속 영치금을 넣어준다. 1년 동안 그렇게 받은 영치금이 쌓여서 출소 이후에는 그 돈으로 생활이 가능할 정도였다.

혼방의 경우는 영치금이 많이 들어올수록 방 내부의 서열 관계에 큰 영향을 미친다고 한다. 매일 같이 영치금이 들어오면 무언가 사회에서 중요한 사람으로 인식되는 모양이다. 실제 그렇게 들어온 영치금으로 방 생활에 필요한 용품과 간식 등을 사주므로 영치금의 위력은 대단한 것이다.

연휴를 기다리는 이유

오후 방송은 3시부터 5시까지 일일 드라마와 '동물농장', '생활의 달인' 같은 것들로 편성된다. 이 시간대에 석간신문 문화일보가 도착한다. 석간 문화일보는 오전에 벌어진 일들을 다루기 때문에 다음 날 조간보다 더 빠르게 그날 소식을 전해 준다.

아침 조회와 비슷한 방식으로 점검을 하고 오후 5시 30분부터 저녁식사를 한다. 6시부터는 '나 혼자 산다', '미운 우리 새끼', '전지적 참견시점'과 같은 예능프로를 방영하고, 7시부터는 KBS 생방뉴스, '밥상 차리는 남자'와 같은 일일드라마를 보여 준다. 점검 이후에는 사실상 일과가 끝난 거나 마찬가지이다. 아예 이불을 펴고 드러누워서 편하게 TV를 시청한다.

구치소에서의 하루 일과는 일반인 접견과 변호사 접견이 동시에 있기라도 하면 생각보다 바쁘게 돌아간다. 특히 하루에 신문 3개를 읽고 오전·오후·저녁 방송 모두를 시청하게 되면 책을 읽을 시간이 부족할 수밖에 없다. 그러다 보니 방송이 끝나는 오후 8시 30분부터 책을 잡고 경고등에 의존하여 오전 2~3시까지 읽게 되는 것이다. 부족한 잠은 낮에 잠시 벽에 기대어 자면서 보충하거나 아니면 주말에 한꺼번에 몰아 자기도 한다.

흔히들 감옥에서는 일반인·변호사 접견, 운동 시간 없이 하루 종일 방에 갇혀 있어야 하는 주말이나 연휴가 더 힘들다는 말들을 한다. 그러나 나의 경우는 전혀 그렇지 않았다. 오히려 방송을 오전부터 저녁까지 틀어 주는 휴일이 시간에 구애받지 않고 책과 방송을 마음껏 볼 수 있어 훨씬 좋았다. 토요일 오전에는 국내외 명산을 소개해 주는 '영상앨범 산', 그리고 고급 음악프로인 '불후의 명곡'을 볼 수 있다. 또한 휴일에는 교도관들도 교대로 쉬기 때문에 그냥 이불 펴놓고 하루 종일 드러누워 있어도 된다.

주말에는 영화도 틀어 준다. 주말 오전에는 방송 시청표를 공개해 주는데 저녁에 틀어 줄 영화 제목도 공개된다. 평소 보고 싶었던 '혹성탈출 반격의 서막', 스티븐 스필버그의 '레디 플레이어 원'의 방영을 확인했을 때는 그날 하루 종일 즐거웠다.

그래서 나는 평일에는 늘 휴일이 오기를 기다렸다. 추석·크리스마스·설날 연휴도 늘 기다려졌다. 이럴 때는 별 건 아니지만 송편, 떡, 케이크 같은 특식도 들어온다. 그렇게 휴일을 맞으면 책, TV, 잠, 책, TV, 잠을 반복하며 평일에 부족했던 잠도 보충한다.

재판정을 채우는 응원단의 정체

한 달에 약 한두 번 정도 재판정에 출정하는 날의 스케줄은 전혀 다르다. 오전 10시 재판이라면 오전 8시에는 서울구치소에서 출발하여 서울중앙지법으로 가야 한다. 아무리 재판의 모든 준비를 변호사들과 미디어워치 기자들에게 맡겼다 하더라도 결정적인 진술을 해야 할 때가 있어 재판이 있는 날에는 늘 긴장이 된다.

수용자들은 출정대기소로 가서 각자 옷을 갈아입는다. 수용자복을 입고 재판정에 출정하면 그 복장 자체로 재판부에 부정적 인식을 줄 수 있다 하여 정치범들은 대부분 사복 정장으로 갈아입는다. 나 역시 독자들이 준비해 준 사복을 입고 출정했다. 기자들은 사복 정장을 입고 서울구치소버스에서 내리는 장면을 찍어 보도한다. 그러다 보니 수용자복을 입고 찍은 사진은 한 장도 없다.

사복으로 갈아입으면 수갑을 차고 버스에 오른다. 버스에서조차 독방 수용자는 다른 수용자 옆자리에 앉지 못한다. 서울중앙지법에 도착하면 지하에 있는 수용자 대기실에서 대기한다. 재판이 오전 10시가 아니라 11시 정도 열리게 되면 대기실에서 한 시간 이상 기다릴 때도 있다.

독방 수용자는 대기실에서도 다른 수용자와 나란히 앉을 수 없다. 유리로 칸막이가 된 곳에 혼자 있어야 한다. 그럴 때는 먼저 재판을 마치고 돌아오는 수용자들의 모습을 가끔 볼 수 있다. 무죄나 집행유예를 받고 나온 수용자들의 얼굴은 그야말로 '환하다'. 교도관들이나 다른 수용자들도 모두 축하해 준다. 그런 모습을 볼 때마다 재판에서 석방 선고를 받은 뒤 어떤 절차를 통해 석방되는지 늘 궁금했다.

그러다 조국 전 민정수석과 박근혜 대통령 1심 김세윤 재판장의 만남 의혹을 제기했다가 구속되어 2심에서 집행유예를 선고받고 출소한 우종창 전 월간조선 기자 사례를 통해 알게 되었다. 사복을 입고 나왔으면 서울중앙지법에서 바로 걸어 나갈 수도 있다는 것이다. 그게 아니면 다시 서울구치소로 가서 외부 지인에게 연락해 사복을 받아서 갈아입고 나가야 한다. 즉, 어떤 경우든 수용자복을 입고는 출소할 수 없다는 것이다.

그렇게 대기하다 교도관의 신호를 받고 3층 혹은 4층 재판정으로 올라간다. 재판정과 연결된 작은 방에서 또 10분에서 20분을 대기한다. 물론 수갑을 착용한 상태이다. 재판장의 신호가 있어야 비로소 재판정에 입장한다.

내 재판정은 미디어워치 독자들로 늘 꽉 들어찼다. 재판정에서부터는 나의 모습이 독자들은 물론 기자들에게 죄다 공개가 된다. 대기실에서부터 어떤 경우든 의연함과 당당함을 잃지 않으려 바짝 신경을 쓰고 재판정에 입장했다. 독자들 사이에서 조금이라도 "우울해 보였다", "힘이 빠져 보였다" 이런 말들이 돌면 외부에서 크게 동요할 수밖에 없기 때문이다. 심지어 헤어커트 할 시간을 놓쳐 머리가 정돈이 안 된 상태로 재판정에 나가면 그것만으로도 "감옥 내에서 학대받은 것 아닌가"하는 걱정들이 퍼져 나간다.

내 재판은 대개 JTBC 기자들을 증인으로 불러 심문하는 방식으로 진행되었다. 정보의 한계 등으로 질문은 변호사와 1심 당시에는 불구속 상태였던 황의원 대표가 하고, 나는 주요 사안에 대해서만 발언했다. 특히 김필준 기자 심문 때 포렌식상 분명히 이메일 로그인을 하고 들여다본 기록이 나왔는데도 "로그인을 하지 못해 메일을 못 들여다봤다"는 증언이 나오자, 공방은 이어졌다. 나도 직접 질문을 하며 서너 번씩 확인하기도 했다. 그러나 그럴 때마다 1심 박주영 판사는 노골적으로 JTBC 편을 들어 무마시키곤 했다.

그렇게 재판이 끝나면 다시 대기실에서 기다렸다가 1시간에 한 대씩 배치되는 서울구치소 버스를 타고 귀소하게 된다. 버스를 타고 서울중앙지법을 나가면 기다리고 있던 독자들이 태극기를 흔들고 응원의 메시지를 보낸다. 버스 유리창은 검은색 코팅을 하여 외부에서 내부는 잘 보이지 않는다. 그러나 내부에서는 외부의 응원 모습이 보이고, 응원의 소리도 잘 들린다. 응원의 효과는 재판정 쪽보다는 서울구치소에 영향을 미친다. 교도관과 함께 버스를 탄 수용자들 사이에서 "변희재 재판 때는 여전히 응원단이 나온다"는 소문이 쫙 퍼지는 것이다.

저녁식사 이후에 돌아오게 되면, 사소^{司掃} (세숫물 준비와 청소 따위를 맡아보던 조선시대 정9품 잡직)가 미리 식사를 방안에 준비해 놓는다. 방안에서 식사를 할 때는 마치 퇴근 후 집에 돌아온 것과 같은 편안함을 느낀다. 그리곤 자유롭게 TV를 시청하고 다시 책을 읽는 것이다.

추운 겨울보다 무더운 여름이 더 무서운 감옥

감옥에서는 추운 겨울보다 무더운 여름이 더 무섭다는 말들을 자주 들었다. 실제 서울구치소에서의 최악은 겨울이 아니라 여름이었다. 내가 구속된 2018년 7월 20일부터 8월 10일까지 기온은 섭씨 35도 아래로 내려온 적이 없었다. 이 정도 기온이면 서울구치소 최상층인 3층의 온도는 한낮에 섭씨 40도를 넘나들게 된다. 그나마 선풍기를 24시간 돌려주기는 하지만 이 정도 수준이면 온풍기를 돌리는 것과 진배없다.

3층의 경우는 1층과 2층에서 물을 많이 소비해 물이 제대로 나오지 않을 때가 많다. 오전 2시 혹은 3시에 교도관들이 호스를 들고 와서 각 방에 물을 넣어 주어야 할 정도였다. 새벽에도 온도가 내려가지 않아(방아래 깔려 있는 쇠파이프의 열 때문) 뜨거워서 잠을 깬 적이 여러 번이었다. 더워서 깨는 것이 아니라 뜨거워서 깨는 것이다.

한낮에는 드러누워 아예 움직이지 않는 '시체놀이'로 시간을 보내야 했다. 교도관들은 노약인 수용자들이 혹시 위험한 상태에 빠질까 봐 전전긍긍해 개별 수용자에 대한 관리는 엄두도 못 내는 상황이었다. 그래서일까. 수용자 개개인은 혹서기^{酷暑期}에 더 자유롭고 편한 측면도 있다.

혼방과 독방의 혹서기

나에게는 혹서기를 견뎌내기 위해 각 수용자들과 교도관들이 똘똘 뭉쳤던 20일간의 일이 참으로 좋은 기억으로 남아 있다. 특히 상대적으로 편한 1층과 2층이 아닌 최악의 조건에서 견뎌낸 3층의 수용자들과 교도관끼리는 전우애 같은 것도 느껴질 정도였다. 서울구치소에서는 3층 수용자들이 너무 고생한다며 오후 시간에 에어컨을 빵빵하게 틀어놓은 대강당에서 '그 중에 그대를 만나'로 시작되는 이선희 라이브 콘서트 영상을 틀어주는 이벤트를 연 적도 있었다. 또한 얼음물을 특별히 3층만 두 개씩 투입해 주기도 했다. 나중에는 삼계탕 특식까지 넣어 주었다. 구치소에서는 이런 작은 배려와 이벤트 하나하나가 큰 즐거움과 보람을 느끼게 해 준다.

혹서기가 지나서였지만 자카르타 아시안 게임 당시 축구 준결승에서 박항서 감독이 이끄는 베트남과 대한민국이 맞붙어 큰 화제가 되기도 하였다. 법무부에서는 전격적으로 이 경기를 생방송해 주기로 결정했다. 저녁 시간, 서울구치소에서는 간만에 힘찬 응원소리가 울려 퍼졌다. 대한민국이 승리하자 결승에서 일본과 맞붙게 되었다. 서울구치소 교도관들은 축구 결승 생중계 관련 여론 수렴에 나섰다. 나는 "국가에서의 교화 기관이란 애국심을 길러 주는 일 이외에 더 중요한 게 없다. 국가에 의해 감옥에 갇혀 있지만 국가대표팀을 응원하면서 분노와 복수심도 줄이고 더 큰 국가 공동체 일원이라는 의식을 키우는 거다. 물어볼 것도 없이 다들 축구 결승전 생중계를 보고 싶어 할 것이다. 교화 기관에서 이런 작은 것 하나라도 배려해 주며 큰 기쁨을 주는 것 자체가 하나의 교화이다"라는 의견을 전했다.

결승전이 있던 날, 오전 방송 시청표에 한국과 일본 축구 결승전이 편성되어 있었다. 서울구치소 전체에서 환호성이 울려 퍼졌다. 결승전은 연장전까지 가면서 오후 10시가 넘어서야 대한민국의 승리로 끝났다. 서울구치소에서는 야밤까지 환호성이 이어졌다. 서울구치소에서 이런 환호성이 터졌던 것은 김경수 경남지사의 서울구치소 구속이 방송을 통해 알려진 때 이외에 처음이었다.

반면 겨울에는 문제될 것이 아예 없었다. 가을에서 겨울로 넘어가는 문턱에 잠시 추울 뿐, 12월이 되면 충분히 따뜻한 온돌 난방이 시작된다. 침낭을 구입하면 한겨울에도 전혀 춥지 않게 지낼 수 있다.

편안했던 겨울에 가끔 교도관들과 뜨거웠던 혹서기 이야기를 하면서 "20여 일간 교도관들과 수용자들이 생존 투쟁했던 시절이 그립다"는 말을 하면 "그건 변희재 씨가 독방을 썼기 때문"이라며 "8명씩 뒤엉켜 지내는 혼방에서였다면 기억하고 싶지도 않을 것"이란 답을 하곤 했다. 같은 3층이라도 혼방은 독방과 또 다른 수준의 힘든 여름을 보냈다는 것이다.

아우슈비츠에서도 갖는 희망을

투옥을 각오하면서 가장 크게 기대했던 것은 외부의 방해 없이 원하는 책을 마음껏 읽을 수 있다는 점이었다. 그 점에서 만큼은 대만족이었다. 또한 대성공이었다. 출소 이후 서울구치소에서 읽었던 도서목록을 뽑아보니 '2018년 5월 31일'에서 '2019년 5월 17일'까지 약 1년간 456권의 책이 반입되었다. 그중 월간 조선, 월간 신동아, 주간 미래한국, 월간 산, 월간 낚시 등 잡지를 제외하면 350여권 정도 될 것이다. 내가 직접 요청한 책이 250여 권, 나머지 100여 권은 독자나 지인들이 넣어준 책이다. 거의 다 읽었다.

윈스턴 처칠의 『제2차 세계대전 회고록』, 알렉상드르 뒤마의 『몬테크리스토 백작』, 파트리크 지라르의 『명장 한니발 이야기』, 시오노 나나미의 『로마인 이야기』와 『그리스인 이야기』, 구종서의 『대칭기스칸』, 헨리크 시엔키에비치의 『쿠오바디스』, 시바 료타로의 『료마가 간다』, 이문열의 『삼국지』, 월터 아이작슨의 『벤자민 프랭클린 인생의 발견』, 최인호의 『상도』, 손세일의 『이승만과 김구』 같은 장편 대작들은 구치소가 아니면 읽을 엄두도 낼 수 없는 분량의 책들이었다. 이런 대작들을 손에 잡았을 때는 밤에 희미한 경고등만 켜 있는 상태로도 도저히 덮을 수가 없어 밤을 새가면서 읽기도 했다. 그 바람에 출소한 이후 눈이 매우 나빠져 있었다.

칭기즈칸 관련 책들을 많이 읽은 건 그야말로 인생의 모든 역경을 딛고 극복한 인물이었기 때문이다. 위인들치고 안 그런 인물은 없으나 고난의 정도가 칭기즈칸은 최강이었다. 어릴 때 부친이 독살당하고, 부인이 노예로 끌려가고, 정적을 피해 야산에서 숨어 사는 등 칭기즈칸은 그런 고난을 극복한 후 부족을 통합하여 거대한 제국을 세우게 된 것이다. 옥중에서 접한 위인들의 고난을 극복하는 이야기들은 그 자체로 큰 위로가 됐다.

그 점에서 빅터 프랭클 박사의 『죽음의 수용소에서』는 투옥 초기부터 강렬한 충격을 주었다. 의학도였던 프랭클 박사가 나치군에 의해 아우슈비츠 수용소에 끌려가고 그 고통의 시간 속에서 어떻게 희망을 갖고 견뎌내고 살아남았는지, 체험담이자 전문가의 조언이 담긴 책이다. 프랭클 박사는 "왜 살아야 하는지를 아는 사람이라면 어떠한 상황도 견뎌 낼 수 있다"는 니체의 격언을 인용한다. 또한 "정신적으로 성숙한 사람은 고통의 현실에서도 아름다운 미래를 그려낼 수 있다"고 말한다. 이러한 교훈보다도 서울구치소가 아우슈비츠와 비교했을 때 환경적으로 얼마나 좋은 곳인지, 그것 하나만으로도 수감 생활에 큰 힘이 될 수 있었다.

책 속에 지어 올린 세상

서울구치소에 처음 들어왔을 때, 가장 힘든 것은 "대체 언제 어떤 방식으로 나가게 되는 것일까, 아니면 문재인 정권의 보복으로 다른 추가 기소가 이어질 것인가"하는 불안감이었다. 그것은 아우슈비츠에 끌려갔던 프랭클 박사와 그의 동료들도 마찬가지였다. 인신구속보다 앞이 안 보이는 미래가 가장 큰 고통이었던 것이다.

실제로 구속되었을 당시만 해도 나는 태블릿이 최서원 것이 아니고 조작되었다는 결정적 증거는 잡지 못했던 상황이었다. 검찰은 그런 나에게서 태블릿 진실을 밝힐 시간과 기회를 빼앗기 위해 바로 구속시켰던 것이다. 이런 상황에서는 역시나 문재인이 장악한 법원이 몇 년 형을 선고할지 예측 불허였다. 검찰이 다른 별건 사건으로 추가 기소할지도 모르는 상황이었다.

막연한 불안감에 대해서는 시엔키에비치의 소설 『쿠오바디스』가 큰 도움이 되었다. 『쿠오바디스』는 초등학교 시절 교회에서 아동용 책으로 추천받아 읽은 바 있다. 당시에는 로마 네로 황제 시절, 초기 기독교인들의 종교와 투쟁 이야기로만 기억되었다. 이번에 완역본을 읽으면서 이 소설이 러시아에 핍박받던 폴란드 민족에 희망을 주기 위해 집필된 소설이란 점을 알게 되었다. 네로에 의해 그렇게 고통 받던 기독교인들이 궁극적으론 기독교를 로마제국의 공식 종교로 위상을 올려놓았듯이 폴란드인들도 언젠가는 자유와 해방의 길로 들어설 것이란 희망의 메시지를 준 것이다.

이 소설의 또 다른 가치는 로마시대에 대한 완벽한 재현이다. 마침 『쿠오바디스』를 읽을 때 시오노 나나미의 『로마인 이야기』도 함께 읽었다. 『쿠오바디스』에서 재현된 로마시대와 『로마인 이야기』에서 묘사된 로마시대의 삶을 비교하며 읽을 수 있었던 것이다. 물론 저자가 로마시대를 연구할 때 네로 등 로마 황제들을 크게 부정적으로 묘사한 타키투스의 『타키투스의 연대기』에 의존했다는 비판도 있다. 그러나 로마시대의 일상, 거리, 의상 등을 마치 다큐로 찍어 가져 온 것처럼 정밀하게 묘사한 이 소설로 저자는 1905년 노벨문학상을 받게 되었다. 이렇듯 친절한 묘사는 훗날 이 소설이 미국과 폴란드에서 반복적으로 영화로 제작할 수 있는 기반이 되었다.

폴란드 민족이 러시아의 핍박을 받아 온 것과 비슷하게 우리나라 조선은 비슷한 시기에 일본에 의해 합병되는 수모를 겪었다. 조선 말기를 제외하곤 그 이전 시기나, 혹은 지금 시기나 대한민국은 일본과 그렇게 크게 국력적으로 차이가 나지 않는다. 그런데 대체 왜 조선 말기 일본에 의해 총 한 번 제대로 쏴보지 못하고 나라를 빼앗겼는지, 당시 조선과 일본은 어떻게 다른 길을 가게 되었는지 늘 궁금했다. 투옥된 김에 일본의 메이지 유신을 다룬 책들을 찾아 읽었다.

일본이 조선과의 가장 큰 차이는 지방분권으로 인한 상업의 번성, 그리고 지방 자체의 군사력이었다. 그리고 이러한 일본 메이지 유신 혁명의 동력을 상징하는 인물이 바로 사카모토 료마였다. 료마는 하급 사무라이 계층으로서 일본 계급 사회의 모순을 체감하며 서양과의 교류를 통해 상업과 군사력의 상관관계를 꿰뚫어 봤다.

메이지 유신의 두 축이 되는 사쓰마와 조슈를 오가면서 사쓰마의 돈으로 영국의 무기를 사다가 조슈 쪽을 지원해 주며 이른바 '사쓰마·조슈 동맹'을 이끌어 낸 것이다. 사카모토 료마는 메이지 혁명 이후에도 관직을 차지할 생각은 없었다. 그는 배를 이용한 상업의 가치에 눈을 떴기 때문이다. 료마는 오히려 미쓰비시 같은 무역회사를 만들 꿈을 꾸다 불과 33세의 나이에 암살당한다. 그가 꿈꿨던 미쓰비시 회사는 그의 후배 이와사키 야타로가 현실화시킨다.

중앙집권 국가 조선과 달리 일본은 사쓰마번, 조슈번, 사카모토 료마의 도사번 등 지역분권 국가였다. 이미 타락한 막부가 서양의 군사력에 속수무책으로 당할 때 지역의 번의 사무라이 계급이 상업을 키워나갔고 그 돈으로 서양의 전함과 소총 등의 신식무기들을 구매했다. 그리고 사쓰마와 조슈가 연합하여 막부를 무너뜨리며 마침내 메이지 유신을 이뤄낸 것이다. 이런 국가 구조 속에서 사카모토 료마의 자유로운 상상력이 빛을 발휘할 수 있었다. 무턱대고 이 씨 왕조만 수호하려 했던 당시 조선의 사대부들과는 차원이 다른 발상들을 했던 것이다.

대만과의 관계

일본 현대사 관련 책을 읽어 나가면서 문득 대만이 떠올랐다. 당시 각종 외신에서는 미국의 트럼프 행정부가 일본과의 동맹을 강화하면서 대만에 대한 정치적·군사적 지원도 확대한다는 소식이 들렸다. 중국 견제용으로 일본과 대만을 군사·정치 동맹으로 묶으려는 움직임이었다.

문제는 여기서 대한민국의 문재인 정부는 제외된다는 점이다. 한국이 만약 미국, 일본, 대만 동맹에서 제외되게 되면 바로 100여 년 전 국제적으로 고립되어 나라를 빼앗겼던 시대와 같은 사태가 벌어질 수도 있을 것이다. 한국과 일본은 워낙 국민 정서적으로 깊은 앙금이 있어 일단 대만 쪽을 바라보게 되었다.

타이베이 국립정치대학원 출신의 최창근 씨가 쓴 입문서 『대만, 거대한 역사를 품은 작은 행복의 나라』를 시작으로 10여권의 책을 읽어 나갔다. 대만 역시 일본에 점령당했다는 점, 그리고 장제스 총통과 이승만 대통령이 제2차 세계대전 이후 아시아반공연맹을 통해 군건한 동맹을 맺었다는 점에서 매우 가까운 나라였다. 장 총통은 임시정부에도 자금과 무기를 지원했고, 6·25 당시 후방에서 막대한 군수물자를 대주기도 했다. 그러나 우리는 이런 대만에 대해 중국과 수교한다며 벼락치기 하듯 대만 대사관 인사들을 내쫓아 버렸다. 은혜를 원수로 갚은 격이었다.

대만과 무슨 일을 시작하기 위해선 이 잘못된 역사부터 바로잡아야 한다는 생각이 간절했다. 나는 출소한 후 3개월이 지난 2019년 8월 23일, 광화문 타이베이 대표부 앞에서 미디어워치 독자 100여 명과 함께 '한국·대만 국교 정상화 선언식'을 했다. 이 자리에서 나는 다음과 같은 선언문을 낭독했다.

1992년 8월 24일 중화민국 국민들은 대사관 앞에서 국기를 내리며 가슴 속에 국기를 걸어두었습니다. 2019년 대한민국 국민들은 중화민국 국민들 가슴 속에 걸어둔 국기를 꺼내 함께 내걸어야 합니다. 어차피 외교도 사람이 하는 것, 사람으로서의 도리부터 다해야 외교도 풀어 나갈 수 있고, 대한민국이 생존할 수 있는 것입니다.

옥중 구상을 현실로

이 행사는 대만중앙통신사를 통해 대만 전역의 언론 NTD 등 세계 중화 언론에 크게 보도되었다. 작은 민간 언론사와 독자들이 주최한 행사에 대만인들의 관심을 끌어 낸 것이다. 이에 이 행사를 대만 건국절인 쌍십절 10월 10일에 대만 4대 일간지 중 하나인 「중국시보」에 의견광고로 게재했다.

이 과정에서 행사를 접한 대만 뤼슈렌 전 부총통은 대만 측 뉴스에 '감사'의 뜻을 전하기도 했다. 이왕 내친 김에 더해 보자는 생각으로 뤼슈렌 전 부총통을 초청해 대한민국 국회에서 한국과 대만 국교 정상화를 위한 포럼을 개최하기까지에 이르렀다.

투옥 중에 단지 책으로 공부한 한국과 대만의 국교 정상화 관련해 실제 행사를 하고 대만 언론에 광고를 하며, 대만 부총통 초청 포럼으로까지 숨 가쁘게 이어나갈 수 있었던 것은 이슈를 정확히 잡았다는 뜻이다. 2020년에는 코로나19 때문에 온라인으로 할 수밖에 없었지만 일본을 더해 한국·대만·일본 국교 정상화 기념식을 열어 뤼슈렌 부총통 이외에 일본의 사쿠라이 요시코, 니시오카 쓰토무 등의 지식인도 참여했다. 이 행사는 2022년까지 이어가고 있다.

탈옥과 여행은 한 끗 차이

『몬테크리스토 백작』과 『빠삐용』은 억울하게 수감된 주인공이 감옥을 탈출하는 스토리로 흥미진진할 수밖에 없었다. 초등학교 시절 동화나 영화 등으로 접한 이야기지만 완역본을 읽을 기회는 처음이었다. 『몬테크리스토 백작』은 자신을 억울하게 감옥에 가둔 검사와 공범들에게 복수하는 내용으로 조윤선 전 문광부 장관도 옥중에서 읽어 화제가 되었다. 그러나 실제 주 메시지는 '복수는 헛된 것'이다. 주인공 당테스가 모조리 복수를 하지만 본인 스스로는 얻은 게 아무것도 없다.

나 역시도 수감 생활을 해 가며 초기의 복수욕을 점차 줄여 나갔다. 복수욕도 하나의 욕심이다. 욕심이 가득 차서는 진실에 다가설 수도 없다. 평온하고 유쾌한 수감 생활에 방해만 될 뿐이다. 복수욕과는 조금 다른 구상을 했다. 출소한 뒤 어떻게 진실을 밝혀나갈 것인가. 또 그 기반 위에 미디어워치는 어떻게 발전시킬 것이며 대한민국은 어떻게 바로잡아 갈 것인지.

『빠삐용』 역시 수시로 탈옥을 반복하는 내용이다. 내가 이 책을 읽으며 신기해 한 것은 수시로 탈옥을 감행할 수 있는 시스템이었다. 예를 들면 서울구치소라면 탈옥은 상식적으로 불가능하다. 『빠삐용』을 읽을 때는 아주 잠시 운동장에서 탈옥이 가능한지를 상상해 보기도 했다. 역시 원천적으로 불가능하다는 답을 얻고 피식, 웃곤 했다. 물론 진실의 칼을 쥐고 재판에서 거짓을 밝혀낼 자신이 있는 입장에선 그럴 이유도 없었다.

탈옥을 꿈꾸는 대신에 여행기들을 읽곤 했다. 대학 시절부터 나는 인터넷신문을 창간하면서 무려 20년간 같은 일을 해 왔다. 공식 출장 이외에 여행을 별로 다녀본 적이 없다는 점은 몹시 아쉽다. 그러다 보니 옥중에서 공간적 상상력에 제약을 받는다는 느낌을 떨쳐낼 수가 없었다. 그래서 시작한 것이 일본, 대만을 시작으로 라오스, 캄보디아, 인도, 우즈베키스탄, 카자흐스탄, 몽골 여행기를 읽는 일이었다.

끝나지 않은 독립운동

이것이 트럼프 및 바이든 정권의 인도태평양 구상을 했던 중심 국가들로 이른바 반중국 벨트이기도 하다. 이들 국가에 대해선 여행기를 읽은 뒤 해당 국가의 체제와 현황을 소개하는 책도 따로 읽었다. 내친 김에 만주땅과 만주국에 대한 책도 읽었다. 조만간 북한을 자유통일한 뒤 곧바로 접해야 할 땅이 만주이기 때문이다.

옥중에서 마지막으로 읽던 책은 손세일 선생의 『이승만과 김구』였다. 동아일보 기자 출신이자 국회의원을 역임한 손세일 선생이 2001년도부터 2013년까지 월간조선에 12년간 연재한 2만 쪽 분량의 원고를 7권으로 나눠 출판한 것이다. 나는 이 7권 전체를 구입했다. 이승만 대통령이 미국에서의 독립운동을 하는 내용이 수록된 4권을 읽다가 보석 석방 결정문을 받았다. 보석 조건 문제로 나가니 안 나가니 실랑이를 벌이다 검찰의 명령으로 사실상 구치소를 쫓겨나면서 마지막으로 읽은 책이 『이승만과 김구』였다. '이번 기회에 완독을 못하고 나가게 되면 다시 읽지 못할 텐데' 하는 아쉬운 생각이 들었다. 아닌 게 아니라 실제로 석방된 지 3년이 지났지만 여전히 이 책을 완독하지 못하고 있다.

그림의 떡

TV시청은 대다수 수용자들에게 가장 중요한 일과나 다름없다. 수감 생활 중 책을 읽는 수용자는 그리 많지 않다. 실제 자신의 방에 보관할 수 있는 책은 30권으로 제한되어 있다. 그래서 새로운 책을 받으려면 기존 책을 내보내야 한다. 이렇게 책을 받고 내보내는 작업을 하는 수용자는 10명 중 1명도 안 된다는 이야기를 들었다.

서울구치소 측은 책을 받고 내보내는 수가 가장 많은 수용자가 바로 나였다고 했다. 내가 심각한 수준의 악필이라 책 관련 정보를 기록하는데 교도관들이 매우 애를 먹었다고 한다.

반면 TV는 아주 특별하게 시청을 외면하는 수용자를 제외하곤 전체가 다 시청하고 있다 해도 과언이 아니다. 경험 많은 교도관들은 "2000년 이후 전체 방에 TV를 놓게 되었는데 교도 행정에 아주 큰 도움이 된다. TV만 틀어주면 열심히들 시청하며 큰 사고를 치지 않더라"고 설명하기도 했다.

TV는 크게 실시간으로 시청할 수 있는 KBS 뉴스, 지상파와 종편의 각종 다큐, 예능, 영화, 드라마를 방영하는 재편성본으로 나눌 수 있다.

나도 마찬가지이지만 대다수 수용자들은 골치 아픈 뉴스보다는 당연히 재편성본 그것도 예능과 드라마를 좋아한다. 일단 나와 같이 정권 탄압으로 감옥에 온 정치범들은 뉴스에서 '문재인', '윤석열' 얼굴만 나와도 속이 울렁거리는 것은 어쩔 수 없는 일이었다.

평일에 주로 틀어주는 다큐의 경우 맛집 소개와 먹방이 너무 많았다. 최불암의 '한국인의 밥상'과 MBN의 '나는 자연인이다'가 매주 정규 편성되어 있다. 이런 프로그램은 먹방이나 다름없다. 본격 맛집과 먹방 프로가 아닌 SBS '생활의 달인'에서도 절반은 맛집 요리사들이 나온다. 특히 EBS의 '백성의 물고기' 멸치, 고등어, 명태, 조기 등도 사실상 요리가 주제였다. 심지어 SBS 드라마 '기름진 멜로'조차도 온갖 중화요리 전시물이었다.

만나는 교도관마다 "사람 데리고 장난하는 것도 아니고 방송의 먹방과 맛집은 시청한 뒤 가보라고 권하는 건데, 우리가 밖에 나가서 저런 거 사 먹을 수나 있나. 왜 이렇게 먹방을 많이 보여 주나"라며 항의를 한 적도 있다.

삼겹살과 소주 한잔의 악몽

앞에서도 언급했듯 투옥되기 전 내 걱정의 하나는 담배였다. 박 대통령 석방 집회를 이어가며 늘어난 담배 탓에 금단현상이 가장 큰 걱정이었다. 그러나 박성현 주필의 말마따나 서울구치소 내부에서 그 누구도 담배를 피우지 않기 때문에 투옥 즉시 담배는 잊어버렸다. 문제는 매일 같이 먹방을 틀어주며 맛집을 소개하는 것에 있었다. 소주 한잔이 그리울 때가 많았다. 먹방 대부분의 음식이 소주 한잔하기에 좋은 안주거리들이 었기 때문이었다.

서울구치소 생활 내내 하루하루 좋은 책을 읽으며 지내서인지 나는 악몽 같은 것은 꾼 적이 없다. 대신 순대나 삼겹살에 소주 한잔하는 꿈을 꾸다가 깬 적은 여러 차례 있었다. 낮에 한창 독서삼매경에 빠져 있다 보면 감옥에 갇혀 있다는 사실조차 잊어버리기 일쑤였다. 깊은 밤 어쩔 수 없이 책을 놓고 잠을 잘 때도 다음 날 아침 다시 책을 잡을 생각만 하면 늘 즐거웠다. 그렇게 자다가 가끔 삼겹살 안주에 소주 한잔 들이키는 꿈을 꾸다가 깼을 때, 비로소 나는 '아, 내가 감옥에 있구나'하는 현실을 절감하게 되었다. 이게 나름 투옥 생활 중 유일한 악몽이라면 악몽이었다.

보석 조건으로 서울구치소 측과 나가니 안 나가니 실랑이를 벌이다 결국 쫓겨났을 때도 "에라, 이렇게 된 이상 나가서 삼겹살에 소주나 한잔 하러 가자"하는 마음으로 출소했다. 실제로 그날 바로 삼겹살집으로 달려갔다.

만드는 자와 보는 자

30대 중반까지 대중문화 평론가로 활동한 이후 내가 처음으로 마음놓고 즐겨볼 수 있었던 프로그램은 예능·드라마·영화였다. 서울구치소에서는 남자 동과 여자 동에 각기 다른 버전의 방송을 송출했다. 그러나 유일하게 내 방에서는 남녀 두 가지 버전을 모두 볼 수 있었다. 남녀 간 가장 큰 차이는 드라마와 예능이었다. 아무래도 여성 쪽 버전에 멜로물, 남성 쪽 버전에 액션물이 많이 포함되어 있었다.

예능에서 여성방에만 송출된 대표적인 프로그램이 '미운 우리 새끼' 즉, '미우새'이다. '미우새'는 서울구치소에 수감된 약 2천여 명의 남성 수 감자 중에 오직 나만 볼 수 있던 프로그램이었다. 이 '미우새'를 통해 김 건모, 홍진영 자매, 김종국 등 연예인들의 삶에 대한 진솔하고 진지한 태 도를 보게 되었고, 때론 감동받고 교훈을 얻기도 했다. 특히 초특급 농구 선수로만 기억하던 서장훈의 예능적 감각과 언어 구사 능력에 감탄하기 도 했다.

그런데 출소 이후 '미우새'의 스타들이었던 승리, 김건모 등이 여러 좋 지 않은 소식으로 하차하는 것을 보면서 방송에서의 모습이 실제 삶과 많이 다르다는 의혹들이 제기되기도 했다. 그렇다 하더라도 '미우새'나 '나 혼자 산다' 등 각종 리얼리티 프로그램에 등장하는 연예인들이 대중 들에게 좋은 모습을 보여 주기 위해 무한히 노력하고 있다는 사실엔 결 코 변함이 없을 것이다. 옥중에서 예능프로 연예인들의 노력하는 모습을 보면서 내 스스로를 부단히 채찍질 했고 그 점에서 예능프로는 교도소 교화 정책에 큰 도움이 될 수 있다고 본다.

다만, 프로 코메디언, 개그맨들의 풍자와 해학성 프로는 전멸당하고, 연 예인들의 개인생활만 부각시키는 프로만 넘치고 있는 현실은 다시 짚어 봐야할 것이다.

역사는 옳은 편으로

드라마는 예능보다 더 강렬한 흡입력이 있다. 완전히 몰입하여 볼 수 있는 드라마 방영 기간에는 그 전날부터 설레기도 한다. 그 수준의 드라마로는 '미생', '알함브라 궁전의 추억', '김 비서가 왜 그럴까' 정도가 있었다. 여성 채널 버전으로 '김 비서가 왜 그럴까'의 경우 평일 수·목에 방영해 주었던 걸로 기억난다. 좀 모자라 보이는 재벌 후계자와 똑 부러지는 여비서 간의 로맨스가 진부한 스토리이긴 했어도 나름 참신했다. 이런 스토리의 경우 흔히 재벌가에서 결혼을 반대하며 울고불고 판을 짜는 반면 이 드라마에서는 재벌가에서 강력히 혼인을 원하고 김 비서 본인이 주저하는 구도였다.

2018년 10월 20일, JTBC 손용석 취재팀장 심문 공판이 저녁까지 이어진 적이 있었다. 재판이 늦어지면서 '김 비서가 왜 그럴까' 방영 시간이 신경 쓰여 부리나케 달려갔지만 결국 마지막 장면밖에 볼 수 없었던 적도 있었다.

'알함브라 궁전의 추억'은 가까운 미래에 충분히 가능한 '현실과 게임'이 뒤섞인 내용이었다. '한국 드라마가 이런 수준의 작품까지 만들 수 있구나'라고 놀라면서 시청했다. '미생'은 2014년 작품임에도 일요일 남녀 공통으로 방영해 주었다. 불확실한 비정규직 청년이 현실의 벽을 하나하나 돌파해 나가는 과정이 수감자들 교화에 도움이 될 거라 판단해서 정기적으로 재방영을 해 주는 듯했다.

'미생'은 비정규직 소재를 다뤘다는 점에서 좌익적 관점이라 볼 수도 있지만 개인 스스로의 치열한 노력으로 열악한 현실을 넘어 선다는 점에서 청년들 도전의 관점이라 볼 수도 있다. 보수 진영에서 보수나 우익 영화, 드라마 기획을 한다 하면 이승만, 박정희, 6·25 등 역사적 소재만 찾는 경향이 있다. 그러나 '미생' 같이 일상 하나하나에서 부딪치고 도전하며 바꾸고, 개선하고, 성취하는 스토리야말로 진정한 보수나 우익 작품이 될 수 있다. 이런 작품들은 현실을 치열하게 탐구하는 자세가 있어야 완성될 수 있다. '보수', '우익' 구호만 외친다고 될 일이 아니다.

반면 도저히 봐 줄 수 없는 역겨운 드라마가 방영되는 기간에는 생활 자체가 우울해 지는 수도 있다. 주말에 방영해 준 '미스터 선샤인'과 '남자 친구'가 그랬다.

송혜교, 박보검 주연의 '남자 친구'는 중년 여성이 재벌가와 결혼해 이혼한 대가로 받은 호텔 경영권을 두고 암투가 벌어지는 가운데 호텔의 젊은 평직원과 연애하는 이야기이다. 호텔 시장은 국내뿐 아니라 국제 경쟁이 가장 치열하여 전문성을 갖춘 뒤 목숨 걸고 덤벼드는 자들만이 살아남는다. 호텔 신라의 이부진 사장을 떠올려 보면 될 것이다. 이런 호텔의 CEO가 경영권 다툼 와중에 젊은 평사원과 연애에 빠져 놀아난다? 상식적으로 있을 수가 없는 일이다.

드라마 '미생'에 열광하는 건 대한민국 경제를 이끌어 온 종합무역상사 내의 시장에서 생존 투쟁과 같은 업무를 그대로 재현했기 때문이다.

드라마나 영화라 해서 아무 거나 지어 내는 것은 아니다. 현실에서 있을 수 있다는 개연성이 핵심적 요소이다. 사람을 그렸는데 마치 곰처럼 보이면 이상하고 역겨운 것처럼 현실이 아닌 걸 그려 놓고 현실인 양 위장하고 있으면 마찬가지로 역겨운 것이다.

'미스터 선샤인'도 저 먼 과거의 고조선이나 고구려 시대가 아닌 1900년대의 근현대사를 다뤘다는 점에서 역사 왜곡 날조의 비판을 피해갈 수 없다. 이 드라마는 마치 고종이 끝까지 일본으로부터 나라를 지키려 했고 이완용 등 대신들이 나라를 팔아먹었다는 왜곡된 역사관으로 드라마를 제작했다.

당시 그나마 나라를 지켜보려던 최후의 세력은 박영효, 이승만 등 공화파 지식인들이었다. 일본은 언제든지 고종을 협박해 나라를 빼앗을 수 있기 때문에 공화파들은 왕조 국가 조선을 공화정 체제로 바꾸기 위해 만민공동회 등을 통한 투쟁에 나섰다. 실제 이토 히로부미는 외교권을 일본이 가져간 을사조약에 앞서 고종과의 면담에서 고종이 "백성들에게 물어 보겠다"고 하니, 이를 비웃으며 "왕조 국가에서 왕이 결정하면 되지, 백성에게 뭘 물어 보냐"며 핀잔을 주었다. 20대 시절 젊은 이승만의 통찰 그대로, 공화체제로 바꾸었다면 최소한 논리적으로는 버텨낼 수 있었을 것이다.

역사적 전제를 무시하니 조선왕조 몰락의 공동정범共同正犯인 양반집 규수가 총을 들고 전문 스나이퍼로 의병활동에 나선다는 황당무계한 스토리가 나오게 되는 것이다.

기록상으로 조선 패망기에 여성 의병활동가로 알려진 인물은 윤희순 정도이다. 그런데 윤희순은 1860년생으로 한일합방 때는 나이 50에 이르렀다. 그것도 전문 스나이퍼나 킬러로 활동한 것도 아니다. '미스터 선샤인'에서는 양반집 10대 소녀가 마틸다도 아닌 '레옹'과 같은 킬러로 등장한 것이다.

근현대사를 다룬 드라마나 영화는 가급적 실존 인물의 실화를 소재로 해야 한다. 한국 연예영화계 전반에서 왜곡된 근현대사에 맞춰 줄 실존 인물이 없다 보니 마구잡이로 그려내는 것일까. '화려한 휴가'부터 '변호인'. 심지어 보수영화라는 '인천상륙작전' 까지 현대사조차도 마구잡이로 조작·날조해 던져 놓고 "이건 영화일 뿐이다"이런 식으로 빠져 나가는 방식을 더 이상 인정해 줘선 안 될 것이다.

일본의 메이지 혁명의 상징적 인물 사카모토 료마를 다룬 NHK의 '료마전', 미국 건국의 주역 존 애덤스를 다룬 HBO의 '존 애덤스' 같은 드라마는 그럴 만한 인물이 없어서 못 만드는 것일까. 역사의 진실을 바로 보지 않으려는 그릇된 역사관 탓일 것이다. 예를 들면 '건국전쟁'이란 책에서 소개된 해방 정국의 반공투사 염동진 관련 드라마나 영화는 왜 만들면 안 되느냐는 것이다. 바른 쪽으로 역사를 들여다보면, 예술로 승화할 만한 근현대사 인물들은 수두룩하다. 지금은 일본 뿐 아니라 전 세계에 알려졌지만 사카모토 료마 역시 일본의 대문호 '시바 료타로'가 예술가의 눈으로 발굴한 인물이다

선택할 수 없어도

영화는 토요일과 일요일 저녁에 틀어준다. 드라마와 달리 영화는 남녀 공통으로 틀어주기 때문에 여성들만을 위한 멜로 영화를 틀어줄 때 남성 방에서는 불만이 많았다. 할머니의 50년 전 사랑 찾기가 주제인 '레터스 투 줄리엣'을 방영한 다음 날, 드루킹은 "요즘 영화는 늘 여자들 멜로만 틀어 줘 짜증난다"며 투덜댄 적도 있었다.

영화에 대한 나의 불만은 다른 데 있었다. 영화는 주로 최신작 위주로 편성한다. 그러다 보니 관람할 가치가 없는 영화들이 절반 이상이다. 과

연 이런 수준 이하의 최신 영화를 보여 주는 게 교화에 무슨 도움이 되냐는 것이다.

감옥에 들어온 김에 내가 평소에 펼칠 엄두도 못 냈던 대작들을 독서하듯이, 영화 역시 고전 대작들을 틀어줘야 한다고 생각했다. 예를 들면 '바람과 함께 사라지다', '벤허', 한국 영화로는 '서편제' 등. 토요일이나 일요일 중 하루를 택해 교화에 도움이 되는 엄선된 고전 100선을 뽑아, 반복적으로 틀어주면 되는 것이다. 장기수의 경우라도 고전은 보면 볼수록 더 그 가치를 더해 간다.

물론 한 달에 한 번 정도 교화용 영화를 골라 소개해 주기도 하는데 잘 알려지지 않은 최신작 영화를 선정하다 보니, 영화 선정의 폭이 좁을 수밖에 없다. 그렇게 교화 영화로 선택된 것들이 류해진 주연의 '럭키', 조정석 주연의 '형'이다. 영화 선정의 폭을 과거로 더 넓히라는 것이다. 그리고 교화 영화라고 해서 인간이 교화되는 스토리만이 아니다. 탄탄한 완성도 높은 영화를 보면 그 자체로 인간이 교화될 수 있다.

이 내용에 대해 나는 교도관을 만날 때마다 이야기했다. 면담 때도 반복적으로 설명했다. 그러나 교도관들은 "모든 방송 편성은 법무부에서 알아서 한다"며 적극적으로 나서 주지 않았다. 출소하면 법무부에 진정서를 제대로 넣겠다고 작심했는데 막상 출소하니 남의 일이라 그런지 아직도 못 넣고 있다.

그러나 출소하기 직전 나는 1998년 로베르토 베니니 감독의 칸 영화제 심사위원 대상작 '인생은 아름다워'가 방영되어 놀란 적이 있다. 이 영화는 제2차 세계대전 당시 유대인 수용소를 코믹하게 풍자했던 독특한 고전 명작이다. 어쨌든 고전 명작을 법무부에서 한 번은 틀어주긴 한 것이다.

영화 '쇼생크 탈출'에선 주인공 팀 로빈스가 교도소에서, 운동장에 모인 제소자들을 위해 오페라 '피가로의 결혼 편지의 2중창'을 틀어주는 장면이 나온다. 제소자들은 운동을 멈춘 뒤 이 음악에 빠져든다.

서울구치소에서는 이런 일이 필요 없다. 오전 7시부터 8시까지 KBS FM을 틀어주고, 낮 12시부터 오후 1시까지, 법무부 자체 교화 음악프로그램을 틀어주기 때문이다. 각자의 방에서 혹은 복도에서 편안히 청취할 수 있다.

교화 음악 프로에서 틀어준 음악 중 드라마 '야인시대'의 '어깨동무'가 기억에 남았다. 주먹들의 의리를 주제로 한 음악이 무슨 교화에 도움이 된다고 틀어주었을 거라는 생각이 언뜻 들었다. 사실 말이 교화 음악 방송이지 일반 대중가요 방송과 별 차이가 없고, 때론 제소자들의 편지를 읽어 주기도 한다.

이 뿐이 아니다. TV에서도 '불후의 명곡', '콘서트 7080', '열린음악회', '전국노래자랑' 등 음악프로가 차고 넘친다. 밖에서 생활할 때보다 훨씬 더 다양한 음악프로를 시청할 수 있었다. 이중 가장 기억에 남았던 건 '콘서트 7080'에 출연했던 잔나비였다. 잔나비 출연 때는 평소와 달리 10대와 20대 팬층이 무대에 가득했고, 반면 그들의 음악은 전형적인 7080세대의 것이었다. 마치 리버풀에서 활동할 때의 초기 시절 비틀스와 비슷했다.

그들의 대표곡 '주저하는 연인들을 위해'는 출소 이후 찾아 들을 수 있었다. 가사가 한 편의 시였다. 저런 경우는 가사부터 먼저 쓰고 곡을 붙여야 가능한 일이다. 2020년 가을에 발표한 '가을밤에 든 생각'도 마찬가지였다. 싱어 최정훈이 작사를 먼저 하고 작곡을 한 곡들이다. 역시 콘서트

7080에 출연한 최성수의 '달이 떴다고 전화를 주시다니요'도 좋은 가사로 기억에 남았다. 출소 이후 찾아보니 김용택 시인의 시에 곡을 붙인 것이었다.

서울구치소에서 음악은 바깥에 있을 때보다 더 많이 듣기는 하는데 음악에 대한 정보를 찾을 수 없다는 문제점이 있다. 좋은 음악들을 기억해 놨다가 출소 이후 정보를 검색해 볼 수밖에 없었다. 그러나 그건 영화나 드라마의 경우도 마찬가지였다. 출소 이후 서울구치소 내에서 접했던 각종 영화, 드라마, 음악에 대한 정보를 찾느라 꽤 많은 시간을 썼다. 그 정도로 나는 서울구치소 내에서 마음껏 문화생활을 즐겼던 셈이다.

어디서든 긍정적 영향을 끼치는 사람들

서울구치소에는 박근혜 대통령을 비롯해 이병기·남재준·이병호 전 국정원장, 최경환 전 경제부총리, 현기환 전 정무수석, 우병우 전 민정수석 등이 수감되어 있었다. 나중에는 양승태 전 대법원장, 임종헌 전 법원행정처 차장, 조현오 전 경찰청장까지 들어왔다. 국가기관 수장首長 전체가 들어와 있다 해도 과언이 아니다. 국정원 직원만 30여 명, 정치범 모두 합쳐서 60여 명 정도 수감되어 있는 것으로 파악된다. 국정원 직원끼리는 거의 '사우회社友會' 수준이었다. 이들 모두는 여유 있고 의연한 태도를 잃지 않으려 노력하고 있었다.

남재준 전 국정원장의 경우는 구치소에서 걸어 다닐 때조차 꼿꼿한 자세 그대로 유지한다. 이병기 전 대통령비서실장은 먼저 교도관이나 동료 수용자에게 말을 걸며 큰 어른 역할을 하고 있었다.

한여름에 수분 부족으로 급성 통풍성痛風性 발목 통증이 와 3일 정도 휠체어 신세를 진 적이 있다. 젊은 친구가 입소入所 후에 휠체어를 타고 나타나자 이병기 전 실장이 10미터 밖에서 달려와 나의 손을 잡고 상태를 살펴봐 주었다. 다음 날은 이병호 전 국정원장의 눈에 띄었다. 이 전 원장도 놀라서 달려와 보살펴 주었다. 칠십이 훨씬 넘으신 어르신들께서 젊은 내게 그러시니 부끄럽고 죄송해 말을 이을 수가 없었다. 이후로도 이병기·이병호 전 원장은 나를 만날 때마다 늘 격려해 주었다.

반면 남재준 전 원장, 우병우 전 민정수석 등은 먼저 인사하거나 말을 거는 편은 아니었다. 우병우 전 민정수석이 구속 기간 만료로 석방되기 전 나의 재판과 관련해 여러 가지 질문을 한 적이 있다. 내가 설명을 했지만 그는 구치소에 들어온 뒤로 귀가 잘 안 들린다며 알아듣는 것을 힘들어 했다.

이헌수 전 국정원 기조실장

옆방에 있던 국정원의 이헌수 전 기조실장은 나는 물론 교도관, 기결수旣決囚로서 구치소 잡무를 돕는 '사소'를 친절하게 챙겼다. 이헌수 전 실장은 옥중에서 관상을 공부하면서 교도관은 물론 사소들의 관상까지 봐주었다. 때로는 법률 상담도 해 주었다. 각종 간식거리도 넉넉히 주문하여 나와 사소들에게 나눠주곤 했다. 그러다 보니 교도관, 사소 모두 이헌수 전 실장을 좋아했다. 이런 좋은 관계가 나의 구치소 생활에 긍정적 영향을 끼쳤다. 별다른 노력 없이도 이 전 실장 덕분에 교도관과 사소들의 도움을 받을 수 있었기 때문이다.

이헌수 전 국정원 기조실장과는 1년 내내 이웃 방에 있었지만 대화 시간은 운동하러 나가는 2~3분에 불과했다. 나중에 연배가 있는 교도관이 들어왔는데 이헌수 전 실장에게 관상을 배우겠다면서 나를 불러내 함께 했다. 덕분에 각종 정치·사회 현안과 관련하여 10~20분 정도 대화 시간을 가질 수 있었다.

이헌수 전 실장은 나에게 "골프장 하나 부킹해서 변 대표와 하루 종일 다양한 이야기를 나누면 좋겠다"고 여러 차례 이야기했다. 나는 보석保釋이 아니었다면 2019년 6월 14일이 구속 만기일이었다. 이 전 실장은 2019년 6월 12일이었다. 어차피 거의 동시에 석방이 예정되어 있었던 것이다. 나는 보석 석방 직후에 이 전 실장과의 약속대로 골프장을 함께 가기 위해 연습장에서 골프 스윙을 하다 허리 통증이 도져 병원에 가야 했다. 운동량 부족으로 몸이 전반적으로 굳어 있었던 것이다. 그래도 약속대로 이헌수 전 실장과는 골프장에서 하루 종일, 서울구치소에서 다하지 못했던 이야기를 나눌 수 있었다.

현기환 전 청와대 정무수석

운동 나갈 때의 같은 조는 아니지만 주말 접견 때 서너 차례 함께 나갔던 현기환 전 정무수석도 기억에 남는다. 항상 여유 있고 늠름한 모습으로 교도관들과 편안하게 대화했다. 현 전 수석은 "박근혜 전 대통령이 미디어워치와 변 대표 글과 방송을 좋아했는데, 제대로 못 챙겨서 미안하다"고 말했다. 나는 "화이트 리스트(white list)에 올라가지 않아 천만다행"이라고 답했다.

허현준 전 청와대 행정관

허현준 전 청와대 행정관은 바로 그 '화이트 리스트'로 서울구치소를 들락날락했다. 그는 사전 구속된 뒤 6개월 만기滿期로 석방되었다. 석방되자마자 나와 전화 통화를 하고 만나기로 약속했다. 그 직후 이번에는 내가 구속되었다. 허현준 전 행정관은 몸소 서울구치소까지 와서 서신과 간식거리를 전해 주었다. 그러더니 허 전 행정관이 1심에서 징역 1년 6개월을 선고받고 또 구치소에 들어왔다. 우리는 변호인 접견실에서 반갑게 해후邂逅했다. 나는 "태블릿 조작 다 잡았으니까 염려하지 마!"라고 말했고, 허현준 전 행정관은 "파이팅!"을 외치기도 했다. 나는 석방된 뒤 곧바로 허현준 전 행정관 면회를 갔다.

허현준 전 행정관은 보수 인사 200여명을 감옥에 잡아넣은 윤석열 만큼은 지지할 수 없다며 대선 경선 당시 홍준표를 지지했다. 그러나 결국 윤석열이 대통령이 되자, 온갖 궤변을 늘어놓으며 윤석열 정권 비호 찬양에 앞장서고 있다. 물론 허현준 전 행정관 한 명뿐만 아니라 보수 우파라는 인사 전체가 다 그렇게 하니, 개인을 비난할 일은 아니다.

그러나 윤석열이란 조작, 날조 전문 검사에 의해 직접 구속까지 당한 허현준 전 행정관 정도라면 끝까지 바른 목소리를 내주길 기대한 입장에서 아쉬운 대목이다.

임종헌 전 법원행정처 차장

서울구치소에서 교도관들이 가장 긴장했을 때는 역시 임종헌 전 법원행정처 차장, 그리고 양승태 전 대법원장이 구속될 때였다. 법원 최고위층이 구속된 전례前例가 없으므로 혹시 사고라도 터질까봐 교도관들은 전

전긍긍했다.

임종헌 전 차장이 구속된 다음 날, 나는 일반인 접견 대기실에서 그를 만났다. 놀라울 정도로 차분하고 침착한 모습이었다. 습관적으로 그가 먼저 인사를 건넸다. 임 전 차장은 나를 못 알아봤다. 태블릿 사건이라 알려주자 그제야 알아봤다. 임 전 차장은 최소 6개월 이상 구치소 생활을 한 사람처럼 느껴졌다. 그를 관리하던 교도관은 "임종헌 씨는 사전에 수감 훈련을 받고 들어온 분 같다"고 말할 정도로 매우 침착했다.

양승태 전 대법원장

양승태 전 대법원장은 내가 석방되기 직전에야 운동장 입구에서 잠시 마주쳤다. 나는 통합진보당 이정희 대표의 '종북從北' 관련 소송 1심·2심 모두를 양승태 대법원장 체제하에서 패소敗訴했다. 그러다 옥중獄中에서 김명수 대법원장 체제하에서 상고심上告審을 승소勝訴했다. 양승태 대법원장 체제에서 '종북'으로 보수 인사들이 무더기 패소하면서 보수 운동이 큰 타격을 받았다. 양승태 전 대법원장에 대한 감정이 좋을 리 없었다.

운동장으로 안내하는 교도관들에게 "양 대법원장 들어오면 신고식 좀 할 테니 10분만 내달라"고 농담조로 이야기할 정도였다. 그러나 정작 양승태 전 대법원장과 마주쳐 보니 워낙 예의 바르고 점잖은 태도여서 "대법원장님, 건강히 운동하십시오"라고 깍듯이 인사할 수밖에 없었다. 밖에서 대법원장이면 감옥 안에서도 대법원장이었던 것이다.

조현오 전 경찰청장

조현오 전 경찰청장은 구속될 때 논란이 많아서 그랬는지 구치소에서 마주칠 때마다 재판 상황을 설명해 주며 억울함을 호소했다. 그는 일관되게 "경찰이 댓글로 정치에 개입한 게 아니라 경찰의 불법시위 진압을 허위로 공격하는 댓글에 반박하라고 지시했다"고 주장했다. 실제로 그는 증인 심문 때마다 자신에게 유리했다고 평가하며 자신감을 보였다.

그는 곧 보석으로 석방되었다. 그러나 1심 선고 후 또다시 서울구치소로 들어갔다가 2심에서 보석으로 출소했다.

그밖에

이렇게 독방을 쓰는 사람들끼리 운동장에 나가며 2~3분을 이야기하면서 인사를 나누게 된다. 수감 전에 안면이 없더라도 신문 등을 통해 아는 사람들이 태반이었다. 잘 모르는 인물이지만 시국時局 관련 대화에 익숙하게 동참하면 대개 국정원 출신이었다. 반면 잘 모르는 인물인데 국정원 출신이 아닌 경우는 대부분 조직폭력배·살인 등 흉악범들이었다.

사실, 수감생활은 익숙하지 않은 것 자체가 고생이라는데, 복도만 나가면 익히 알고 지낸 사람들이 쫙 깔려있으니 그 자체만으로도 편안한 수감생활을 한 셈이다.

"어이, 7년!"이라고 불리는 남자의 말

서울구치소에서 가장 큰 명물은 역시 드루킹이었다. 그는 자신의 방에서만 벗어나면 그 누구를 상대로 해서라도 쉴 새 없이 떠들었다.

내가 명예훼손으로서는 건국 이후 최고 중형重刑인 5년 구형求刑을 받았을 때 드루킹은 화들짝 놀랐다. 그러다가 드루킹이 업무방해죄로 역시 건국 이후 최고형인 7년을 구형받자 이번엔 내가 놀랐다. 그때부터 나는 드루킹을 보면 "어이, 7년!"이라고 부르곤 하면, 드루킹은 "왜 그래 5년!" 이렇게 인사를 나누었다. 나와 드루킹은 각각 명예훼손과 업무방해 분야에서 구형과 선고까지 한국 신기록 2관왕에 올랐던 것이다.

그러나 드루킹은 구속 기간이 연장이 되든, 7년 구형을 받든, 3년 6개월 선고를 받든, 늘 유쾌한 태도를 잃지 않았다. 그런 그가 나는 물론 국정원 출신들에게 수시로 이런 주장을 했다.

"나는 노회찬에게 돈 준 적 없다."

그의 말에 나는 기다렸다는 듯이 물었다.

"그럼 돈도 안 받은 인물이, 돈 받았다고 유서 쓰고 왜 죽어?"

드루킹은 재판에서도 역시 노회찬의 자살에 대해 의혹을 제기했다. 나는 드루킹에게 "나한테만 솔직히 이야기해 봐. 돈 준 거 맞으니까 유서 쓰고 자살했겠지?"라고 여러 차례 물어 봤다. 그때마다 드루킹은 "어차피 그 건은 집행유예 나왔잖아. 까짓 꺼 줬으면 줬다고 법정에서도 이야기하지, 내가 뭐하러 속이나"라며 끝까지 부정했다.

어느 날 드루킹은 "변 사장, 보수라고 자칭하는 사람들이라면 반드시 읽어야 될 책이 나왔다"며 피터 자이한의 『21세기 미국의 패권과 지정학』을 소개해 주었다. 미국이 절대적 패권국覇權國이 되면서 중국 등이 흔들리며 세계 질서가 급변한다는 내용이었다. 평소 나의 생각과도 비슷했다. 이 책을 열독熱讀한 후 나는 이 책을 다른 수감자들에게도 수시로 추천해 주었다. 나중에 이 책을 번역한 홍지수 선생이 후속편인 『세일혁명과 미국 없는 세계』까지 직접 넣어주었다. 이번에는 내가 드루킹에게 속편을 추천해 주었다. 드루킹은 바로 이 책을 주문해서 읽었다. 이 책은 서울구치소의 정치범들에게 최고의 화제가 되었다.

얼마 전 TV조선 기자로부터 드루킹을 취재하고 싶다며 내게 연락해 온 적이 있다. 드루킹에게 편지를 넣어도 답변이 없으니 내가 편지를 넣어 연락해 주면 어떻겠느냐는 취지였다.

확정판결을 받은 드루킹은 교도소로 옮겨갔을 것이다. 그렇지만 나는 석방된 상태이기도 하지만 정치적 동지도 아닌 인물이 편지를 넣는 건 예의에 어긋난다고 판단했다. 다만 그가 석방되면 함께 유튜브 방송 특집을 하고 소주 한잔은 하자면서 약속했다. 그리고 결국 드루킹은 2021년 3월 20일 만기 출소했다. 그러나 아직 그로부터 아무 연락도 없다.

노란색과 하얀색의 차이

나, 드루킹, 이헌수 전 실장과 함께 자주 만나던 70대 어르신 한 분이 있었다. 이 분은 나름 시사에 밝았고 자신은 '애국 우파'라고 주장했다.

그는 매우 친절하고 온화했다. 체격도 그리 크지 않았다. 그는 우리와 달리 노란색 수감번호를 달고 있었다. 우리는 모두 하얀색이었다. 나는 노란색 수인번호가 모범수模範囚를 의미한다고 판단했다.

그러나 친한 교도관에게 물어보니 "노란색은 흉악범, 아주 질 안 좋은 걸로 유명한 사람들에게 붙이는 색깔"이라고 답했다. 나중에 알고 보니 최서원도 노란색 수감번호를 달고 있었다고 한다. 그러니 꼭 범죄의 질이 안 좋다기보다는 구치소 내에서 집중적인 관리가 필요한 사람들에게 붙여주는 색깔 같았다.

어느 날 온몸에 문신을 한 덩치 큰 청년들이 독방으로 대거 수감되었다. 이들은 그 어르신에게 90도로 인사를 했다. 나는 교도관에게 "저 분은 조직폭력배인데 어떻게 저렇게 예의가 바르고 친절하고 온화할 수 있지?"라고 물었다. 교도관은 "조직폭력배의 장틀은 쉽게 말하면 조직의 장이다. 나름 좋은 형, 착한 동생 했던 사람들이 하는 거지. 당연히 깍듯이 예의가 바를 수밖에 없지"라고 설명해 주었다.

그 어르신은 수시로 "보수 인사들은 여기 들어와서도 너무 조용해. 예전에 내가 임종석이 대학생 때 함께 수감 생활했는데 밥그릇을 던져대고 난리였어"라고 말했다. 실제 '국정농단' 사건으로 투옥된 인사들이 기가 죽어 있거나 이런 건 아니지만 드루킹과 비교해 봐도 조용한 것은 사실이었다.

반면 유독 강용석 변호사는 드루킹을 능가하는 유쾌함으로 주목을 끌었다. 강 변호사는 구속영장심사와 1심 준비까지 나의 변호인이었다. 어느 날 강 변호사의 팬이었던 교도관이 내게 다가와 "오늘 강용석 변호사 들어왔습니다"라고 말했다. 나는 "오늘 변호인 접견 들어올 일이 없을 텐데…"라고 말하는 찰나, 저만치 복도 끝에서 강 변호사가 수용자복을 입고 걸어오는 것이었다. 어제만 해도 정장 차림의 변호사가 갑자기 나와 똑같은 수용자복을 입고 나타나다니. 이때까지만 해도 나는 강 변호사가 크게 걱정이 되었다. 변호사 신분에서 하루아침에 수용자 신분으로 전락한 상황을 받아들일 수 있겠느냐는 것이다.

기우杞憂였다. 교도관들 사이에서 강 변호사는 투옥 첫날부터 드루킹과 똑같이 늘 웃고, 교도관이나 수용자들과 농담을 주고받으며 하루 만에 적응력을 보여 준 것으로 널리 알려졌다. 특히 강 변호사는 시국사건이 아니라 도도맘에게 사문서 위조를 교사한 혐의로 법정 구속되어 혼방에 수감되면서 어찌 보면 잡범雜犯들과도 잘 어울렸다. 교도관들조차 혀를 내둘렀다고 한다. 실제 강 변호사와 나는 서너 번 정도 마주쳤다. 특히 변호인 접견실에서는 저 멀리서부터 뛰어와서는 "손석희 사장, 뺑소니랑 여자 문제로 크게 걸렸으니 기다려 봐"라고 신이 나서 알려준 일도 기억에 남는다.

그러나 출소 이후에 강용석 변호사는 철저히 JTBC 편에서 태블릿 조작주범 김한수와 유착하며 진실규명을 방해하러 이 사건에 뛰어들었다는 점이 드러나기도 했다.

무너진 정의, 심판할 자격이 있나

전체적으로 수감 생활을 즐겁고 보람차게 보내려 노력했다. 충분히 성과를 얻었다고 자신한다. 그러나 처음부터 편했던 것은 아니다. 구속 당시에는 태블릿 조작 관련 정황 증거만 있었지 확실한 물증은 없었다. 그 물증을 찾지 못하면 정치적인 상황상 중형이 불가피했다.

그러다 JTBC 김필준 증인 심문 당시, 김한수와의 유착 혐의 핵심인 개통자를 어떻게 검찰보다 먼저 알았느냐와 관련해 김필준은 "SKT 대리점에서 알아냈으나 취재원 보호 문제로 해당 대리점에 대해 구체적인 것은 진술할 수 없다"고 답변했다. 통신비밀보호법상 그 누구도 이동통신사 대리점에서 본인이 아닌 다른 개통자의 개인정보를 알아내는 것은 불가능하다. 실제 SKT도 재판부에 그렇게 답변서를 보냈다. 만약 개인정보를 제3자에게 알려주게되면 이동통신사가 중형으로 처벌받는다.

나는 애초에 김필준의 진술을 믿지 않았다. 그렇게 되면 JTBC는 김한수를 통해 태블릿을 받아 개통자를 알아냈고 '더블루K'에서 우연히 태블릿을 습득했다는 알리바이는 무너진다. 김필준이 증언을 거부했기에 김한수와 유착하여 태블릿 정보를 습득했다는 나의 주장 부분은 내게 유리하게 판결날 수밖에 없었다.

이를 근거로 나의 변호인인 이동환 변호사는 2018년 10월 5일 보석 석방을 신청했다. 핵심적인 사안에서 무죄의 확실한 증거가 나왔기 때문에 법리적으로는 석방이 확실하다고 믿었던 것이다. 그러나 역시 우리법연구회 출신인 1심 박주영 판사는 단 3일 만에 보석 요구를 기각했다. 이미 구속영장 실질심사 때부터 재판부는 JTBC와 검찰 쪽에 확연히 기울어져 있었던 것이다.

이후로도 나에게 유리한 증거가 쏟아져 나왔다. 2018년 10월 24일에는 노승권 전 서울중앙지검 1차장의 과거 태블릿 관련 거짓 브리핑이 확인됐고, 10월 28일에는 윤석열 당시 서울중앙지검장의 과거 국감에서의 위증도 적발됐다.

이후 나를 돕던 컴퓨터 전문가들은 국과수의 포렌식 자료를 면밀히 검토해 연락처와 통화내역 등 태블릿 기기에 대한 조작을 발견했다. 2018

년 11월 7일 도태우 변호사, 오영국 대표 등이 서울역 대회의실에서 공개 기자회견을 열고 노승권 검사와 JTBC 기자 등을 고발하겠다고 선언했다. 이어서 나는 11월 16일에 최서원, 김한수, 노승권, 고영태 등을 증인으로 신청했고, 11월 20일에는 태블릿 조작 여부를 확인하겠다는 취지의 감정신청서를 제출했다.

당시 사전구속 되어 재판받던 나의 구속 기간이 5개월을 넘기고 있었다. 만약 이런 사실조회신청과 감정신청, 증인신청 중 하나라도 재판부가 받아들인다면 1심의 경우 6개월 구속 만기로 2018년 12월 초 바로 석방되는 상황이었다.

그러나 나중에 법무부를 통해 확인되었지만 2018년 11월 20일 당시 윤석열 서울중앙지검장과 홍석현 JTBC 대주주가 인사동의 한 술집에서 오후 11시에 비밀리에 만난다. 추미애 법무부 장관은 2020년 11월 24일 검찰총장이 된 윤석열 징계안 관련해 "중앙일보 사주와의 부적절한 만남으로 검사윤리강령을 위반했다"며 "2018년 11월경 서울중앙지검장 재직 중 서울 종로구 소재 주점에서 사건 관계자인 JTBC의 실질 사주 홍석현을 만나 공정성을 훼손할 우려가 있는 부적절한 교류를 해 검사윤리강령을 위반했다"고 징계 사유의 첫 번째로 꼽았다. 법무부 검찰징계위는 최종적으로 "징계 사유가 된다"고 확정했다.

홍석현은 태블릿 형사재판의 고소인 JTBC 법인의 대주주일 뿐 아니라 월간조선 우종창 전 기자로부터 태블릿을 실제 입수한 인물로 지목받고 있는 사건 당사자다. 실제로 검찰의 기소장에도 홍석현 회장은 사건 피해자로 기록돼 있다.

이 둘의 부적절한 만남 이후 직관검사 홍성준은 내가 신청한 모든 증인과 증거를 무작정 반대했다. 공판에서 피해자 JTBC 측 변호사로 참여한 인물의 발언권은 무제한으로 확장되었다. JTBC 측 변호사는 2심에서는 아예 홍성준 검사 옆에 착석하며 둘 간의 유착 관계를 보여 주기도 했다.

그러면서 태블릿 형사재판 1심은 태블릿 감정도 없고 핵심 증인인 최서원과 김한수의 증인신문도 없이 졸속으로 마무리되고 2018년 12월 5일 결심공판이 열렸다. 결심공판에서 JTBC 측 변호사는 마치 검사의 태도와 같이 나와 미디어워치 기자들을 꾸짖으며 중형을 요구했다. 이어 홍성준 검사는 명예훼손 사건으로는 사상 최고인 징역 5년형을 나에게 구형했다. 단순히 기사 편집만 했던 미디어워치 황의원 대표에겐 3년형, 이우희 기자에겐 2년형, 오문영 기자에겐 1년형, 즉 미디어워치라는 작은 벤처 언론사 기자 전원에게 실형을 구형하기에 이르렀다.

결심공판 이후 이례적으로 불과 닷새만인 2018년 12월 10일에 선고 공판이 열리는 믿기 힘든 광경이 벌어졌다. 내가 재판부에 제출한 최종 변론서는 새롭게 발견된 태블릿 기기 조작 등을 포함 200여 쪽 분량이다. 박주영 판사는 과연 이를 5일 만에 모두 검토하고 곧바로 판결문을 썼단 말인가?

실제로 박주영 판사의 판결문에는 내가 항변한 내용에 대한 검찰 측의 반박이 전혀 실리지 않았다. 검찰 자체가 반박을 하지 못했기 때문이다. 나중에 판결문을 받아 보니 아예 검찰의 기소장을 베낀 듯 똑같았다. 그리고 검찰의 기소장은 JTBC의 고소장을 베낀 듯 똑같았다. 이사건은 그냥 언론사 JTBC와 검찰, 법원이 마치 한 팀처럼 움직였다.

나는 최후 진술에서 "설사 내가 구속이 되더라도 공판을 거쳐 그간 의혹 투성이었던 태블릿 진실이 밝혀지면 좋다고 생각했다. 그러나 손석희가 보도한 최서원의 태블릿 사건에 대한 재판임에도 손석희도 증인신청 기각, 최서원도 증인신청 기각, 태블릿도 감정신청 기각해 버리며 단 하나의 진실도 밝혀진 게 없다"고 재판부를 비판했다. 결국 재판부는 나에게 명예훼손 사상 최고인 징역 2년을 선고했다. 더구나 황의원 대표도 징역 1년을 선고받고 법정 구속되었다.

검찰 최고위층인 노승권, 윤석열의 위증과 거짓말이 적발되고 태블릿 기기 내 조작이 발견되면서 위기에 몰렸던 검찰은 윤석열과 홍석현의 심야 회동 이후, 이처럼 상식을 뛰어넘는 졸속재판을 이끌어 내며 언론인 2명을 한꺼번에 구속시키는 우리 사법사와 언론사에 전무후무한 대 참사를 만들어 냈다.

현장에서 이런 미션을 수행한 서울중앙지검 평검사 홍성준은 채 2년도 안 되는 사이 천안지검 부부장 검사, 대검찰청 검찰연구관을 거쳐 2021년 1월 현재 대구지검 부장검사로 초고속 승진하기에 이르렀다. 나는 최근 윤석열과 홍석현의 만남부터 홍성준 검사의 이례적 초고속 승진 관련 불순한 유착이 있는지 여부를 조사해 달라며 법무부에 감찰 진정서를 제출했다.

5개월이나 재판을 열지 않으면서 구속부터 시킨 속내

가족들과 지인들, 미디어워치 독자들의 기대와 달리 나는 2018년 12월 10일 석방되지 못하고 2년형을 선고받았지만, 마음은 그리 불편지 않았다. 애초에 1심 재판부의 행태로 볼 때 내가 무슨 증거를 갖다 대도 재판부는 이를 모른 체 하고 징역형을 선고할 게 뻔했다.

이 재판은 JTBC의 고소장, 검찰의 기소장, 판사의 판결문이 똑같아 반론이 보장되지 못한 채 법치주의와 민주주의를 파괴하며 진행되고 있었다. 2년형 선고 결과는 개중 일부였을 뿐이다. 구속영장 발부 판사, 1심 판사는 물론 2심 판사 세 명 중 한 명이 모두 친 문재인 성향 우리법연구회 회원이었다.

분명한 것은 나는 이미 법정에서 항변할 수 있는 수준의 태블릿 조작 증거를 확보했다는 것이다. 2심에서는 그간 나와 보수 운동을 함께해 온 차기환 변호사를 추가로 영입했다. 차 변호사는 곧바로 증거들을 파악해 변론서를 제출했다. 1심 판결문 자체가 무작정 JTBC 고소장을 베낀 수준이라 차 변호사의 변론서만 보면 무리한 징역형이었다는 것을 단번에 파악할 수 있는 수준이었다.

그러다 보니 2심 공판기일이 잡히지 않는 문제가 생겼다. 2018년 12월 10일 선고가 되었으므로 2019년 1월 말 정도에는 공판이 잡혀야 했다. 그래야 보석 석방도 신청할 수 있었다. 그런데 무려 2019년 3월까지 공판이 잡히지 않았다. 아니, 잡지를 않았다. 결국 차기환 변호사는 일단 보석 석방 신청서를 제출할 수밖에 없었다. 피고인의 방어권을 빼앗으며 구속시키는 이유는 사안이 중대하여 6개월 안에 재판을 끝내겠다는 취지이다. 그런데 무려 5개월째 재판을 열지 않았다. 대체 무엇 때문에 구속시켰단 말인가.

재판이 열리지 않으니 서울구치소 내에서 재판 관련 자료를 조사할 게 없었다. 마음껏 책을 읽고 영화와 드라마를 보면서 마치 휴가처럼 지낼 수 있었다. 또한 재판만 열리면 언제든지 판을 엎어버릴 자신도 있었다.

삶을 살면서 그때처럼 여유 있게 지냈던 적이 없었다.

김경수만 수갑을 차지 않은 이유

김경수 경남지사가 수갑 착용을 면제받으며 법정에 출두한 사건이 터졌다. 바깥에서가 아니다. 구치소 안에서 터졌다. 함께 운동을 나가는 정치범·흉악범 그 누구도 법원 출정을 갈 때 수갑을 면제받지 않았다. 나는 수갑을 채우는 사무실에 쓰여 있던 '70대 이상 노인 혹은 여성의 경우 수갑을 면제할 수 있다'는 문구를 분명히 기억했다. 국정원 출신들은 "이병기·이병호·남재준 원장 등 70대 이상 어르신들도 포승줄만 면제받았지, 수갑은 그대로 찼다"고 알려 주었다. 50대의 사지 멀쩡한 문재인 최측근 김경수만 유독 수갑을 면제받을 수 있었던 것이다.

나는 드루킹에게 "나도 김경수와 똑같이 수갑 면제를 요구했고, 서울 구치소에서 적당한 해명이 없다면 재판 출정 거부하겠다"는 입장을 알렸다. 드루킹은 "그러다 구치소에서 밥도 안 주겠다"며 웃었다. 함께 운동을 다니던 조폭 어르신은 "보수도 그렇게 좀 질러봐라"며 격려했다.

나는 무려 5개월 만에 잡힌 2심 첫 공판일인 2019년 4월 9일 하루 전날, 이동환 변호사에게 재판 불출석 사유서를 전달하고 공개했다.

지난 3월 말 대한애국당(현 우리공화당) 이지나 당원이 넣어준 서신에 들어 있던, 수갑을 차지 않고 법정으로 향하는 김경수 경남지사의 사진을 보고 깜짝 놀랐습니다. 서울구치소 출정소의 안내문에는 "70세 이상 노인 혹은 여성의 경우 수갑을 채우지 않을 수 있다"고 적혀 있기 때문입니다. 바로 그날, 함께 운동을 나갔던 국정원 출신 수용자들과 아는 교도관들에게도 이 같은 사실을 확인했습니다. 저를 비롯해 이들 모두 70세 이하였기 때문에 '수갑'은 당연히 차야 한다고 알고 있었고, 다들 이 규정을 받아들였습니다.

심지어 70세 이상인 이병기, 남재준, 이병호 등 국정원장들도 수갑을 찼고 포승줄만 면제받은 사실을 확인했습니다. 최소한 본인이 확인한 바로는 문재인의 최측근 김경수만이 특별히 수갑을 차지 않았던 것입니다.

이에 2019년 3월 29일, 저는 구치소 측에 "수갑을 차지 않을 기준과 방법을 알려 달라"는 보고전을 올렸습니다. 아무 답이 없었습니다. 이에 2019년 4월 1일 다시 같은 내용의 보고전을 올렸으나 역시 답이 없었습니다.

이 와중에 시사저널의 기사를 확인하니 서울구치소 측에서 "박근혜 대통령 구속 이후 규정이 바뀌어 도주 우려가 없는 자는 구치소장 재량으로 수갑을 채우지 않을 수 있다"는 해명을 했더군요. 말이 안 되는 변명입니다. 서울 구치소 수용자 모두는 김경수가 수갑을 차지 않기 전까지, 안내문에 따라 70세 이하의 남성은 모두 수갑을 차는 것으로 알고 있었고, 이외 다른 공지는 받은 바 없습니다.

결국, 저의 재판 하루 전인 2019년 4월 8일 "부당하게 수갑을 채운다면 재판에 나가지 않겠다"는 보고전을 올리자 구치소 측의 답변을 받았습니다. "일단 재판에 다녀온 후에 심사를 통해 수갑 착용 여부를 결정하자"는 것이었습니다.

이것도 말이 안 됩니다. 수갑을 차지 않을 수 있는 심사 절차가 있었다면, 제가 1심 재판 때부터 공지를 받았어야 했습니다. 복잡할 것 없습니다. 원래 서울구치소의 내부 규정은 안내문 그대로 모두가 알고 있듯이 "70세 이상 노인"에 한해서 수갑을 차지 않을 수 있는 게 맞습니다.

이걸 문재인의 최측근이라는 위세로 규정을 어기고 수갑을 차지 않은 김경수 측이 질서를 무너뜨린 것입니다. 김경수나 저나 모두 보석 심리 재판입니다. 보석은 도주 우려가 없고, 증거인멸 우려가 없으면 원칙적으로 허용하여 불구속 재판을 받도록 해 주는 것입니다.

서울구치소 측은 오직 문재인의 최측근에만 일방적으로 "도주의 우려가 없다"는 보증으로 수갑을 채우지 않은 셈이 되고, 만약 이런 상황에서 제가 부당하게 수갑을 차고 보석 심리를 받게 되면, 저는 시작부터 "도주의 우려가 있는 자"로 찍히게 되는 것입니다. 이에 저는 서울구치소 측이 혼란을 정리해 주기 전까지는 수갑을 찬 채로 보석심리 재판에 출정할 수 없습니다. 정답은 이미 나와 있습니다. 문재인의 최측근이 누린 반칙과 특권을 거두어들여 원래 규정대로 하면 됩니다.

김경수가 문제가 되니 이제 역시 70세가 안 된 조현오 전 경찰청장, 임종헌 전 차장 등도 수갑을 차지 않았다는 말이 들립니다. 그럼 앞으로 서울구치소에 수용되는 모든 70세 이하 남성들에 대해 구치소 측에서 직접 도주 우려를 심사해서 수갑 착용 여부로 이를 공표할 것인지 답을 해 주기 바랍니다.

나의 재판 출석 거부문은 전 언론에서 화제가 되었다. 이슈가 커지자 서울구치소 출정 담당 교도관과 면담을 하게 되었다. 쟁점 사안은 출정 사무실의 안내문에 '70대 이상 노인 혹은 여성의 경우 수갑을 면제할 수 있다' 이외에 '도주의 우려가 현저히 낮은 자'라는 문구가 있느냐는 것이었다. 교도관은 "그런 문구가 있다"고 주장했다. 나는 "바로 확인하자"고 했다. 그는 문이 잠겨 있다는 이유로 거부했다.

나중에 내가 다른 재판 출정을 갈 때 확인해 보니 김경수 수갑 면제 조항이라며 법무부와 서울구치소가 주장한 '도주의 우려가 현저히 낮은 자'라는 문구가 스티커 형태로 급조되어 안내판에 조악하게 붙어 있었다. 법무부와 서울구치소에서 문재인의 최측근 김경수에게 수갑을 면제해 주기 위해 원래 없던 조항을 언론에 공개하고 수용자들을 속이기 위해 스티커를 시급히 붙인 것으로 판단된다. 이 사안에 대해 나는 출소한 뒤 서울구치소를 상대로 1억 원대 민사소송을 제기했다.

서울구치소 수갑 담당 교도관들이 증인으로 불려 나왔다. 그들은 대체 왜 유독 김경수 지사에게만 수갑을 면제시켜 주었고, 나에 대해서는 아무런 심의절차 없이 수갑을 채웠는지에 대해 제대로 답변하지 못하고 있다. 만약 이 사건에서 내가 승소하게 된다면 3천여 명을 수용하는 서울구치소 수갑 행정이 크게 바뀔 수밖에 없다. 권력자에게만 슬쩍슬쩍 면제해 주던 수갑 착용을, 이제 원하는 사람 모두에 대해 공정한 심의절차를 통해 결정해야 하기 때문이다.

그러나 2021년 6월 29일 서울남부지법 민사12단독 손승우 부장판사는, "사회적 지위에 따라 수갑채용 여부를 결정할 수 있다"는 노골적으로 반헌법적 도발을 하며, 나의 소를 기각했다. 대한민국 헌법에는 그 누구도 사회적 지위에 따라 차별을 받지 않도록 평등권이 보장되어있음에도 말이다.

1년보다 더 긴 20일

한 차례의 출석 거부로 다음 공판일은 2019년 4월 30일로 지정되었다. 당시는 수갑을 차고 나가는 것 자체에 동의할 수는 없지만 보석 석방 심사를 더 미룰 수 없으므로 일단 그냥 출정하는 수밖에 없었다. 나는 2심 재판부 앞에서 다음과 같이 진술했다.

> 저는 옥중에서 100년 전 김구 선생의 안악사건(1910년 11월 안중근 의사 동생 안명근이 무관학교 설립자금을 모으다 황해도 신천 지방에서 관련 인사 160명과 함께 검거) 재판 책을 읽었습니다. 김구 선생은 모의현장에 자신이 없었다는 증거와 증인을 신청했으나 일제의 검찰과 법원은 모두 기각했고, 단 두 차례의 공판 끝에 15년형을 선고했습니다.
> 100년이 지난 피고인의 재판에서도 태블릿, 손석희 등 핵심 증거와 증인 채택을 요구할 때마다 대한민국 검찰은 100년 전 일제의 검찰과 똑같이 '아직도 반성하지 않는다'며 중형 구형의 근거로 악용했습니다. 거창하게 들리겠지만 제가 항소심에서 요구하는 것은 소박합니다. '최서원의 태블릿' 재판에 최서원도, 태블릿도 없는 일제, 북한, 미얀마 같은 재판이 되지 않았으면 좋겠습니다.

이미 2심 구속 기간도 5개월이 넘어 2019년 6월 초 안에 석방될 수밖에 없었다. 즉, 4월 30일 보석 심리 공판으로 석방이 사실상 결정 난 것이나 마찬가지였다. 그래서였을까. 접견과 책, 그리고 영화와 드라마 등으로 그렇게 빨리 가던 시간이 갑자기 멈춰 선 듯했다. 석방에 대한 설렘 때문이라기보다는 석방 이후 곧바로 태블릿 진실투쟁 구상을 하느라 다른 일에 집중을 못했기 때문이었다. 보석 심리 후 석방 때까지의 약 20일이 지난 1년보다 더 길게 느껴질 정도였다.

차라리 구속 만기 석방이라면 날짜가 지정되어 있어 스케줄을 짤 수가 있다. 그러나 보석은 언제 몇 시에 석방될지 알 수 없어 난감한 부분이 있었다. 나는 보석 석방 시 곧바로 "가짜 태블릿은 가짜 대통령 문재인과 가짜 검사 윤석열에 책임을 묻겠다"는 내용의 기자회견문을 준비하고 있었다. 수시로 기자회견문을 고치면서 칼을 갈고 있었던 것이다.

2019년 5월 17일 오후 3시경, 드디어 교도관이 보석 석방 결정문을 들고 내 방문을 열었다. 수감 첫날 나에게 미디어워치 애독자라며 "기죽지 말고 당당히 수감 생활을 해 달라"고 주문한 바로 그 교도관이었다. 나는 "교도관님이 주문한 것, 그 약속을 지키기 위해 최선을 다했다"라고 말했다.

보석 결정문에는 주거지 제한과 인물 접촉 금지 등 여러 가지 제한 조건이 쓰여 있었다. 나중에 확인해 보니 보석문에는 의례적으로 써 있는 것도 많았는데 보석문을 처음 받아본 나로서는 가택연금으로 꼼짝달싹 못하는 이명박 전 대통령을 떠올릴 수밖에 없었다.

가장 논란이 된 것은 '재판에 필요한 사실을 알고 있는 인물에 대한 일체의 연락 금지' 조항이었다. 이 보석문을 함께 검토한 담당 교도관, 옆방의 이헌수 전 국정원 기조실장도 "이 문구는 좀 심하네"라는 반응이었다. 이에 대해 상의하기 위해 이동환 변호사와 접견을 하러 나섰다.

보석을 거부하다

이미 서울구치소에는 보석 결정문이 도착했다는 소문이 파다했다. 수감 문제로 곤욕을 치른 교도관들은 나를 얼싸안고 "축하한다"며 진정으로 기뻐했다. 그 교도관들에게 "보석문이 이상해서 안 나가야 될 것 같다"고 말하자 그들은 문학적 표현 그대로 사색死色이 되었다. 실제 "안 나가는 게 어디 있냐", "일단 보석문 받았으면 나가는 것이지, 나가고 안 나

가고 수용자가 결정할 수 없다. 빨리 좀 나가라"며 강하게 항의했다

접견 온 이동환 변호사는 사전에 차기환 변호사와 상의했다며 "재판에 필요한 사실을 알고 있는 인물"이 단순히 최서원·손석희와 같은 핵심 증인이 아니라 컴퓨터 포렌식 전문가, 전문 기자 등 재판에 필요한 자문諮問을 해야 하는 전문가 일체일 수도 있다는 의견을 전했다. 차라리 감옥에 있으면 컴퓨터 전문가들과 서신은 교환할 수 있는데, 보석으로 나가면 서신도 금지한다니. 이게 말이 되는 건가. 나는 더 고민할 것도 없이 "안 나가겠다"는 입장을 정했다. 이동환 변호사는 서울구치소 밖에서 대기 중이던 미디어워치 독자들과 취재 기자들에게 이 입장을 전했다. 당연히 내 입장을 이해한 독자들과 기자들은 서울구치소에서 떠나갔다.

어차피 구속 만기는 약 한 달 뒤인 2019년 6월 14일. 그까짓 한 달 동안 책이나 50권 더 독파하고 나가겠다고 생각하니 홀가분했다. 그러나 방으로 돌아온 뒤 곰곰이 생각해 보니 차기환 변호사 측이 미디어워치와 상의해 이미 보석금을 냈다는 사실이 떠올랐다. 차 변호사는 보석문은 선뜻 받아들일 수 없지만 설마 내가 구치소를 나가지 않겠다는 결정을 하리라고는 상상도 하지 못한 채 덜컥 보석금을 내버린 것이다.

고민하지 않을 수 없었다. 이대로는 출소할 수 없다는 나의 의사를 어떤 방식으로 서울구치소에 전할 수 있을지 난감했다. 담당 교도관과 상의했다. 교도관은 여러 곳에 전화를 걸어 확인한 후 "이미 보석금을 냈으면 검찰은 석방 지휘 명령서를 보내올 것이다. 우리로서는 석방해야 되는 것이지, 그냥 놔둘 수 없다"는 입장이었다. 나는 "다음 주 월요일 변호사가 들어오면 다시 상의해 보겠다"고 했다. 그러자 담당 교도관은 황급히 "안 된다. 우리는 오늘 당장 검찰의 석방 지휘서 명령에 따라야 한다"

고 했다. 그 말이 떨어지기 무섭게 "그럼 일단 밖에 나가서 변호사와 상의한 뒤 월요일에 다시 들어오는 것을 고려하겠다"고 했다. 그러자 교도관의 목소리가 조금 높아졌다.

"여기가 무슨 모텔입니까? 일단 밖에 나가면 법원 판단에 의해 들어와야지 그냥 마음대로 들어오는 데가 아닙니다."

쓸쓸하고 씁쓸한 석방

다른 교도관이 검찰의 석방 지휘 명령서를 들고 내 방으로 찾아온 것은 퇴근시간이 지난 오후 6시를 훌쩍 넘어서였다. 보석의 경우 대개 오전에 결정문이 도착하고 오후에 나간다. 구속 만기인 경우는 자정子正에 나간다. 애매한 퇴근시간에 석방되는 경우가 없던 터라 교도관들은 짜증을 냈다. 꼭 필요한 것만 들고 나가고 나머지는 자신들이 알아서 모두 버릴 테니 빨리 나가라고 독촉했다. 나는 남아 있던 책 20권만 박스에 챙겨 들고 나왔다. 보관 중이던 나름 고급 안경을 챙기지 못한 채 떠밀리듯 나왔다. 서울구치소 복도를 걸어 나오며 문득 고개를 들었더니 창문을 통해 저만치의 청계산이 눈에 가득 찼다.

'일단 나가서 꿈에 그리던 삼겹살에 소주 한잔 하고 그렇게 좋아하던 등산이나 맘껏 하자'며 마음을 다잡았다. 오후 7시 무렵이었다. 서울구치소 밖은 허허벌판이었다. 나의 석방을 기다리던 독자들도 모두 떠나고 아무도 없었다. 보석 석방 시 수백 명의 지지자들과 수십 명의 유튜버, 기자들 앞에서 "가짜 태블릿은 가짜 대통령 문재인과 가짜 검사 윤석열에 책임을 묻겠다"는 성명서를 낭독하는 장면을 매일 떠올렸는데…. 그 장면 하나를 그리며 수감 생활을 견뎠다 해도 과언이 아니다. 그러나 현실은 더플백(duffle bag) 하나 메고 터덜터덜 걸어 나온 군대 제대할 때와 같았다. 생각해 보니 서울구치소에서 석방된 거의 모든 정치사범들과 달리 나는 출소 영상은커녕 그 흔한 사진 한 장 남기지 못했다.

1년여의 수감 생활로 몸이 허약해졌는지 책 20권이 담긴 박스 하나도 제대로 들지 못했다. 길거리에 쏟고 말았다. 멀리서 이를 본 서울구치소 주변에서 박근혜 대통령 구명救命운동을 하는 부부가 달려왔다. 부부는 자신들의 차로 영등포에 위치한 미디어워치 사무실까지 나를 태워다 줬다. 미디어워치 사무실에 도착했을 때는 오후 10시경이었다. 1년여 간의 서울구치소 생활에 마침표를 찍는 순간이었다.

나는 직원들과 곧바로 삼겹살집으로 향했다. 소식을 듣고 달려온 독자들과 함께 소주와 복분자도 마셨다. 그러나 수감 생활 중 치과 치료를 받지 못해 치아 통증으로 삼겹살을 제대로 먹지 못했다. 곧이어 나를 도와준 변호인단과 자문단도 합석했다. 소주와 맥주를 섞어 몇 잔을 했다. 역시 1년여 금주를 하다가 갑자기 술을 들이켜니 몸이 버텨내질 못했다. 그날 이후로도 몇 개월간 체력을 회복하지 못한 것은 출소 당일에 들이킨 술 때문일 가능성이 높다. 나중에 경험자들로부터 "감옥에서 출소하면 두부를 먹는 이유가 있다. 부드러운 것부터 조심해서 먹어야지, 바로 술폭탄을 들이켰으니 속이 상하지"라는 말을 들은 바 있다. 꿈에도 그리던 석방 때의 성명서 낭독은 할 수 없었지만 대신 2019년 6월 4일, 나는 한국프레스센터에서 '태블릿 특검 수사'를 촉구하는 기자회견을 열었다.

나의 구속부터 중형선고까지, 모두 문재인 정권 그리고 윤석열 검찰의 정치적 이익을 위해 법원이 진실을 짓밟은 사건이었다. 이런 사건의 특성상 더 많은 진실을 알려야 다시 재수감되는 일이 없을 것이라고 판단했다.

기자회견을 하면서 나의 석방 관련 탄원서를 제출해 준 타라 오 박사, 고든 창 변호사 등 미국의 지식인들에게 언제 또 구속될지 모르니 재판을 감시해 달라는 호소문도 발표했다.

서울구치소에서의 생활과 관련해 이러한 내용으로 「월간조선」에 기고를 했고, 기고문은 일본에서 「월간 하나다(Hanada)」에 번역되어 실렸다. 그 뒤부터 나는 「월간 하나다」의 필자로도 활동할 수 있게 되었다. 그러면서 자연스럽게 나의 사건은 미국, 일본 등에도 알려지게 되었다.

기대감의 함정

나를 포함한 60여 명의 정치범에게는 서울구치소가 '문재인과 윤석열의 요덕 수용소'나 다름없었다. '명예훼손'인 나를 포함해 이명박·박근혜 정권에 참여한 정치범들 거의 모두는 개인 비리가 아닌 '직권남용', '직무유기'라는 정치적 죄목으로 중형을 선고받았다. 이러니 교도관들 역시 "정권 바뀌면 또 문재인·김명수·윤석열 등의 방을 준비해야겠네"라고 푸념할 정도이다.

나는 석방되면서 "이제는 탄핵무효 운동을 함께해 온 보수 동지들과 함께 태블릿 진실을 밝혀내 실질적 탄핵무효를 이뤄낼 수 있겠다"는 기대감이 있었다. 그러나 그 기대감이 산산조각나는 데는 그리 오랜 시간이 걸리지 않았다. 진실투쟁을 수행할 수 없을 정도로 이미 보수 진영은 정신부터 양심까지 완전히 무너져 있었다.

실제 석방 이후 나는 태블릿 진실투쟁 이전에, 온갖 사기와 쌍욕 협박을 돈을 뜯어내는 안정권, 그리고 가세연 등의 타락한 보수세력과의 일전을 벌여야 했다. 그리고 그 타락한 보수세력은, "탄핵무효, 박근혜 사랑해요"를 외치던 그 똑같은 입으로, 탄핵 관련 조작수사 주범들을 위해 "윤석열 만세, 한동훈 만세"를 외치기 시작했다.

그러더니, 그들 조작 검사들은 대한민국의 대통령과 법무부 장관이 되었다.

한 사람의 집요함, 그리고 그의 진심

그동안 내가 알고 있었던 '변희재'는 도무지 이해할 수가 없는 사람이었다. 그렇기에 과거에 나는 그의 주장은 아예 들을 생각조차 해보지 않았다. 엉뚱하고 납득할 수 없는 주장을 하는 사람으로 편견이 굳어져 있었기 때문이다. 아마도 여전히 많은 사람들이 그를 그렇게 생각하고 있을는지도 모르겠다.

그렇지만 나는 언제부턴가 변희재 대표고문이 말하는 그 태블릿의 진실이 도대체 무엇이기에, 무려 감옥에 가면서까지 저렇게 집요하게 그것을 밝히겠다고 애를 쓰는 것인가, 그리고 그것이 그에게 어떠한 이득이 있기에 저렇게까지 고생을 하는 것인가, 하는 궁금증을 한편으로 갖게 됐었다.

그러다가 우연히 『변희재의 태블릿, 반격의 서막』을 꼼꼼하게 읽어볼 기회가 생겼다. 이를 통해 나는 변희재 고문이 그토록 오랜 기간 집요하게 이 사건의 진실을 밝히려 했던 노력의 결과를 일부나마 이해할 수 있게 되었다. 그리고 나는 적어도 변희재 이 사람은 자신이 맞다고 생각하는 일에 대해서는 자신의 모든 것을 걸 수 있는 사람이겠구나, 그리고 이 사건에는 그동안 미처 내가 몰랐던 진실이 묻혀 있을 수 있겠구나, 하는 생각을 새로이 품게 되었다.

변희재 고문의 이번 새 책 『나는 그해 겨울 저들이 한 짓을 알고 있다』는 전작과 마찬가지로 이른바 '태블릿 조작수사 사건'과 관련, 매우 간단하고 명확하다고 여겨지는 근거들을 제시하고 있다. 시간의 흐름에 따라서 딱 딱 맞춰지는 여러 정황들과 증거들, 그리고 진실을 은폐하려고 하는 검찰과 특검의 여러 가지 시도들에 대한 내용이 그 어떤 첨가물 없이 너무도 담백하게 이 책에 담겨 있다. 진실이 아니고선, 거짓으로는 절대 나열할 수 없는 이야기다.

오히려 태블릿 사건과 관련해 과거 검찰과 특검의 원 발표 내용이야말로 나로선 도저히 믿기가 힘든, 몇억분의 1에 해당할 우연의 연속이었다. 김만배의 누나가 그냥 길 가다가 윤석열 아버지의 집을 샀다고 하는 우연보다도 더 믿기 힘든 우연이, 검찰과 특검이 발표한 태블릿 사건에서는 아예 예사였던 것이다.

박근혜 대통령 탄핵의 기폭제가 되었던 이른바 'JTBC 태블릿'과는 별개로, 특히 장시호가 제출한 '제2태블릿'은 그 조작의 정황이 법원을 거쳐서 나온 자료를 통해서 다 확인이 되고 있다. 또한 국내 대표적인 포렌식 감정 전문 기관이, 태블릿은 증거로서 온전히 보존됐던 것이 아니라, 실은 여러가지 훼손, 조작이 있었음을 증명해서 보여주었다.

검찰의 조작, 날조, 인멸은 현재 진행형이다. 2022년 12월 지금도 전혀 두려움과 반성이 없이 진행되고 있다는 느낌이다. 이른바 '손준성 보냄'의 고발사주 건이 언론에 보도되자마자 손 검사 등이 소속된 수사정보정책관실에서 조직적으로 증거를 인멸한 정황이 얼마 전 관련 재판과정에서 확인되었다. 새로 구입한 지 2주도 안 된 컴퓨터 25대가 고발사주 보도 당일에 전부 포맷되었다. 게다가 보도 직후 서울지검의 임모 검사는 본인의 휴대폰에 이른바 안티-포렌식 앱을 설치하는 등 증거인멸 행위를 여러 차례 행했다. 이는 누가 봐도 검찰과 특검이 벌인 태블릿 조작을 위한 행위와 흡사하다.

　검찰의 조작, 날조, 인멸은 이처럼 지금도 여전히 진행 중이기에 우리의 진실투쟁은 더 가열차야 한다. 언제 어디서 어떻게 만들어진 거짓이 우리를 짓누를지 알 수 없기 때문이다. 습관처럼 해온 조작, 날조, 인멸이기에, 그들은 죄의식 없이 관성처럼 이를 앞으로도 계속 행할 것이 분명하다. 누군가는 앞장서 이를 막아내고 거짓의 몸통을 햇빛 아래 다 까밝혀야 하지 않을까.

　진실은 매우 간단하다. 반면에 거짓은 매우 복잡하다. 그리고 진실을 위한 투쟁에는 사익이 없다. 오로지 그 진실을 밝히기 위한다는 뜻이 있을 뿐, 어떠한 경제 논리가 적용되지 않는다. 나는 진실 하나에 모든 사활을 걸고 있는 '변희재'의 진심을 이 책을 보고 확인했다.

　그렇기에 더불어민주당 10년차 당원이자, 박근혜 대통령 탄핵 촛불집회를 한 번도 거르지 않고 참여했던 시민, 그리고 문재인 대통령 청와대의 부대변인이었던 내가 감히 이 책을 추천하려는 것이다.

　요즘처럼 거짓이 난무한 우울한 시대에, 적어도 이토록 절박하고 치열하게 밝혀낸 진실 하나만큼은 온 국민이 알아줘야만 하지 않을까? 더 많은 분들의 관심과 이해가, 진실을 밝히고 거짓없는 세상을 만드는 큰 밑바탕이 될 것이라고 생각한다.

임세은　민생경제연구소 공동소장

(전 문재인 대통령 청와대 부대변인, 전 이재명 대통령 후보 선대위 대변인)

이제는 우리 국민들이 태블릿 진실에 응답해야할 때

변희재 미디어워치 대표고문이 박근혜 대통령 탄핵 사태와 관련, 최서원의 태블릿PC들(이하 '태블릿')의 문제를 다룬 네 번째 책을 펴냈다.

변희재 고문은 이미 『손석희의 저주』(2017년 11월), 『변희재의 태블릿 사용 설명서』(2021년 2월), 『변희재의 태블릿, 반격의 서막』(2022년 1월)을 통해 세간에 'JTBC 태블릿'(제1태블릿)으로 알려진 기기의 실사용자가 최서원으로 조작되었음을 여러 근거들을 통해 밝혀온 바 있다. 이번에 출간된 네 번째 책은, 특검이 수사했던 '장시호 태블릿'(제2태블릿)이라 불렸던 기기의 이미징파일을 확보, 디지털 포렌식 감정을 거쳐 밝혀낸 사실들을 핵심으로 다루고 있다. 또한 'JTBC 태블릿'의 입수경위와 관련 핵심 물증인 SKT 통신 신규계약서 조작 문제 등도 주요하게 다루는 등, 이 책은 두 태블릿과 관련해 지금까지 밝혀진 내용들을 종합하여 정리한, 태블릿 진실투쟁의 결정판 성격의 책이다.

태블릿의 진실이 중요한 이유는 다음과 같다. 2016년 10월말, JTBC는 특종 보도를 통해 이른바 "'최순실'(최서원의 개명 전 이름)의 태블릿PC를 입수하였다"고 밝혔다. JTBC는 이 태블릿을 통해 최 씨가 박근혜 정부의 국정 운영과 관련된 중요한 문서 파일들을 전달받으면서 국정운영과 관련 각종 지시 행위를 하는 등 박근혜 대통령의 측근 인사로서 사인私人이 국정에 개입하였다고 보도하였다. 소위 '국정농단' 사태로 불렸던 그 거대한 사건의 시작이었다. 즉 최서원은 평범한 시민으로, 공적 권한은 갖고 있지 않음에도 불구하고 함부로 국가의 중요 국정 사안에 직접 깊게 개입하였고, 그 직접 개입의 증거가 바로 JTBC가 보도했던 최서원의 태블릿이라는 것이다.

이 보도와 이어졌던 태블릿과 관련 검찰 수사로 인해 '국정농단' 사태가 기정사실화되고 현직 대통령에 대한 국회 탄핵소추, 헌법재판소 탄핵 심판까지 진행되었다. 그러나 놀랍게도 '국정농단', 탄핵의 시발점이 되었던 'JTBC 태블릿'이 실은 최서원의 것이 아님이 뒤늦게 밝혀졌다. 통신 요금납부 자료부터 시작해서 관련된 모든 알리바이가 조작됐던 것이다. 이런 사실을 본서에서는 지금껏 관계 재판 등을 통해 입수된 자료들을 바탕으로 다시 한번 명확히 증명하고 있다.

한편, 소위 '국정농단' 사태를 수사하기 위한 박영수 특검이 2016년 12월에 발족되었다. 특검은 2017년 1월 11일에 이규철 특검 대변인이 장시호가 제출한 새로운 태블릿을 처음으로 공개하면서 이것이 최서원이 사용한 또 다른 태블릿임을 주장하였다. 이는 기존 'JTBC 태블릿'에 대해 당시 쏟아지기 시작했던 국민적 의혹을 일정 부분 잠재우는 효과를 낳았다. 당시 특검은 최서원의 조카인 장시호가 자발적으로 태블릿을 특검에 제출하였고 이 태블릿에서 삼성의 뇌물과 관련된 다수의 증거들이 발견됐다고 주장하였다. 실제로 이 태블릿의 수사보고서는 당시 이재용 삼성전자 부회장의 뇌물죄, 최서원의 뇌물죄, 박근혜 전 대통령의 제3자 뇌물죄의 증거로 사용되었다. 그러나 특검의 주장과 달리 이 '장시호 태블릿'(제2태블릿)도 역시 최서원의 것이 아니었다. 본서는 이 놀라운 사실을 최근 수개월 사이에 새롭게 밝혀진 포렌식 감정 결과와 또 관계 재판 자료들을 통해 입증해내고 있다.

이 책에는 저자인 변희재 고문의 지난 6년간의 피와 땀과 눈물의 헌신과 노고의 결정체가 담겨 있다. 그는 상술한 바와 같이 검찰과 특검이 'JTBC 태블릿'과 '장시호 태블릿' 모두를 최서원의 것으로 둔갑시키기 위해 갖가지 증거들을 조작, 인멸했음을 국민들에게 상세하게 보고하고 있다. 검찰과 특검의 수사 주체는 '검사'다. 즉 대한민국의 검사들이 심지어 당시 현직 대통령과 관련된 사건에 대해 유죄를 만들기 위해 증거를 조작하였다는, 충격적인 진실을 변 고문은 누구도 부정할 수 없는 근거들로써 제시한 것이다. 특히 '장시호 태블릿'의 증거를 조작하고 인멸한 당사자는 바로 당시 박영수 특검의 특검 수사 제4팀이었고, 그 특검 수사 제4팀의 팀장은 현 대통령인 윤석열, 그 2인자가 현 법무부 장관인 한동훈이라고 변 고문은 단언하고 있다.

검사가 무고한 사람에게 죄를 뒤집어씌우기 위해 증거를 조작한다면 이 대한민국은 어떻게 되는 것일까? 대한민국의 정치적 기본질서는 자유민주주의다. 자유민주주의의 핵심 두 축은 '다수결의 원칙'과 '진실에 기반한 법치주의'다. 검사가 증거를 조작하여 무고한 국민에게 죄를 뒤집어씌우고 그 결과 수십 년 형의 옥살이를 하게 되는 사회는 법치주의가 붕괴된 사회이다. 우리 헌정 질서 자체인 자유민주주의 핵심 원칙인 법치주의가 붕괴된 사회는 국가 시스템이 근본에서 붕괴되어 버린 사회다. 이런 사회에서 국민들은 살 수가 없다.

검사가 자신에게 주어진 수사, 체포, 구속, 기소의 막강한 권한으로 죄 없는 자에게 죄를 뒤집어씌우는 것은, 시민을 지키라고 총을 줬더니 그 총으로 수십명의 시민을 쏴 죽인 1982년 경남 의령의 우범곤 순경이 벌인 짓과 마찬가지인 것이다. 연쇄살인마와 같은 범죄혐의자 윤석열과 한동훈은 마땅히 새로운 특검을 통해 수사를 받아 그 죄상 전모가 밝혀져야 하고 그에 합당한 책임을 져야 할 것이다. 이것은 향후 지난 박근혜 대통령 탄핵 사태에 찬성하는 입장을 지녔건, 반대하는 입장을 지녔건, 정치적 견해 차이와 무관하게 향후 대한민국의 모든 국민이 동의해야 하고 동의할 수밖에 없는 참된 입장이 될 것이다. 붕괴되어 버린 대한민국 법치주의를 바로 세우는 일이기 때문이다.

이 책은 우리 국민들에게 중대한 과제를 던지고 있다. 변희재 대표고문과 미디어워치 기자들은 진실에 대한 뜨거운 열망으로 옥고까지 치르는 간난신고艱難辛苦의 노력으로 윤석열, 한동훈 등 권력 지향 검사들의 무지막지한 증거 조작을 밝혀 놓았다. 이제 국민들이 이 진실에 대한 열정과 밝혀진 진실에 행동으로 응답해야 할 때다.

최대집　자유보수당창당추진위원장
(전 대한의사협회 회장)

나는
그해 겨울
저들이 한 짓을
알고 있다

2023년 1월 10일 초판 1쇄 펴냄
2023년 1월 11일 초판 1쇄 찍음
2023년 7월 5일 초판 2쇄 찍음

지은이 변희재
편 집 미디어워치
디자인 미디어워치

발행인 황의원
발행사 미디어워치
ISBN 979-11-92014-07-4

주 소 서울특별시 마포구 마포대로 4길 36, 2층
전 화 02-720-8828
팩 스 02-720-8838

이 메 일 mediasilkhj@gmail.com
홈페이지 www.mediawatch.kr

값 19,000원